NEUKIRCHENER

Mit herzlichem Dank
für die große Hilfe beim
Sommerkurs 2004!!

Dein Alexander

Alexandra Grund (Hg.)

»Wie schön sind deine Zelte, Jakob!«

Beiträge zur Ästhetik des Alten Testaments

Mit Beiträgen von Detlef Dieckmann,
Susanne Gillmayr-Bucher, Alexandra Grund,
Stefan Heuser und Ulrike Sals

Neukirchener

Biblisch-Theologische Studien 60

Herausgegeben von
Jörg Frey, Ferdinand Hahn, Bernd Janowski,
Werner H. Schmidt und Wolfgang Schrage

© 2003
Neukirchener Verlag
Verlagsgesellschaft des Erziehungsvereins mbH
Neukirchen-Vluyn
Alle Rechte vorbehalten
Satz und Druckvorlage: Alexandra Grund
Umschlaggestaltung: Hartmut Namislow
Gesamtherstellung: WB-Druck GmbH & Buchproduktion KG, Rieden
Printed in Germany
ISBN 3–7887–2003–4
ISSN 0930–4800

Vorwort

Dieser Band ist das Ergebnis einer theologischen Kooperation, die im Rahmen des Arbeitskreises Rezeption des Alten Testaments „AKRAT" stattgefunden hat. AKRAT (www.akrat.de) ist eine Arbeitsgemeinschaft von Nachwuchswissenschaftler/inne/n aus verschiedenen theologischen Disziplinen und der Literaturwissenschaft, die sich um die Reflexion unterschiedlicher Perspektiven der Textinterpretation bemühen und philosophische, anthropologische ebenso wie philologische und literaturwissenschaftliche Fragestellungen mit einer theologischen Interpretation des Alten Testaments bzw. der Hebräischen Bibel verbinden.

Das in diesem Rahmen begonnene Gespräch über eine „Ästhetik des Alten Testaments" möchten wir durch das Erscheinen dieses Bandes für einen weiteren Kreis öffnen. Interessierte finden die gegenwärtigen Anschriften der Autorinnen und Autoren im Anhang.

Wir danken den Professoren Dr. B. Janowski und Dr. W.H. Schmidt für die bereitwillige Aufnahme dieses Bandes in die Reihe „Biblisch-theologische Studien". Ebenso sei Dr. V. Hampel für seine spontane Bereitschaft gedankt, den Band in das Neukirchener Verlagsprogramm aufzunehmen.

Alexandra Grund, Detlef Dieckmann-von Bünau, Ulrike Sals, Susanne Gillmayr-Bucher, Stefan Heuser

Im Juli 2003

Inhalt

Vorwort V

Alexandra Grund, Zur Einführung 1

Detlef Dieckmann, Empirische Bibelforschung als Beitrag zur Wahrnehmungsästhetik. Am Beispiel von Gen 12,10–20 13

Ulrike Sals, Die Wehen des Propheten. Visionswahrnehmung in Jes 21,1–10.11–12 als Schlüssel zum Textverständnis 44

Susanne Gillmayr-Bucher, Ein Klagelied über verlorene Schönheit 72

Alexandra Grund, „Aus der Schönheit Vollendung strahlt Gott auf" (Ps 50,2). Bemerkungen zur Wahrnehmung des Schönen in den Psalmen 100

Stefan Heuser, „Gb deinem Diener ein hörendes Herz ..." Ästhetik und Ethik im Alten Testament 130

Ausgewählte Literatur 171

Hinweise zu den Autorinnen und Autoren 176

Alexandra Grund

Zur Einführung

Mit der Fragestellung ‚Altes Testament und Ästhetik' betreten diese Beiträge ein wenig erschlossenes Gebiet. Dass die Ästhetik seit zwei Arbeiten C. Westermanns[1] und einigen Ausführungen G. von Rads in seiner Theologie des Alten Testaments[2] in der alttestamentlichen Exegese lange Zeit keine nennenswerte Rolle gespielt hat, wird man möglicherweise auf unsachgemäße Vereinseitigungen in der (evangelischen) Theologie früherer Jahre zurückführen. Die notwendige Kritik an einer Gotteserkenntnis aus Natur oder Kultur(-schönheit) mag den Blick für den theologischen Ort und den theologischen Wert der Ästhetik getrübt haben. Doch nicht allein die geringe Beachtung dieses Gebiets in der Exegese, und auch nicht das mittlerweile vermehrte Interesse in den anderen theologischen Disziplinen, sondern v.a. auch der Reichtum an Entdeckungen und die theologische Bedeutung des Themas sind Anlass genug, sich mit der Ästhetik des Alten Testaments zu beschäftigen. Die große Bandbreite an Themen, die in diesen Bereich fallen, erlaubt jedoch kaum eine umfassende Behandlung, sondern legt es nahe, einige paradigmatische Themen und Texte

---

[1] C. Westermann, Biblische Ästhetik, Zeichen der Zeit 8 (1950) 277-289; ders., Das Schöne im Alten Testament, in: R. Albertz (Hg.), C. Westermann, Erträge der Forschung am Alten Testament. Gesammelte Studien III (Theologische Bücherei. Altes Testament 73), München 1977/1984, 119-137.
[2] G. von Rad, Theologie des Alten Testaments I. Die Theologie der geschichtlichen Überlieferungen Israels, München ⁸1982, v.a. 361-365; vgl. ferner W.A. Dyrness, Aesthetics in the Old Testament: Beauty in Context, Journal of the Evangelical Theological Society 28 (1986) 421 – 432. Alle Genannten setzen dabei einen am Schönen orientierten Ästhetikbegriff voraus.

schlaglichtartig zu behandeln, wie es bei den vorliegenden Beiträgen geschieht.
An dieser Stelle jedoch gilt es zunächst einmal, den Kontext und den Ort unserer Fragestellung zu beschreiben.

Die Ästhetik, die sich zwischen einer Subjekt- und einer Objekt-Orientierung, sozusagen zwischen dem *Kant*schen und dem *Hegel*schen Ansatz bewegt, wurde als philosophische Disziplin lange Zeit vor allem „als Theorie des Schönen und der Kunst" verstanden. Im Laufe des 20. Jh., in dem spätestens die traditionelle Einheit des ‚Wahren, Schönen, Guten' nicht mehr zusammenzuhalten war, trat – etwa bei *Adorno* als kritische Spitze gegen die Kunstindustrie bzw. angestoßen durch die ökologische Krise[3] – die Natur wieder mehr in den Blickpunkt der ästhetischen Diskussion. Ästhetik wird gleichzeitig zu dieser Entwicklung wieder mehr im *Baumgarten*schen Sinne als ‚Wahrnehmungslehre' aufgefasst,[4] mit der Absicht, dem Zusammenhang von „Sinnlichkeit und Sinnbildung auf der Spur"[5] zu bleiben. Dabei sind schon längst neben die Schönheit andere ästhetische Qualitäten ins Blickfeld getreten, wie Harmonie, Erhabenheit, Neuheit, bevor vor allem im 20 Jh. die Kategorie des Schönen unter den Verdacht des schönen Scheins geriet und an ihre Stelle häufig eine ‚Ästhetik des Gebrochenen' trat. Dabei ist zu Zeiten der Spät- bzw. Postmoderne allerdings wieder eine gegenläufige Tendenz der Wiedergewinnung der Kategorie des Schönen, zuweilen sogar unter Aufgabe einer kulturkritischen Theorie, zu verzeichnen.[6]
Im Kontext dieser Entwicklungen bewegten sich auch die neueren Entwürfe theologischer Ästhetik, die im Bereich der Systematischen und der Praktischen Theologie erschienen sind. Nach *H.U. v. Balthasar*s *opus magnum* ‚Herrlichkeit'[7] blieb die theologische Ästhetik, sieht man von *R. Bohren*s ‚Daß Gott schön werde'[8] auf Seiten der Praktischen Theologie einmal ab – lange Zeit fast unbeachtet, rückte

---

3 Vgl. dazu *B. Scheer*, Einführung in die philosophische Ästhetik, Darmstadt 1997, 3.
4 *Scheer*, Einführung, 1ff; vgl. *A.G. Baumgarten*, Aesthetica, Frankfurt a.d.O. 1750/58 (ND Hildesheim 1961).
5 AaO. 2.
6 Vgl. *M. Zeindler*, Gott und das Schöne. Studien zur Theologie der Schönheit (Forschungen zur systematischen und ökumenischen Theologie 68), Göttingen 1993, 184.
7 *H.U. von Balthasar*, Herrlichkeit. Eine theologische Ästhetik, Einsiedeln Bd. I-III 1961-1969. Vgl. neben dem obigen Forschungsüberblick auch die Literaturauswahl zum Thema im Anhang dieses Bandes.
8 *R. Bohren*, Daß Gott schön werde. Praktische Theologie als theologische Ästhetik, München 1975.

Zur Einführung

jedoch, nachdem *H. Timm* 1990 das ästhetische Jahrzehnt angekündigt hatte,[9] wieder mehr in das Interesse der Theologie. Das gilt sowohl für den anglophonen Bereich, wo als monographische Beiträge *F.B. Browns* ‚Religious Aesthetics‘ und *P. Sherrys* ‚Spirit and beauty‘[10] zu nennen sind, als auch für den deutschsprachigen Bereich, wo auf evangelischer Seite von *M. Zeindler* mit ‚Gott und das Schöne‘ und von *A. Grözinger* mit seinem Ansatz einer ‚Praktischen Theologie als Kunst der Wahrnehmung‘ sowie auf katholischer Seite mit einem breit angelegten, von *W. Fürst* herausgegebenen Aufsatzband zur Pastoralästhetik grundlegende Studien zur theologischen Ästhetik vorgelegt wurden.[11] Dass *R. Fischer* mit ‚Die Kunst des Bibellesens‘ (1996) seine Studien zur theologischen Ästhetik auf die Bibellese konzentriert und *K. Huizing* seine Beiträge zur ‚ästhetischen Theologie‘ mit der Bibel- und Literaturlektüre in ihrer anthropologischen Dimension eröffnet, ist dabei wiederum kaum zufällig, zumal in den letzten Jahren noch einige weitere Beiträge zur Rezeptionsästhetik den Grenzbereich zwischen theologischer Ästhetik und Skriptologie entdeckt haben.[12]

Dass solcherlei Impulse zur theologischen Ästhetik aus der Praktischen und Systematischen Theologie mittlerweile jedoch in der Gefahr stehen, in der alttestamentlichen Diskussion unbeachtet zu bleiben, liegt wohl zum einen an der weitgehenden Konzentration der gegenwärtigen alttesta-

---

9 *H. Timm*, Das ästhetische Jahrzehnt. Zur Postmodernisierung der Religion, Gütersloh 1990.
10 *F.B. Brown*, Religious Aesthetics. A Theological Study of Making and Meaning, Princeton/NJ 1989; *P. Sherry*, Spirit and beauty. An Introduction to Theological Aesthetics, Oxford 1992.
11 *A. Grözinger*, Praktische Theologie und Ästhetik. Ein Beitrag zur Grundlegung der praktischen Theologie, München 1987; *ders.*, Praktische Theologie als Kunst der Wahrnehmung, Gütersloh 1995; *W. Fürst* (Hg.), Pastoralästhetik. Die Kunst der Wahrnehmung und Gestaltung in Glaube und Kirche (QD 199), Freiburg/Basel/Wien 2002. Auch der jüngst von *D. Korczak/H. Rosenau* herausgegebene Band: Rummel, Ritus, Religion. Ästhetik und Religion im gesellschaftlichen Alltag, Neukirchen-Vluyn 2003 bestätigt das verstärkte Interesse an diesem Thema.
12 Vgl. etwa *Th. Nißlmüller*, Rezeptionsästhetik und Bibellese. Wolfgang Isers Lese-Theorie als Paradigma für die Rezeption biblischer Texte (Theorie und Forschung 375 = Philosophie und Theologie 25), Regensburg 1995; *H.-U. Gehring*, Schriftprinzip und Rezeptionsästhetik, Neukirchen-Vluyn 1999; *M. Grohmann*, Aneignung der Schrift. Wege einer christlichen Rezeption jüdischer Hermeneutik, Neukirchen-Vluyn 2000.

mentlichen Wissenschaft auf historische, v.a. literar- oder religionsgeschichtliche Fragestellungen, zum anderen daran, dass dort, wo ‚Theologie des Alten Testaments' betrieben wird, nur selten über zentrale Glaubensinhalte Israels und ihre bleibende Bedeutung für Kirche und Gesellschaft hinaus gefragt wird. Allerdings ist theologische Ästhetik, wie man den oben genannten Entwürfen leicht entnehmen kann, durchaus kein Randgebiet. Denn wie jeder Erkenntnisprozess im täglichen Leben von sinnlicher Wahrnehmung begleitet wird, so wird man nun gerade auch auf den christlichen Glauben bezogene bzw. theologische Erkenntnisprozesse keineswegs allein dem Bereich des Kognitiven und Rationalen überantworten können. Und so entspricht der Widerfahrnis von Rechtfertigung, der Öffnung des *homo incurvatus* durch die Gnade *per analogiam* die Rezeptivität des Menschen in der ästhetischen Erfahrung.[13] Die Erfahrung des wahrhaft Schönen ist zumindest analog zum Hineingenommenwerden in den vom Evangelium eröffneten Raum jenseits von Verstrickung und Sünde, jenseits von Handlungsdruck und Verzweckung des Lebens. Im Evangelium, das seinerseits den ganzen Menschen und damit auch seine Sinne beansprucht, hat theologische Ästhetik ihre Berechtigung und Begründung. Menschliche Spontaneität und Kreativität sind dabei Ausdruck und Betätigung einer von der Frohbotschaft eröffneten Freiheit zu einer neuen Wahrnehmung. Damit haben Erfahrung von Schönheit wie von eigener ‚Kreativität' zugleich ein proleptisches Element in sich und stehen in der Spannung von Schon und Noch-Nicht: Das wirklich Schöne kann inmitten der Negativität, des Schreckens und des gebrochenen Lebens als Vor-Schein der neuen Welt Gottes wahrgenommen werden. Dabei steht ästhetisches Empfinden aber immer auch zu einem gesamten Wirklichkeitsverständnis in Bezug;[14] insofern gehört die Frage nach impliziten oder

---

13 Vgl. hierzu *R. Fischer*, Die Kunst des Bibellesens. Theologische Ästhetik am Beispiel des Schriftverständnisses (Beiträge zur theologischen Urteilsbildung 1), Frankfurt a.M./Wien u.a. 1996; *W. Schoberth*, Art. Ästhetik. II. Theologisch, RGG[4], 852.
14 Vgl. *Fischer*, Kunst, 149ff.

Zur Einführung

expliziten Kriterien des Ästhetischen immer zu den Aufgaben theologischer Ästhetik.

Die Aufgaben einer Ästhetik des Alten Testaments könnte man, einen weiten Begriff von Ästhetik als Wahrnehmungslehre bzw. als „Gestaltästhetik"[15] vorausgesetzt, in die folgenden Bereiche gliedern: 1. Die Frage nach der Wahrnehmung der alttestamentlichen Texte; im Blick auf das Geschehen vor dem Text eröffnet sich hier eine rezeptionsästhetische Fragestellung, die u.a. Vorstellungsbildungen im Leseverlauf oder die Wahrnehmung von Intertextualität beachten wird. Hinsichtlich des Textes als Wahrnehmungsgegenstand rückt die Ästhetik der Textgestalt ins Blickfeld: Hier sind v.a. Erzählkunst und Poetik der Texte (Metaphorik; Kompositionsform etc.) in den Blick zu nehmen. 2. Die mentalitätsgeschichtliche Frage nach den Wahrnehmungsformen Israels, wie sie in den Texten, aber auch in den anderen (v.a. ikonographischen, aber auch architektonischen, epigraphischen etc.) Zeugnissen zum Ausdruck kommen. Zu ersterem Bereich gehört dann etwa die Frage danach, von welchen Sinneskanälen (Hören, Sehen, aber auch Schmecken, Riechen, Fühlen) auf welche Weise die Rede ist, und wie diese Wahrnehmungsformen, aber auch wie die Kunst, das Schöne oder andere Kategorien des Ästhetischen (implizit oder explizit) beurteilt werden.

Allein die Bedeutung von Hören, Sehen, Schmecken, Riechen, Fühlen, die sich *in* den Texten spiegelt, bedürfte bereits einer ganzen Reihe von Untersuchungen.

Hierbei sind auch die mittlerweile nicht mehr nur als anstößig, sondern auch als große Chance empfundenen Anthropomorphismen in der alttestamentlichen Rede von Gott für einen ästhetischen Zugang von doppelter Bedeutung: Zum einen, weil sie – ein rechtes Verständnis dieser Sprachform vorausgesetzt – Gottes Handeln am Menschen auf uneinholbar *anschauliche* Weise zur Sprache bringen.[16] Zum anderen verzichten sie zugleich nicht darauf, von

---

15 Vgl. hierzu die Beiträge von Detlef Dieckmann und Stefan Heuser in diesem Band.
16 So ist bei der Bitte um Erhörung immer wieder sehr konkret von JHWHs Ohren die Rede (vgl. 1Sam 25,24; Neh 1,11; Ps 10,17;86,1; 130,2; Ps 5,2, 17,1); intensiviert wird die Erhörungsbitte noch, wenn

vielfältigen Weisen der Wahrnehmung Gottes (*Gen. subj.*) zu reden, die sehr spezifische Dimensionen göttlicher Zuwendung zum Menschen bedeuten: Bei Gottes „Riechen", das Annahme oder Verwerfung des Opfers bezeichnet,[17] geht es um ein die Gott-Mensch-Beziehung konstituierendes oder verwehrendes Wahrnehmen und Handeln Gottes.[18] Die Nichtigkeit anderer Götter dagegen wird durch den Vorwurf fehlender Sinnesorgane (Dtn 4,28) oder fehlender Wahrnehmung (Ps 115,6) zum Ausdruck gebracht. Auch die Formen, in denen im Alten Testament der menschliche Geschmackssinn zum Tragen kommt, wären noch genauer zu untersuchen.[19] Die Unmittelbarkeit und Intensität der Geschmackswahrnehmung wird etwa bei

---

das betende Ich ruft: הַטֵּה־יְהוָה אָזְנְךָ - „Neige dein Ohr!" (2Kön 19,16, Ps 86,1, Jes 37,17). Zu Gottes ‚Hören' s. auch *B. Janowski*, Konfliktgespräche mit Gott. Eine Anthropologie der Psalmen, Neukirchen-Vluyn 2003, 69 mit Hinweis auf die ägyptischen „Ohrenstelen".

17 Vgl. Gen 8,21; Ex 29,18.25.41; Lev 1,9.13.17; 2,2.9.12 etc.; 1Sam 26,19; Am 5,21 etc.

18 Verwerfung (vgl. Ex 5,21) und Wohlwollen bzw. Heil (vgl. Hos 14,7) wird dabei auch im zwischenmenschlichen Bereich durch das Riechen ausgedrückt – etwa, wenn der blinde Isaak im Glauben, Esau vor sich zu haben, vom Geruch des in Ziegenfell gekleideten Jakob sagt: „Siehe, der Geruch meines Sohnes ist wie der Geruch eines Feldes, das JHWH gesegnet hat." Die Verwendung des seltenen רָאָה in dieser Situation ist angesichts der (wiederum mehrdeutigen) Blindheit Isaaks und im Zusammenhang des Geruchssinnes mehrfach paradox. – Mit der Konstanz von ‚Geruch' und ‚Geschmack' kann sogar die Identität eines Volkes benannt werden, wie bei der Beschreibung Moabs in Jer 48,11b: „Daher ist sein Geschmack ihm geblieben, und sein Geruch hat sich nicht verändert."

19 Das Bedeutungsspektrum des Verbs טָעַם ist dabei für israelitisches Wahrnehmen sehr aufschlussreich, zumal ein innerer Zusammenhang der diesem Begriff eigenen unterschiedlichen Aspekte empfunden worden sein wird. Insofern er das bewusste „Kosten" von Nahrung sowie das Schmecken bezeichnet, ist um so auffälliger, dass er zugleich steht eine Art *intuitives Gespür* bezeichnet: Von der starken Frau von Prov 31,10-31 heißt es, sie „schmecke" (טָעַם), dass ihr Erwerb gut sei. Wo im Deutschen von einem „Riecher" gesprochen würde, steht die Intuition in Israel offenbar dem Geschmackssinn näher. So wird auch die für israelitisches Wahrnehmen signifikante Nebeneinanderstellung von geschmacklichem und ethischem Unterscheidungsvermögen besser verständlich, die etwa in der Rede Barsillais zum Ausdruck kommt: „Achtzig Jahre bin ich heute alt. Kann ich da noch zwischen Gutem und Bösem unterscheiden ? Oder kann dein Knecht schmecken, was ich esse und was ich trinke?" (2Sam 19,36a).

der Aufforderung: Schmecket und sehet, daß JHWH gut ist!" (Ps 34,9a) in die ganzheitliche Erfahrung der Güte Gottes einbezogen, um sie in aller Klarheit – und hierfür steht in diesem Zusammenhang das ‚Sehen' – *wahr*-zunehmen.[20]

Im Hinblick auf die Dimension des Schönen nun wäre herauszuarbeiten, was Israel als schön ansah und wie es dies Schöne gewertet hat.[21] Dabei wurde als Schwierigkeit bereits angemerkt, dass im Alten Testament „jede kritische Reflexion über das Phänomen des Schönen wie über das künstlerische Nachgestalten als solches"[22] fehle. Eine ästhetische Theoriebildung des Schönen wie in den philosophischen Texten des alten Griechenland allerdings wäre in Israel nun tatsächlich nicht zu erwarten. Und so wird man diesen Negativbefund auch nicht mehr so einseitig gegen den Stellenwert von Kunst und Kunsthandwerk in Israel ausspielen können, wie es unter Einfluss des lange Zeit fehlinterpretierten ‚Bilder'-Verbots sowie einer Überzeichnung des Unterschieds zwischen hebräischem und griechischem Denken[23] geschah. Und wenn auch das, was aus Israel / Palästina an Kunsthandwerk von der Palästinaarchäologie der Öffentlichkeit zugänglich gemacht wurde, im Vergleich zu den Werken der umgebenden Großmächte von kunsthistorisch eher geringem Wert sein mag – eine große Wertschätzung kunsthandwerklicher Fertigkeiten findet man in alttestamentlichen Texten immer wieder bezeugt.[24]

---

20 Dieser Aspekt des unmittelbaren Wahr-Nehmens der Güte Gottes spielt auch beim wohlschmeckenden Manna eine wichtige Rolle (Num 11,8; vgl. Ex 16,31).
21 Dabei wurde Israels Sicht *menschlicher* Schönheit bereits von *M. Augustin*, Der schöne Mensch im Alten Testament und im hellenistischen Judentum (BEATAJ 3), Frankfurt 1983 behandelt; vgl. auch *B. Schmitz* (Hg.), Waren sie nur schön? Frauen im Spiegel der Jahrtausende (Kulturgeschichte der antiken Welt 42), Mainz 1989 sowie nun *O. Kaiser*, Von der Schönheit des Menschen als Gabe Gottes, in: Verbindungslinien, FS *W.H. Schmidt*, hg.v. *A. Graupner* u.a., Neukirchen-Vluyn 2000, 153-163.
22 *Von Rad*, Theologie I, 376; vgl. *Dyrness*, Aesthetics, 422.
23 Zur Rezeption von *Th. Boman*, Das hebräische Denken im Vergleich mit dem griechischen, Göttingen [7]1983 ([1]1952) vgl. etwa noch *Westermann*, Das Schöne, 131f.
24 Vgl. etwa Ex 31,2ff, wonach Bezalel für den Bau des Zeltes der

Die Frage danach, was man in Israel in Kunst bzw. in der Ikonographie als ästhetisch wertvoll, als schön empfand, muss dabei wohl den Arbeiten ikonographisch geschulter Exeget/innen überlassen werden. Doch bereits *von Rad* betonte ja zu Recht: „Die Lust am künstlerischen Nachgestalten war ja in Israel nicht schwächer als bei irgendeinem antiken Volk".[25] Zutreffend ist jedoch auch sein darauf folgender Satz: „Israels künstlerisches Charisma lag auf dem Gebiete der erzählerischen und dichterischen Darstellung ... Sonderlich in der Monumentalität seiner Erzählungen hat sich Israel bei sparsamster Verwendung aller Kunstmittel zu einer Geistigkeit von einsamer Größe erhoben"[26]. Zwar wird man das Spezifikum Israels heute vielleicht nicht mehr so einlinig beim ‚Hören' im Gegensatz zum Sehen erkennen, sondern wird die Besonderheit seiner in *schriftlicher, kanonischer* Form vorliegenden Überlieferung in den Blick nehmen, für deren Rezeption die Vorstellungskraft, und damit auch das ‚innere Auge' von großer Bedeutung ist. Damit sind wir wieder beim Aspekt der Ästhetik der Erzählkunst und Poetik Israels sowie bei der Frage nach einer Rezeptionsästhetik der biblischen Texte angekommen – bei der Frage, welche ästhetischen Dimensionen der Umgang mit dem Alten Testament für spätere Rezipient/innen, darunter auch heutige Leser, hat.[27]
Tatsächlich leitet Israel selbst zu einem präzisen ästhetischen Verhältnis zu seinen schriftlichen Überlieferungen

---

Begegnung sogar regelrecht „inspiriert" wird, sowie Ex 35,30ff; 36,1ff; 37,1ff; 38:20ff; 1 Kön 5,20ff; 7,13ff; vgl. auch Ez 27,4ff und dazu den Beitrag von *Susanne Gillmayr-Bucher* in diesem Band.
25 *Von Rad*, Theologie I, 376 Anm. 18.
26 Ebd. 376.
27 Vgl. mittlerweile die rezeptionsästhetischen Studien zum Alten Testament: *M. Köhlmoos*, Das Auge Gottes. Textstrategie im Hiobbuch (FAT 25), Tübingen 1999; *D. Erbele-Küster*, Lesen als Akt des Betens. Eine Rezeptionsästhetik der Psalmen (WMANT 87), Neukirchen-Vluyn 2001; *R. Klein*, Leseprozess als Bedeutungswandel, Eine rezeptionsästhetisch orientierte Erzähltextanalyse der Jakobserzählungen im Buch Genesis (Arbeiten zur Bibel und ihrer Geschichte 11), Leipzig 2002; *D. Dieckmann*, Segen für Isaak Eine rezeptionsästhetische Auslegung von Gen 26 und Kotexten (BZAW 329), Berlin/New York 2003

Zur Einführung

an, wenn es sie, wie in Ps 19,11, in genuin ästhetischen Kategorien beschreibt:

> Sie sind köstlicher als Gold und als viel Feingold;
> sie sind süßer als Honig und überfließender Honigseim.

Die Tora bietet für den israelitischen Beter offenbar einen Genuss, der die Köstlichkeit des Honigs sowie den visuellen und materiellen Reiz des Goldes übertrifft, damit also sinnliche Dimensionen in sich aufnimmt, zugleich aber weit über sie hinausführt. Tatsächlich sind die Texte des Alten Testaments so wertvoll für die theologische Ästhetik, weil sie die Sinne zu öffnen vermögen für eine neue, ganzheitliche Wahrnehmung der Welt, die unter dem Eindruck der transzendenten Gegenwart des Schöpfers der Welt, des Gottes Israels, steht. Die Bedeutung der biblischen Ästhetik liegt dabei ferner darin, dass hier in die Wahrnehmung des Schönen immer der ganze Mensch mit einbezogen ist – mitsamt seiner Emotionalität, Sozialität und seinem gläubigen Wirklichkeitsverständnis. So ist für Israel, wie bereits C. Westermann hervorhob, der Ausruf: „Wie schön!"[28] besonders charakteristisch – etwa, wenn der vom Geist Gottes ‚inspirierte' Seher Bileam beim Anblick des in der Wüste lagernden Israel es mit den Worten segnet:

> „Wie schön sind deine Zelte, Jakob!" (Num 24,5)[29]

In diesem Ausruf, mit dem der vorliegende Band überschrieben ist, kommen nun über allgemeine, möglicherweise noch auf eine gemeinsemitische Mentalität rückführbare Eigenheiten hinaus auch die Besonderheiten alttestamentlicher Ästhetik zum Tragen. Erinnern wir den Kontext: Anders als seine ‚sehende' Eselin ist der Seher Bileam für den Engel JHWHs blind, bis JHWH selbst es Bileam

---

28 Vgl. Ps 133,1; Spr 15,23; 16,16; Hld 4,10; Sach 9,17.
29 Diese wichtige Stelle macht auch *H. Rand* zu einem Ausgangspunkt seiner Überlegungen aus einer jüdischen Perspektive, vgl. *ders.*, Torah's Incipient Esthetics, Religious education 86 (1991) 20–29, hier: 26ff

ent-hüllt. Und obwohl Balak den Bileam danach auch von einem Ort zum anderen führt, um ihm seine eigene Sicht Israels aufzuzwingen, so kann jener als 'Mann Gottes' nunmehr nicht anders, als JHWHs Perspektive auf Israel einzunehmen.[30] So nimmt er Israel nun als ein von den Nationen unterschiedenes Volk, als JHWHs Eigentumsvolk (V.9f) wahr, bei dem JHWH weder Übles noch Unheil erblickt (V.21f) und schaut selbst nunmehr durch den Geist JHWHs den Segen JHWHs über Israel und darin Israels Schönheit. Zugleich überlagern und verdichten sich in dieser Wahrnehmung die Zeitebenen: Bileam sieht JHWHs Heilstat bei Israels Herausführung aus Ägypten in der Vergangenheit, und in der Zukunft Israels Hineinführung in das Land der Verheißung. Das Schöne, das er sieht, liegt dabei weder im Wahrgenommenen selbst – denn nirgends wird vermerkt, was die Schönheit der Zelte ausmachen sollte, und ebensowenig bemerkt Israel selbst irgend etwas von Bileams Blick und seinem Ringen! –, noch im Wahrnehmenden, der von sich aus nicht in der Lage war, dies alles zu schauen. Und obendrein liegt diese Schauung quer zu allem, was sein Auftraggeber Balak von ihm zu sehen erwartete, sondern liegt in der Verheißung der Realität JHWHs, die nicht im Faktischen aufgeht.

Für die alttestamentlichen Rezeptionsästhetik ist nun aber nicht nur das sich im Textverlauf entrollende Zusammenspiel dieser unterschiedlichen Perspektiven (Balaks, Bileams, Israels und JHWHs), sondern auch dessen Wahrnehmung durch die Leser/innen entscheidend. Denn in diesem Verlauf lädt die Erzählung zur Übernahme der Perspektive Gottes auf die Schönheit Israels ein und hilft so den Bibelrezipient/inn/en, der Wahrnehmungsspur Gottes zu folgen und in das einzustimmen, was nach Gottes Ansehen und Urteilen schön ist. Was „schön" ist, wird hier nicht aus einem allgemeinen Begriff von Schönheit abgeleitet, sondern bestimmt sich aus dem Leben Israels mit seinem Gott.

Auch wo alttestamentliche Texte verweilend und fast kontemplativ von der Schönheit der Schöpfung reden, verfallen sie nicht der fragwürdigen Souveränität eines alles ordnen-

---

30 Vgl. ‚schön' (von טוב) in Num 24,5 mit Gottes Urteil טוב / טוב מְאֹד beim Ansehen seiner Schöpfungswerke in Gen 1.

Zur Einführung

den, über seine Wahrnehmung verfügenden Subjektes. Vielmehr ordnen sie die einzelnen in einen Lebenszusammenhang ein, in dem sie v.a. Empfangende – ‚Rezipient/innen' – sind.[31] Sie können sogar die Schönheit des Anderen und des Vergangenen anerkennend stehen lassen.[32] Und sie vermögen, auch da, wo menschliche Wahrnehmung droht, von entsetzlichem Schrecken aufgesogen zu werden, noch eine Sprache zu finden, die diesem Ausdruck zu verleihen vermag.[33] Dass sie weder Hässlichkeit und Zerstörung noch die Unversöhntheit der Welt aus- oder überblenden, zugleich aber auch nicht von der Erwartung des Schönen lassen, weil sie von einem von jenseits der noch unversöhnten Wirklichkeit her aufscheinenden Schönen reden, gehört zu den Stärken der alttestamentlichen Texte.

Die vorliegenden fünf Beiträge behandeln nun in paradigmatischen Einzelstudien zu Texten aus Tora, Nebiim und Ketubim in sehr verschiedenen Perspektiven die Bandbreite der Ästhetik des Alten Testaments. Die rezeptionsästhetische Frage nach der Wahrnehmung der Leser/innen des Alten Testaments ‚vor' den Texten greift *Detlef Dieckmann* am Beispiel der Rezeption der Erzählung der Preisgabe Sarahs Gen 12,10-26 auf. Wie in der prophetischen Vision Grenzen der Wahrnehmbarkeit und der Mitteilbarkeit überschritten werden, hierbei nun aber gerade ein bruchstückhafter Text genauer sein kann als ein kohärenter Text, zeigt der Beitrag von *Ulrike Sals* am Beispiel von Jes 21. *Susanne Gillmayr-Bucher* zeigt an Ez 27 auf, wie in der kommunikativen Wechselwirkung zwischen Text und Rezipient/inn/en ein Bild von ‚Schönheit' zustande kommt, das sich auch dem Anspielungsreichtum der intertextuell lesbaren Texte verdankt. Was in Israel in besonderer Weise als schön angesehen wurde, wird im Beitrag von *Alexandra Grund* am Beispiel von Ps 104 und von Ps 50 erörtert. Aus der Perspektive des Systematischen Theologen fragt schließlich *Stefan Heuser* – ebenfalls am Beispiel von Psalmen –, wie eine bestimmte Ethik bei der Erneuerung der

---

31 Vgl. hierzu – neben unzähligen Passagen aus dem Psalmenbuch, v.a. Ps 104.
32 So in Ez 27.
33 Etwa in Jes 21.

Wahrnehmung einsetzt. In diesem Spannungsbogen nun greifen die vorliegenden Beiträge das Thema „Altes Testament und Ästhetik" auf, und wollen damit zugleich einen Anstoß geben für eine weitere Diskussion dieses facettenreichen und überaus ergiebigen Themenfeldes.

Detlef Dieckmann

Empirische Bibelforschung als Beitrag zur Wahrnehmungsästhetik

Am Beispiel von Gen 12,10-20

Welchen Beitrag können empirische Untersuchungen der Rezeption biblischer Texte für eine Ästhetik als Wahrnehmungslehre leisten? Das ist die Frage, die ich im Folgenden erörtern möchte. Der Titel „Empirische Bibelforschung" deutet an, dass ich mich von der empirischen Literaturforschung anregen lasse, den Prozess der Bibelrezeption, der in den vergangenen Jahren durch hermeneutische und z.T. rezeptionsästhetische Zugangsweisen immer stärker in den Blickpunkt gerückt ist, mit neuen Methoden zu untersuchen.
Bevor ich einige Erkenntnisse aus einem Pilotprojekt zur Empirischen Bibelforschung anhand von Interview-Ausschnitten zu Gen 12,10-20 darstelle, befasse ich mich einleitend mit dem Ästhetikbegriff, auf den diese Form der Rezeptionsforschung aufbaut, und zeichne die forschungsgeschichtliche Linie von der hermeneutischen Fragerichtung zur empirischen Literaturforschung nach.

I.   Ästhetik als Wahrnehmungslehre

Ist die sinnliche Wahrnehmung (gr. αἴσθησις) mindestens seit der griechischen Philosophie Gegenstand der Reflexion, so war es erst *A.G. Baumgarten*, der durch seine zweibändige Schrift „Aesthetica" (1750/58)[1] den Begriff der Ästhetik im Sinne einer philosophischen Disziplin prägte. *Baumgarten* hat die Ästhetik wesentlich als Wahr-

---

1   *A.G. Baumgarten*, Aesthetica, Frankfurt a.d.O. 1750/58 (ND Hildesheim 1961), Verweise auf die entsprechenden Paragraphen im Text.

nehmungslehre bestimmt, die sich insoweit auch mit der Schönheit befasst, als diese die sinnliche Erscheinung in ihrer Vollkommenheit ist (§ 14). Durch diesen Schwerpunkt auf der Ästhetik als Wahrnehmungslehre unterscheidet sich *Baumgarten* von vielen Philosophen nach ihm, die wie *I. Kant* und *F. Schiller* die Ästhetik als Theorie des Schönen und der Kunst begriffen haben;[2] diese Verengung des Ästhetik-Begriffes auf die Beschäftigung mit dem (Kunst-) Schönen hält sich bis in die heutige Umgangssprache hinein. In diesem Zusammenhang soll uns *Baumgarten* als Begründer einer eigenständigen Wahrnehmungslehre und damit sozusagen als ein Urvater der modernen Hermeneutiker und Rezeptionstheoretiker interessieren. Baumgartens Zugehörigkeit in diese Genealogie wird sogleich deutlich, wenn man sich die fünf Aspekte vor Augen hält, mit denen er die Relevanz seiner Ästhetik als Lehre von der sinnlichen Erkenntnis erweisen will (§ 2f):

(1) Die Lehre von der sinnlichen Erkenntnis ist eine Basis-Wissenschaft, die den anderen Wissenschaften wichtige grundlegende Informationen und Erkenntnisse für deren Reflexionshorizont zur Verfügung stellt.

(2) Die Lehre von der sinnlichen Erkenntnis ist mit der hermeneutisch-didaktischen Aufgabe verbunden, das wissenschaftlich Erkannte weiterzuvermitteln.

(3) Durch die Beschäftigung mit der sinnlichen Wahrnehmung werden die Grenzen des Erkenntnisvermögens erweitert. Wie *A. Grözinger*[3] herausarbeitet, kann das etwa bedeuten, dass das Thematisieren von Wahrnehmungsleistungen, die noch nicht in den Kanon der etablierten wissenschaftlichen Reflexion und Methodik eingegangen sind, einen innovatorischen Impuls freisetzt.

---

2 *Kant* lobt zwar *Baumgartens* Aesthetica, doch „ist in seiner Ästhetik wohl der häufige Umgang mit dem allgemeinen [...] Gedankengut, aber kein Eingehen auf die philosophischen Ansätze der ‚Aesthetica' nachzuweisen" (*H.R. Schweizer*, Einführung, in: *A.G. Baumgarten*, Theoretische Ästhetik. Die grundlegenden Abschnitte aus der „Aesthetica" [1750/58], hg. u. übers. v. *H.R. Schweizer*, Hamburg ²1988, VII-XVIII, hier: X).

3 *A. Grözinger*, Praktische Theologie als Kunst der Wahrnehmung, Gütersloh 1995, 32f.

(4) Dadurch legt die Lehre von der sinnlichen Erkenntnis die Grundlage für die Geisteswissenschaften.
(5) Die Lehre von der sinnlichen Erkenntnis greift zudem über den wissenschaftlichen Bereich hinaus und erweist sich als Alltagsästhetik, insofern sie auf unsere Fähigkeit zielt, unsere Sinneswahrnehmungen im Lebensvollzug optimal in Anspruch zu nehmen.

II. Akt-Ästhetik statt Resultats-Ästhetik

Der nächste Halt auf unserem Parforceritt durch die Geschichte der Ästhetik als Wahrnehmungslehre soll bei einem Literaturwissenschaftler sein, der ähnlich wie *Baumgarten* das Ästhetische nicht als etwas objektiv im Kunstwerk Vorgegebenes, sondern als Eigenschaft einer Erfahrung begreift. Die Rede ist von *I.A. Richards*, der 1924 in provokanter Abgrenzung von der romantischen Hermeneutik der Einfühlung in ‚das' Schöne und Wahre versucht, die Literaturwissenschaft als Literaturkritik an die Methoden der in seiner Zeit triumphierenden Naturwissenschaften anzuschließen, indem er die Lektüre von Texten mit einem neurologisch-behavioristischen *stimulus-response*-Modell betrachtet.[4] *Richards* vollzieht mit dieser „radikal-empirischen Wende"[5] eine Abkehr von jener idealistischen, objektivistischen Resultats-Ästhetik, in der *Baumgarten*s Ansatz so gut wie keine Rolle gespielt hat, und bestimmt im Sinne einer Akt-Ästhetik die ästhetischen Erfahrungen als den Gegenstand der Ästhetik – und zwar nicht nur die Erfahrungen mit Kunstwerken, sondern in gleicher Weise auch die so genannten Normalerfahrungen. Das Attribut ‚schön' z.B. ist somit nicht mehr als angebliche Eigenschaft eines Kunstwerkes, sondern als Ausdruck einer bestimmten Erfahrung interessant, und ‚ästhetisch' ist ein Attribut, das nicht mehr einem Gegenstand, sondern nur dem Akt der Wahrnehmung zukommen kann. Diese

---

4 Vgl. *I.A. Richards*: Prinzipien der Literaturkritik, Frankfurt a.M. 1985, 126ff und passim (engl. Principles of Literary Criticism, London [1]1924, [2]1926).
5 *J. Schlaeger*: Einleitung, in: *Richards*, Prinzipien, 28.

empirische Fragerichtung hat *Richards* auch dazu geführt, die Reaktionen von dreizehn Studenten auf die Lektüre eines Gedichtes zu erheben und zu analysieren, so dass sich hier eine frühe Berührung von literarischer Wahrnehmungsästhetik mit einer Vorform der empirischen Literaturforschung ergibt.

In ähnlicher Weise hat sich *L.M. Rosenblatt* (1937), die als die zweite Literatur-Empirikerin zu nennen ist, mit realen Leser/innen beschäftigt. Dadurch, dass *Rosenblatt* im Rahmen des Schulunterrichts gelernt hat, Literatur als ein Ereignis, als Transaktion zwischen Leser und Text zu sehen,[6] liefert diese Forscherin einen erstenBeleg für die Relevanz der Rezeptionstheorien für literaturdidaktische Fragestellungen.

III. Ästhetik als hermeneutische Wissenschaft

Doch wurde die philosophische und literaturwissenschaftliche Ästhetik-Diskussion des 20. Jh. nicht durch empirische Ansätze oder literaturdidaktische Impulse, sondern zunächst durch hermeneutische Modelle geprägt. In der Philosophie hat sich im vergangenen Jahrhundert eine hermeneutische Richtung entwickelt (*H.-G. Gadamer, P. Ricœur*)[7], die ihrer Wissenschaft ganz im Sinne *Baumgartens* einen erweiterten Reflexionshorizont verschafft und innovatorische Impulse gibt, z.B. in Gestalt der interdisziplinären, auch im Gespräch mit der Theologie stehenden Rezeptionsästhetik (vgl. *Ricœur*). In der Literaturwissenschaft hat sich in vielfältiger Berührung mit der Hermeneutik und der literarischen Ästhetik die Entdeckung des

---

6 Vgl. *L.M Rosenblatt*, Literature as Exploration, New York, 1937; [4]1983; *dies.*, The Poem as Event, ColEng 26 (1964), 123-128; *dies.*, The Reader, the Text, the Poem. The Transactional Theory of the Literary Work, Carbondale 1978; *dies.*, The Transactional Theory: Against Dualism, in: ColEng 55 (1993), 377-386.

7 Siehe vor allem: *H.G. Gadamer*, Wahrheit und Methode. Grundzüge einer philosophischen Hermeneutik, Tübingen [1]1960; *P. Ricœur*, Philosophische und theologische Hermeneutik, in: *ders./E. Jüngel* (Hg.) Metapher. Zur Hermeneutik religiöser Sprache, EvTh Sonderheft, München 1974, 24-44.

Lesers fortgesetzt (vgl. *W. Gibson, M. Riffaterre, S. Fish, U. Eco, H.R. Jauß, W. Iser*)[8], wobei sich besonders eingehend *H.R. Jauß* mit der ästhetischen Lese-Erfahrung befasst hat. All diese Wissenschaftler haben gemeinsam, dass sie vornehmlich mit einem Leserkonstrukt arbeiten: mit dem impliziten, implizierten, intendierten, idealen, fiktiven, Modell- oder Archi-Leser. Gelegentlich und am Rande befassen sie sich auch mit den empirischen Leser/innen, untersuchen sie aber nie.

IV. Kritik an der hermeneutischen Literaturwissenschaft

Wegen dieses Desinteresses für reale Leser/innen und der damit verbundenen Abstraktion von nichtwissenschaftlichen Lektüren wurde die hermeneutische Literaturwissenschaft im letzten Viertel des 20. Jh., einer von Empirisierungsprogrammen stark geprägten Zeit, zunehmend als defizitär kritisiert.[9] Man warf diesem Zweig der Literaturwissenschaft vor, die empirischen Leser/innen durch ein – in der Regel einseitig männlich gedachtes – Konstrukt zu ersetzen, das oft zum *alter ego* des Interpreten[10] und zum Vehikel für ‚den Textsinn' gerate. Literaturdidaktiker mahnten an, dass man sich stärker mit dem Leseverhalten der Lernenden befassen müsse,[11] als dies die hermeneutische Literaturwissenschaft tue, und dass bereits deren oft

---

8 Siehe z.B. *W. Gibson*, Authors, speakers, readers and mock readers, in: ColEng 11 (1950), 265-269; *M. Riffaterre*, Le style de stylistique des Pléiades de Gobineau. Essai d'application d'une méthode stylistique, Genf 1957; *U. Eco*, Das offene Kunstwerk, Frankfurt a.M. 61993 (ital. 1962); *S. Fish*, Surprised by sin. The reader in Paradise Lost, New York 1967; *H.R. Jauß*, Literaturgeschichte als Provokation der Literaturwissenschaft, Konstanz 1967; *W. Iser*, Der implizite Leser. Kommunikationsformen des Romans von Bunyan bis Beckett, München 1972.
9 Vgl. *O. Schober*, Zur Orientierung heutiger Literaturdidaktik an der Rezeptionstheorie, in: *G. Köpf*, Rezeptionspragmatik. Beiträge zur Praxis des Lesens, München 1981, 9-26, hier: 10.
10 Vgl. z.B. *H. Hauptmeier/S.J. Schmidt*, Einführung in die Empirische Literaturwissenschaft, Braunschweig u.a. 1985, 60.
11 Vgl. *O. Schober*, Orientierung, 9.26.

hermetische Terminologie ein undidaktisches Element in sich trage.

V. Die Entwicklung der empirischen Literaturwissenschaft

Im Zuge dieser Kritik wird seit ca. 30 Jahren in der Literaturwissenschaft die hermeneutische Richtung durch empirische, oft für die Literaturdidaktik relevante Methoden ergänzt und z.T. ein vollständiger „Paradigmawechsel" propagiert oder gar schon konstatiert.[12]
Kontrovers wird dabei diskutiert, ob Hermeneutik und Empirie in diesem neuen Forschungszweig der empirischen Literaturwissenschaft miteinander vereinbar sind oder sich gegenseitig ausschließen. Während die Empiriker unisono den Hermeneutikern vorwerfen, sich der notwendigen Erweiterung oder Ablösung des hermeneutisch-phänomenologischen Ansatzes durch einen empirisch-sozialwissenschaftlichen Zugang zu verweigern,[13] wird das Verhältnis zwischen Hermeneutik und Empirie von den Empirikern unterschiedlich bestimmt. Auf der einen Seite stehen diejenigen, die – etwa unter Berufung auf *Dilthey* – eine grundsätzliche, unüberwindliche Antinomie und Inkompatibilität zwischen den objektiv-messenden Methoden der empirischen Wissenschaften und den subjektiv-verstehenden Verfahren der Geisteswissenschaften sehen. Auf der anderen Seite wird die „geisteswissenschaftliche Grundlagenforschung"[14] der Hermeneutik als komplementär zur rezeptionsempirischen Anwendungsforschung betrachtet, welche die Erfahrungen der literarischen Hermeneutiker überprüfen und systematisieren kann.

---

12 Vgl. *H. Heuermann* u.a., Werkstruktur und Rezeptionsverhalten. Empirische Untersuchungen über den Zusammenhang von Text-, Leser- und Kontextmerkmalen, Göttingen 1982, 18; *N. Groeben*, Rezeptionsforschung als empirische Literaturwissenschaft. Paradigma- durch Methodendiskussion an Untersuchungsbeispielen, Tübingen ²1980, 9ff.
13 Vgl. *Heuermann*, Werkstruktur, 18.
14 *Heuermann*, Werkstruktur, 33.

In gewisser Weise kehrt die Frage nach der Beziehung zwischen Hermeneutik und Empirie auch auf der methodischen Ebene wieder. Wird die empirische Literaturwissenschaft als eine empirisch-sozialwissenschaftliche Kommunikationswissenschaft begriffen und im Kontrast zur hermeneutischen Literaturwissenschaft gesehen, so liegt es besonders nahe, quantitativ-statistische Methoden wie standardisierte Befragungen oder Fragebögen anzuwenden, mit denen in einem bestimmten Feld die Interaktion zwischen Leser/innen und Texten sowie die psychologischen, soziologischen und ökonomischen Faktoren dieser Begegnung erforscht werden. Schreibt man hingegen der empirischen Literaturwissenschaft die Funktion zu, die Erfahrungen der hermeneutischen Literaturwissenschaft zu überprüfen oder deren Erkenntnisse zu vertiefen, zu profilieren und anzuwenden, so rücken vornehmlich qualitative Untersuchungsmethoden (z.b. Intensiv-Interviews) in den Vordergrund.

VI. Hermeneutik und empirische Literaturwissenschaft in der Bibelwissenschaft

Während die philosophischen und literaturwissenschaftlichen hermeneutischen Fragestellungen in der Systematischen Theologie[15] und in der Bibelwissenschaft etwa durch rezeptionsästhetische bzw. rezeptionsorientierte Auslegungen[16] inzwischen vielfältig rezipiert wurden, werden empi-

---

15 Vgl. die Arbeiten von *Körtner*, *Raguse*, *Huizing*, *Gehring*, *Grohmann* u.a. (bibliographische Angaben in der Einleitung zu diesem Band).
16 Vgl. etwa *M. Köhlmoos*, Das Auge Gottes. Textstrategie im Hiobbuch, Tübingen 1999; *D. Erbele-Küster*, Lesen als Akt des Betens. Eine Rezeptionsästhetik der Psalmen, WMANT 87, Neukirchen-Vluyn 2001; *R.A. Klein*, Leseprozess als Bedeutungswandel. Eine rezeptionsästhetisch orientierte Analyse der Jakobserzählungen im Buch Genesis, Leipzig 2002; *D. Dieckmann*, Segen für Isaak. Eine rezeptionsästhetische Auslegung von Gen 26 und Kotexten, BZAW 329, Berlin u.a. 2003.

rische Methoden in diesem Bereich bislang nicht[17] angewandt. Darum liegt es nahe zu prüfen, ob die empirischen literaturwissenschaftlichen Methoden auch auf die Bibel anwendbar sind und ob sie auch hier die positiven Eigenschaften entwickeln können, die ihr in der Literaturwissenschaft seit den 70er Jahren des 20. Jh. zugetraut werden. Die Innovation einer empirischen Bibelforschung gegenüber einer ausschließlich hermeneutisch verfahrenden Auslegungswissenschaft könnte vor allem darin bestehen, dass mit dem Lektüreprozess realer Leser/innen als neuem Untersuchungsgegenstand eine Schnittstelle zwischen Bibelwissenschaft und Bibeldidaktik entsteht, die für beide Seiten neue Wahrnehmungsmöglichkeiten bereitstellt: Der Bibelwissenschaft werden neue Daten zur Verfügung gestellt, die aus lebendigen Rezeptionsprozessen gewonnen sind und mit den bekannten Interpretationen aus der Sekundärliteratur verglichen, vertieft oder kontrastiert werden können. Die Bibeldidaktik hingegen lernt dadurch, wie sich bibelwissenschaftliche Ergebnisse mit den Erfahrungen von realen Leser/inne/n didaktisch verknüpfen lassen, und erhält einen tiefen Einblick in die Rezeptionsmöglichkeiten und -schwierigkeiten derjenigen, mit denen sie sich befasst.[18]

---

17 Meines Wissens wurden in der Bibelwissenschaft noch keine solchen empirischen Methoden erprobt. Lediglich eine empirische Untersuchung eines Literaturwissenschaftlers zu einem Bibeltext ist mir bekannt: *Jakob Bichler* hat Dan 14,2-22 von Drogenabhängigen lesen lassen, um deren Bewertungen durch Fragebögen zu erheben, vgl. *J. Bichler*, Was stellen Eigenart und Situation des Lesers mit Texten an? Eine Rezeptionsanalyse von Kurzgeschichten bei Drogenabhängigen, in: *Köpf*, Rezeptionspragmatik, 267-297.
18 Eine solche Integration ist m.E. bislang einzig in dem Konzept der Biblischen Didaktik verwirklicht worden (vgl. vor allem *I. Baldermann*, Wer hört mein Weinen? Kinder entdecken sich selbst in den Psalmen, Neukirchen-Vluyn 1982; *ders.*: Einführung in die Biblische Didaktik, Darmstadt 1996).

VII. Empirische Bibelforschung

Angesichts der oben geschilderten Alternative, entweder den hermeneutischen Anknüpfungspunkt oder den sozialwissenschaftlich-empirischen Anspruch der empirischen Literaturforschung zu betonen, stellt sich auch für eine zu entwickelnde Empirische Bibelforschung die Frage, ob man einen solchen Ansatz als eine Fortführung der hermeneutischen Fragerichtung begreift oder ob man ihn stärker in den Rahmen der empirischen Sozialwissenschaft stellt. Daran schließt sich die Überlegung an, für welche Erhebungsmethode man sich entschließt.

Um die Adäquatheit des einen oder anderen Ansatzpunktes für eine Empirische Bibelforschung beurteilen zu können, sollte man sich zunächst den großen Aufwand und die hohen Standards vor Augen führen, die repräsentative empirische Untersuchungen im Rahmen der Sozialwissenschaften erfordern, etwa im Hinblick auf einen detaillierten Versuchsplan, auf die Untersuchung von Einflussgrößen in der Rezeptionssituation, die Wiederholbarkeit von Versuchen, Stichproben oder Signifikanztests.[19] Dem erheblichen statistischen Aufwand einer solchen eher religionssoziologischen Studie steht eine deutlich begrenzte Aussagefähigkeit der gewonnenen Daten entgegen,[20] zumal wenn man die immense zeitliche und räumliche Ausdehnung der Bibelrezeption bedenkt: Auch eine breit angelegte, aufwändige Feldstudie liefert nur einen zeitlich, geographisch und sozial zufälligen und schmalen Ausschnitt der tatsächlichen Bibellektüre. Deswegen darf man sich nicht die Illusion machen, dass die empirische Forschung eine Aufklärung ‚des' Rezeptionsprozesses im Sinne einer zunehmenden Annäherung an die Wirklichkeit liefert. Und selbst wenn eine gewisse Einsicht in einen Ausschnitt dieser Wirklichkeit zu gewinnen wäre, stellt sich die Frage

---

19 Vgl. dazu auch *J. Baurmann*, Textrezeption empirisch. Wege zu einem ziel, behelfsbrücken oder holzwege? [sic], in: *Köpf*, Rezeptionspragmatik, 201-218, bes. 201ff.
20 Vgl. *R. Viehoff*, Literarisches Verstehen. Neuere Ansätze und Ergebnisse empirischer Forschung, in: IASL 13 (1988), 1-39, hier: 15f zum Ergebnis von *Heuermann*, Werkstruktur, 558.

der Relevanz der statistischen Erkenntnisse für eine Bibelwissenschaft, die an ihrer Verbindung zur Bibeldidaktik festhält – und damit letztlich eine *hermeneutische* Aufgabe innerhalb des kirchlichen Handelns fokussiert. Aus diesen Gründen sehe ich das größere Potential der Empirischen Bibelforschung im Vorantreiben der hermeneutischen Erkenntnisse. Der Fortschritt liegt dabei m.E. nicht in der Quantifizierbarkeit der faktischen Vielfalt der Rezeptionsweisen, sondern (1) in der anschaulichen Illustration insbesondere der Offenheit und der Diversität der Rezeptionsprozesse, (2) in dem tieferen Einblick, den hermeneutisch orientierte qualitative Untersuchungen in Rezeptionsprozesse ermöglichen und (3) in der Applikabilität der Ergebnisse für die Bibeldidaktik. Ich plädiere also für eine Ergänzung der hermeneutischen Bibelauslegung um eine Empirische Bibelforschung, die mit qualitativen Methoden den Prozess der Bibellektüre nicht-wissenschaftlicher Rezipient/inn/en untersucht und ihre Ergebnisse sowohl für die philologisch-exegetische Bibelwissenschaft als auch für die Bibeldidaktik nutzbar macht.

VIII. Projektstudie Empirische Bibelforschung

Als eine dafür geeignete Methode habe ich durch das Siegener Institut für Medienforschung[21] das „Laute Denken"[22] kennen gelernt und erprobt, das mit Intensiv-Interviews arbeitet. Bei einem Pilotprojekt (Sommer 1998 bis Winter 1999) wurden zwei übersetzte Bibeltexte, die Erzählung von der Preisgabe Sarajs in Gen 12,10-20 und die Brunnenstreit- und Segenserzählung in Gen 26,12-32, zunächst jeweils zehn Proband/inn/en mit der Bitte vorgelegt, Sinneinschnitte zu markieren. Die mehrheitlich gewählten Abschnitte wurden dann in einer angenehmen Schriftgröße auf weiße Karten im DIN-A-5-Format gedruckt. Bei den insge-

---

21 Früher: Institut für empirische Literatur- und Medienforschung (LUMIS). Namentlich sei *Herrn PD Dr. G. Rusch* gedankt.
22 Vgl. dazu *T. Trabasso/S. Suh*, Verstehen und Verarbeiten von Erzählungen im Spiegel des Lauten Denkens, in: SPIEL 15 (1996), 212-234.

Empirische Bibelforschung 23

samt 34 Interviews,[23] die überwiegend von einer Studentin[24] durchgeführt wurden, erhielten die nach dem Zufallsprinzip ausgewählten Proband/inn/en jeweils eine Textkarte und wurden von der gegenüber sitzenden Interviewerin gebeten, die Abschnitte – nach Belieben laut oder leise – zu lesen und ihre unmittelbaren Reaktionen zu äußern. Mit der Interviewerin war vereinbart, dass sie die Proband/inn/en in dem Maße zu Kommentaren ermutigen sollte, wie es nötig scheint, dass aber Beeinflussungen so weit wie möglich vermieden werden sollten. Die verbalen Reaktionen der Interviewten wurden auf Band aufgezeichnet, anschließend von der Interviewerin transkribiert und durch weitere, schriftlich mitprotokollierte Beobachtungen ergänzt. Nach dem Interview wurden die wichtigsten soziodemografischen Daten (Altersgruppe, Beruf) erhoben und einige Angaben zu den literarischen Vorkenntnissen erbeten (Bibelkenntnis, Kenntnis der gelesenen Erzählung, Erfahrung mit Literatur).

Bei dieser Methode wird vorausgesetzt, dass die Äußerungen der Proband/inn/en einen gewissen Einblick in die spontanen Lesereaktionen und den Prozess der Entwicklung eines kohärenten Verstehens des sequenzweise gelesenen Textes bieten.

IX. Empirische Studie zu Gen 12,10-20

Im Folgenden stelle ich einige Beispiele aus dieser Projektstudie dar. Aus dem umfangreichen Material der 19 transkribierten Interviews zu Gen 12,10-20 greife ich diejenigen Stellen heraus, an denen mehr als ein/e Rezipient/in eine

---

23 Es wurden 19 Interviews zu Gen 12,10-20 und 15 Interviews zu Gen 26 geführt.
24 Die meisten Interviews hat *Frau stud. theol. Tabea Schäfer* mit großem Engagement und Einfühlungsvermögen durchgeführt, wofür ich ihr herzlich danke. Hinter der Entscheidung, die Interviews durch eine Studentin durchführen zu lassen, stand der Gedanke, dass die Proband/inn/en nicht durch einen Dozenten an eine Lehr- und Lernsituation erinnert werden und möglichst wenig die Vorstellung entwickeln sollten, sie müssten besonders gelehrte Reaktionen bieten.

Bewertung des Handelns oder des Ergehens einer Erzählfigur mitteilt. Zu jeder Textsequenz werde ich ausgewählte Äußerungen wiedergeben, die ich in einem zweiten Schritt zu erklären versuche und interpretiere. Dabei soll deutlich werden, an welchen Punkten die Leser/innen mit Bewertungen einsetzen und wie sich die Lektüre weiter entwickelt.

> 10 Und es war eine Hungersnot im Land.
> Und Avram stieg hinab nach Ägypten,
> um sich dort als Fremder aufzuhalten,
> denn schwer war die Hungersnot.

Nach der Lektüre der ersten Karte lassen fast alle, nämlich 17 Interviewte, in ihren Äußerungen nicht erkennen, dass sie Avrams Zug nach Ägypten bewerten. Drei dieser Rezipient/inn/en zeigen ein gewisses Verständnis für Avrams Verhalten:

„Also die Hungersnot ist – im Land, und Avram flieht – in die Fremde, weil die Hungersnot so schwer ist. Ach ja, okay. Ja, jo logisch, würd' ich auch so machen." (*Sandra*)[25]

„Und ich denk' halt, hier steht ja, dass sie [sc. die Hungersnot] sehr schwer war, und ich denk', wenn man halt irgendwie 'ne Chance sieht, dass man trotzdem damit noch irgendwie zu Rande kommt, zieht man nicht so – schnell in irgend ein anderes Land [...]." (*Barbara*)

„[...] er war halt gezwungen, wegen der Hungersnot wegzugehen, das hat er sich nicht selber ausgesucht." (*Christian*)

Sandra deutet Avrams Reise in das fremde Ägypten als eine Flucht, die sich logisch und persönlich nachvollziehbar aus der Schwere der Hungersnot ergibt. Auch *Barbara* scheint in V.10 den Nachsatz über die Schwere der Hungersnot aufmerksam wahrgenommen zu haben und entwickelt eine Interpretation, die darauf hinausläuft, dass Avram nur dann ins Ausland geht, wenn er keine andere Chance hat. Avram war eben zum Wegziehen „gezwun-

---

25 Ich bezeichne die Interviews mit Pseudonymen, die das Geschlecht der Interviewten erkennen lassen.

Empirische Bibelforschung

gen", bringt dies *Christian* auf den Punkt.[26] Der Hinweis darauf, dass Avram sich dies „nicht selber ausgesucht" hat, lässt sich mit einer anderen Aussage von *Christian* in Zusammenhang bringen, wonach „das alles [...] so seinen Sinn, seinen Zweck [hat], dass er dahin gehen soll." *Christian* sieht hier offenbar Avram nach einer, im Text freilich nicht explizierten, Fügung agieren.

Ob sich Avram nach dem Willen Gottes verhält, das ist für jene beiden Leser/innen, die Avrams Verhalten in V.10 negativ bewerten, jedoch sehr die Frage:

„Also es war so, dass Abraham von Gott gesagt bekommen hatte, er soll in das Land gehen, was Gott ihm zeigen würde. Em, und hat ihm in diesem Land, als er da war, die Verheißung gegeben [...] – em, als Abraham aber meines Wissens nach in diesem Land war, 'ne Zeitlang, kommt halt dieser Bibeltext, dass 'ne Hungersnot im Land war, em, und Abraham ging dann nach Ägypten – weil scheinbar in Ägypten eh, es da noch Nahrung gab und da in Kanaan, wo er war, scheinbar nicht. Em, fällt mir auf, dass, eh, erstens, eh, dass Abraham scheinbar an dem Punkt, em, Abraham es schwer gefallen ist, Gott zu vertrauen, denn Gott hat ja Abraham 'ne Verheißung geben, dass er für ihn sorgen wird. Insofern wär' es interessant gewesen, em, wie die Geschichte ausgegangen wär', wenn Abraham in Ä-, in Kanaan geblieben wäre und em, einfach vertraut hätte, dass Gott ihn versorgt, aber – nur so als These." (*Senta*)

Als würde sie an die Interpretationen der oben zitierten Leser/innen anschließen, macht sich *Senta* Avrams Zug nach Ägypten mit der Vermutung plausibel, dort habe es noch Nahrung gegeben. Danach geht die Rezipientin zu einer Wertung über, indem sie Avrams Ausreise als ein Zeichen für mangelndes Vertrauen auf Gottes Verheißung interpretiert. Offensichtlich ist der Leserin aus dem Kontext von Gen 12,10-10 die Verheißungsrede Gottes (Gen 12,1-3) bekannt, die hier als Zusage von Versorgung zusammengefasst wird. Während *Senta* diesen Kommentar zum Schluss als ein Gedankenspiel über alternative Handlungsmöglichkeiten relativiert, kommt *Hilmar* zu einer eindeutig negativen Wertung:

---

26 Diese Interpretation ist auch in der christlichen und jüdischen Sekundärliteratur breit vertreten, vgl. *Dieckmann*, Segen, 134 Anm. 2.

„Also klar is – wenn 'ne Hungersnot im Land ist, muss man was machen, um – irgend 'ne Lösung für sich und wahrscheinlich für 'ne Familie, die er hat – zu finden. Und eine Lösung wär' natürlich jetzt, wenn man von der Bibel ausgeht, man zu Gott fleht und er einen rettet. Die andere Lösung ist, dass er selbst Initiative ergreift und was unternimmt. Damit man was zu essen für sich und die anderen hat. So, Avram, schätz' mal, das ist Abraham – em, stieg hinab nach Ägypten. Ägypten is eigentlich in der Bibel immer ein Bild für – die Welt ohne Gott, für Sünde auch, für Fehltritt. Das Wort ‚hinab' signalisiert auch in der Bibel immer, dass man bergab geht, es nämlich nicht gut ist. Immer dann, wenn Leute hinaufgehen, hinauf nach Jerusalem, hinauf zum Tempel, bedeutet das: hinauf zu Gott, und hinab bedeutet immer – em, weg von Gott, weg – vom echten Leben. Das heißt also, Abraham, oder Avram, em –, zieht – eigentlich gegen Gottes Willen in ein Land, wo er sich erhofft, etwas für sich und seine Familie zu ergattern.
Um sich dort als Fremder aufzuhalten, Fremder, also es heißt eigentlich, er ist sich eigentlich klar, dass es nicht seine Heimat ist. Em, ‚als Fremder aufzuhalten', das bedeutet ja, dass er genau weiß, em, das ist nicht die Heimat, das ist ein Gebiet, wo ich nicht hingehöre, aber ich muss dorthin, einfach situationsbedingt, weil die Hungersnot schwer ist. An-, anstatt auf Gott zu setzen, auf die Verheißungen, die er hatte, sagt er, ich muss selbst, em, mein Leben in die Hand nehmen und der Situation ausweichen. Und 'ne Anwendung wär' halt, dass man – oft im Leben einfach denkt, hier, ich komm' nicht zurecht, und um der Situation aus dem Weg zu gehen, tut man etwas, allerdings, em, auf Kosten – von Sünden oder unguten Dingen." (*Hilmar*)

Ähnlich wie *Sandra* zeigt auch dieser Leser zunächst Verständnis dafür, dass jemand in dieser Problemsituation der Hungersnot initiativ wird und in der Flucht einen Ausweg sucht, um die Existenzgrundlage für sich und seine Familie sicherzustellen. Gleich darauf nennt *Hilmar* jedoch eine alternative Handlungsmöglichkeit und geht sukzessive zu einer negativen Bewertung von Avrams Verhalten über: Avram hätte auch auf die Verheißungen und auf Gott setzen sowie zu ihm fliehen können, so dass er – automatisch? – gerettet worden wäre. Stattdessen handelt Avram in einer Weise, die nach Meinung dieses Lesers von der Bibel als eindeutig negativ qualifiziert wird. Bereits das Hinabsteigen bezeichne stets eine negative Bewegung „weg von Gott" und weg „vom echten Leben", und gerade nicht „hinauf nach Jerusalem", „zum Tempel" und „zu Gott". Zudem begebe sich Avram mit Ägypten in ein Land, das „immer" mit „Fehltritt" oder „Sünde" konnotiert sei und die „Welt ohne Gott" bezeichne. Hatte *Christian* noch eine (göttliche) Bestimmung hinter Avrams Gang nach Ägypten gesehen, so geht *Hilmar* davon aus, dass Avram „gegen Gottes Willen" in dieses Land geht, obwohl der Erzvater sich bewusst ist: „das ist ein Gebiet, wo ich nicht hingehöre". Zum ersten Mal wechselt der Rezipient an dieser Stelle in die erlebte Rede und zeigt dadurch eine Identifikation mit Avram, die sich in der anschließenden Applikation des Textes fortsetzt: *Hilmar* denkt sich nicht nur in Avrams Lage, sondern auch in Menschen hinein, die mit ihrer Lebenssituation „nicht zurecht" kommen, und betrachtet den Bibeltext als eine Illustration dafür, dass Menschen, die einen Ausweg aus einer solchen Situation suchen, oft „Sünden" und „ungute [...] Dinge" in Kauf nehmen.

> 11 Und es geschah,
> als er näher kam, nach Ägypten hineinzugehen,
> da sagte er zu Saraj, seiner Frau:
> Siehe doch,
> ich weiß, dass du eine Frau bist,
> die schön von Aussehen ist.
> 12 Und es wird sein, wenn dich die Ägypter sehen,
> dann werden sie sagen:
> Seine Frau ist diese.
> Und sie werden mich erschlagen,
> dich aber am Leben lassen.
> 13 Sage doch, du seist meine Schwester,
> damit es mir gut geht um deinetwillen
> und ich lebe deinetwegen.

Nur eine Leserin, nämlich *Sandra*, die noch ein gewisses Verständnis für Avrams Flucht nach Ägypten hatte, kommt nach der Lektüre der zweiten Karte zu einer positiven Bewertung – allerdings unter dem Vorbehalt, dass Avrams Prophezeiung stimmt:

„Wenn ich jetzt mal davon ausgeh', dass er wirklich, dass [...] er wirklich erschlagen würde, dann ist das, glaub ich, 'ne – ganz gute Lösung." (*Sandra*)

Unter den übrigen Rezipient/inn/en wächst gegenüber den Reaktionen auf den ersten Leseabschnitt deutlich die kritische Beurteilung des Handelns Avrams. Insgesamt zehn Leser/innen werten Avrams Plan negativ. Zwei dieser Leserinnen betrachten schon die Voraussetzungen, auf denen Avram seinen Plan aufbaut, mit Skepsis:

„Wieso sollten sie auf die Idee kommen, ihn zu erschlagen, nur weil seine [...] Frau schön ist? Also, dann unterstellt er den Leuten schon direkt, dass das irgendwie fiese Arschlöcher sind, die irgend 'ne schöne Frau haben wollen. Find ich 'n bisschen komisch. Em – und wieso sollten sie ihn nicht erschlagen, wenn er ihr Bruder ist? Das versteh ich auch nicht. Wieso sie ihn dann erschlagen, wenn er ihr Mann ist, aber wenn er ihr Bruder ist, dann nicht." (*Angela*)

„Ja, der Abraham [...] hat eben jetzt Angst davor, dass die Ägypter diese Frau für sich haben wollen. Also, er nimmt wahrscheinlich an, dass die Ägypter wohl sehr, em – brutale, egoistische Menschen sind, dass sie einfach so, wie er hier sagt: ‚und sie werden mich erschlagen', also Abraham erschlagen, um dann eben an diese Frau ranzukommen, em, find' ich schon ziemlich brutal, oder, ich weiß nicht, ob's so war [...]. Und, em, was ich halt, glaube ich, nicht so gut finde, ist eben – er ist ja ein gottesgläubiger Mensch, dass er eben dieses, praktisch eine Lüge in die Welt setzt, ohne einfach zu fragen, was Gott sich da vorgestellt hat, denn Gott hat ihm ja sehr viele Verheißungen versprochen, was seine Zukunft betrifft, also nehm' ich mal an, vorher, ich weiß jetzt nicht genau, wie das in die zeitliche Geschichte einzuordnen ist, und dass er dann eben – Gott das überlassen würde, normalerweise, wie er, wie er das regelt, denn wenn er Nachkommen haben soll, dann braucht er natürlich seine Frau auch. Und deswegen find' ich, find' ich das sehr schade, dass er so was vor hat. Ja, also ein komisches Bild hat er von den Ägyptern, weiß ja nicht, ob das, ob das so legitim ist [...]. (*Barbara*)

Die erste Rezipientin, *Angela*, zweifelt das negative Bild an, das Avram von den Ägyptern malt, und hält deren angeblich räuberische und mörderische Absichten für eine Unterstellung.[27] Darüber hinaus hält sie es nicht für plausibel, dass diese Ägypter den Mann einer attraktiven Frau erschlagen würden, ihren Bruder aber nicht.

---

27 Vgl. auch *F. Crüsemann*, ... er aber soll dein Herr sein (Genesis 3,16), in: *ders./H.Thyen*, Als Mann und Frau geschaffen, Kennzeichen 2, Gelnhausen 1978, 15-106, hier: 74.

Empirische Bibelforschung

Die zweite Leserin schreibt, wie viele andere Rezipient/inn/en, Avram explizit die Emotion „Angst" zu.[28] Sie elaboriert zunächst Avrams Annahme, dass die Ägypter „brutale, egoistische Menschen" sind, was sie auch „ganz schön brutal" finde, relativiert dann aber Avrams Ägypter-Bild, indem sie ihre Unsicherheit darüber formuliert, ob diese Sicht von den Ägyptern der damaligen Wirklichkeit entspricht. Diesen Faden verfolgt *Barbara* jedoch nicht weiter, sondern wechselt auf eine moralische Ebene und bringt ihre Ablehnung darüber zum Ausdruck, dass Avram als ein „gottesgläubiger Mensch" eine „Lüge"[29] in die Welt setze, wo es doch eine Alternative gegeben hätte: Avram hätte „einfach" Gott, der bereits durch die Verheißungen seine Pläne für die Zukunft des Erzvaters offen gelegt hat, nach dessen Vorstellungen fragen und es ihm „überlassen" können, diese Angelegenheit zu „regel[n]". Auch hier erscheint bei einigen Rezipient/inn/en wieder, wie oben bei *Senta* und *Hilmar*, der Vorwurf, Avram hätte nicht genügend auf Gott vertraut (*Tanja*), nicht nach dem Willen (*Senta, Hilmar*) und den Verheißungen (*Barbara*) Gottes gefragt, sondern eigenmächtig gehandelt (*Senta*), ja „jeglichen Glauben" und „jegliches Verständnis von Berufung" (*Christian*) vermissen lassen.

Am häufigsten setzt die – oft sehr deutlich formulierte – Kritik an Avram jedoch nicht an Avrams Ägypter-Bild oder seinem mangelnden Interesse für Gottes Pläne, sondern am Verhalten gegenüber seiner Frau an:

„Tja, mich erstaunt, dass er seine Frau hier mitgenommen hat. Und dann denk' ich, da ist doch, er ist recht egoistisch, will ja doch seinen Part hier rausschlagen [...]." (*Moritz*)

„Ja, ich kenne ja die Geschichte und da hab' ich mir immer Gedanken darüber gemacht, dass er sich gar keine Gedanken darüber gemacht hat, was mit seiner Frau passiert, und dass er eher an sich gedacht hat, damit es ihm gut geht. Also wenn man dann so dahinter guckt, dass dann der Pharao hinterher die Frau ja nehmen konnte, seine Schwes-

---

28 Vgl. *Christian, Stefan, Angela, Wolfgang, Senta, Hilmar, Julia*.
29 Das Interpretament der Lüge benutzen außer *Barbara* auch *Tanja* und *Senta*; vgl. in der christlichen Sekundärliteratur *Hellbardt, Keller, Gunkel* und *Fischer*, zit. bei *Dieckmann*, Segen, 137.

ter, und er hat ja gar nicht über die Konsequenzen nachgedacht." (*Martina*)

„Aha, Abraham, du Schlingel. – Ja, unser Held, der Abraham [...]. Das hat mich schon mal beeindruckt, dass [...] auch so einer wie Abraham halt kein, kein perfekter Mensch ist, sondern alles andere im Grunde – ja, dass ihm sein eigenes Leben wichtiger ist als das seiner Frau, eh, die können se ruhig nehmen, die können se, kann sich irgendwer zur Frau nehmen, das Risiko geht er ein, nur damit er verschont wird. Also, das ist schon ziemlich egoistisch. Aber ich schlag' mich an meine eigene Brust, ich wär' bestimmt nicht besser. (*Christian*)

„[Liest den Text laut, wird immer leiser, grinst und fängt zum Schluss an zu lachen] Da kam der linke Vogel im Abraham raus.
[Ernst:] Ja, dass er seine Frau also verleugnete und er einfach Angst um sein Leben hatte, dass er Saraj, als er sie als seine Schwester ausgab, auf's Spiel setzte, das war ihm – entweder nicht bewusst, oder ihm war es egal, um seine eigene Haut zu retten. Also ich empfinde diese, diese Verse so von Abraham, doch als 'n bisschen, ja, linke Schweinerei." (*Wolfgang*, ähnlich *Hilmar*)

„[Während des Lesens:] Genau, die Verleugnung. Ja, die Geschichte find' ich total schwierig, also, auf der einen Seite, eh, kann ich ihn verstehn, dass er Angst um sein Leben hatte, auf der anderen Seite find' ich's unmöglich, 'ne Frau als, eh, als fremde Frau oder als Schwester auszugeben und nicht dazu zu stehn. Ja, ich denke, damit haben Männer Schwierigkeiten, Verantwortung zu übernehmen [lachend]." (*Stefanie*)

„Also wenn ich jetzt die Frau wäre, dann würd' ich sagen, das find' ich total bescheuert, das würd' ich nicht machen, ich würd' nicht mit irgendjemand Fremden schlafen wollen oder so, nur damit beide am Leben bleiben [...]." (*Barbara*)

Avram handelt „egoistisch" (*Christian, Moritz*), so ist der Tenor dieser Bewertungen. Er ist zu „feige" (*Tanja*, vgl. *Christian*)[30], zu seiner Frau zu stehen (*Stefanie*), stattdessen „verleugnet" (*Christian, Stefanie, Wolfgang*) er sie und gibt sie dadurch „preis" (*Christian*).[31] Denn als Risiko bzw. als Konsequenzen dieses Verhaltens sehen einige Leser/inne/n deutlich voraus, dass sie „irgendwer zur Frau

---

30 Vgl. auch z.B. *Crüsemann*, Herr, 75.
31 Vgl. auch *Crüsemann*, Herr, 75; *Fischer*, Erzeltern, passim.

Empirische Bibelforschung

nehmen" (*Christian*) und/oder mit ihr „schlafen" (*Barbara*) kann. Von so her kann Avrams Handeln als gedankenlos erscheinen (vgl. *Martina*). In dem Zitat aus dem Interview *Martina* wird deutlich, dass diese Leserin, die Gen 12,10-20 schon vor der Befragung kannte, bei ihrer Beurteilung bereits die tatsächlichen Folgen des Handelns Avrams vor Augen hat. Und nicht nur *Martina*, sondern alle Leser/innen, die an dieser Stelle zu einer ablehnenden Haltung gegenüber Avrams Verhalten kommen, haben diese Erzählung zuvor gelesen. Insofern lässt sich vermuten, dass erst das Wissen über den weiteren Verlauf die Rezipient/inn/en bei einer *relecture* von Gen 12,10-20 für die Gefahren von Avrams Plan sensibilisiert.

Einige Rezipientinnen thematisieren darüber hinaus nicht nur Avrams Verhalten, sondern auch das Sarajs. Eine Leserin deutet Sarajs fehlende oder zumindest nicht berichtete Reaktion auf Avrams Plan als Hingabe für ihren Mann:

„Also gibt sich eigentlich die Saraj [...] dahin, damit er leben kann." (*Martina*)

Eine andere Rezipientin hat den Eindruck, dass Saraj von Avram überredet wird, und deutet die Tatsache, dass keine Antwort Sarajs dargestellt wird, dahingehend, dass ihr Wille für Avram irrelevant ist:

„[...] em, er überredet sie dann eben praktisch dazu, um dann, em selber am Leben zu bleiben. Aber ich [...] nehme mal nicht an, dass sie darauf irgendwas antwortet, sondern dass er das jetzt entschieden hat und sie damit irgendwie dann – da mitziehen muss. Ob sie das nun will oder nicht." (*Barbara*)

Bis auf eine Ausnahme werden wir bei allen Rezipient/inn/en, die Avrams Plan kritisch sehen, später mindestens eine weitere negative Wertung feststellen können: Entweder werden diese Leser/innen die Tatsache kritisieren, dass Avram von Pharao Geschenke empfängt (V.16), oder sie werden die Schläge gegen den Pharao negativ beurteilen (V.17).

> 14 Und es geschah,
> als Avram nach Ägypten hineinging,
> da sahen die Ägypter die Frau
> [und sahen,] dass sie sehr schön war.
> 15 Und es sahen sie die Hofleute des Pharao,
> und sie lobten sie beim Pharao,
> und sie wurde genommen in das Haus des Pharao.

Bei der Lektüre von V.14f hingegen kommen nur zwei Leserinnen zu einer Beurteilung.

„Ja, ich find' das ein bisschen doof, dass die direkt von dem Pharao genommen wird. Was soll ich 'n dazu sagen? [Lachen] Ja, das ist sehr frauenfeindlich. Ja, ich find' das nicht gut." (*Beate*)

„Was denkt der sich, die einfach da wegzunehmen? Die haben anscheinend gar nicht gefragt, wem die gehört, oder ob die, wer die ist, woher die kommt, steht da alles nicht, das ist denen, em, allen scheißegal, Hauptsache, sie ist schön. – Find' ich fies." (*Angela*)

Während die erste Rezipientin das Handeln Pharaos als „frauenfeindlich" bewertet und zweimal dazu ihre Einstellung formuliert („doof", „nicht gut"), entwickelt die zweite Leserin aus ihrem Textwissen heraus eine weiter gehende Interpretation, indem sie aus Leerstellen des Textes schließt, dass Saraj nicht gefragt wird, ob sie jemandem „gehört". Auf der Basis dieser Vorstellung empfindet *Angela* das Verhalten des ägyptischen Königs, dem es nur um die Gewinnung einer attraktiven Frau zu gehen scheint, um so mehr als „fies".

> 16 Und Avram tat er [der Pharao] Gutes ihretwegen.
> Und er bekam Schafe und Rinder und Esel
> und Sklaven und Mägde und Eselinnen und Kamele.

Von denjenigen, die Avrams Täuschungsplan negativ beurteilt haben, zeigen zwei Leserinnen eine undeutliche Reaktion (*Martina*) bzw. gehen nicht auf V.16 ein (*Senta*). Zwei Rezipientinnen finden erstaunlich, dass Avram derart reich beschenkt wird, wobei sich *Stefanie* wundert, dass Avram „so viel" erhält und später „alles behalten" darf, und *Moritz* offenbar über die Ethik der Geschichte erstaunt ist, in der Avram auch noch für seinen „Schwindel" „belohnt" wird.

Empirische Bibelforschung 33

Eine andere Leserin sieht ihre Skepsis gegenüber Avrams Plan dadurch bestätigt, dass Avrams Befürchtungen nicht Realität geworden seien, und in ähnlicher Weise zeigt sich ein weiterer Rezipient darüber verwundert, dass Pharao nicht dem von ihm gezeichneten, negativen Bild entsprechend handelt, sondern Avram großmütig beschenkt:

„Und jetzt zeigt sich ja, dass se, dass er völlig falsch irgendwie gedacht hat, nämlich die tun ihn gar nicht töten, sondern ihm Gutes tun, ihretwegen, das ist genau das Gegenteil. Denn er bekommt Schafe Rinder Esel, Sklaven, Mägde, Eselinnen und Kamele geschenkt, – weil er 'ne schöne Frau hat, siehste? So anders ist das." (*Angela*)

„Ja, und jetzt wird die Sache ja erstaunlich. Eh, Abraham, als der Bruder, hatte ja nun gewisse Rechte an seiner Schwester, aber der Pharao tat jetzt dem Abraham Gutes für seine Schwester – ich hätte eher erwartet, dass, eh, der Pharao auch irgendwo dreckig gehandelt hätte und hätte dem Abraham seine Schwester weggenommen. Feierabend. Aber auf [...] das Handeln Abrahams, auf das – niedrige Handeln Abrahams antwortet der Pharao mit Großmut." (*Wolfgang*)

Auch *Sandra* bemerkt, dass Avram „zumindest mal nicht erschlagen" wurde, hätte also mit dieser Möglichkeit gerechnet. Dass sich diese Stelle aber nicht nur als Falsifizierung, sondern auch als Bewahrheitung von Avrams Prophezeiung interpretieren lässt, zeigt die Reaktion einer Leserin, die bereits den Raub Sarajs als eine Bestätigung für Avrams angsterfüllte Vision betrachtet hat. Zu V.16 bemerkt sie:

„Auch hier bestätigt sich das [Avrams Vorhersage in V.11ff] dann, also das heißt, sie hat ihn als ihren Bruder ausgegeben, und er scheint sich damit zufrieden zu geben, das heißt, er nimmt Schafe, Rinder, Esel an, obwohl hier nicht steht, dass er sie annimmt, sondern nur, em –, dass sie ihm gegeben werden, ob er sich dagegen wehren kann oder nicht – also im Prinzip hat er einen Tausch gemacht." (*Sophie*)

Es ist bemerkenswert, wie kreativ diese Leserin, die Gen 12,10-20 zuvor nicht kannte, die Leerstellen dieser Erzählung ausinterpretiert. Anders als *Angela* zu V.14f geht sie davon aus, dass Saraj in der Tat nach ihrem Familienstand gefragt wurde und sie Avram als ihren Bruder bezeichnet hat. Weil der Text von Avram keine Reaktion berichtet, kann *Sophie* zu der Deutung gelangen, Avram gebe sich mit dem Erreichten zufrieden, und erörtert dann dicht am Text die Frage, ob Avram sich gegen die Gabe wehren konnte.

Andere sehen Avram in einem deutlich kritischeren Licht:

„Also durch seinen Betrug kriegt der Abraham jetzt Vorteile. Hat sie als seine Schwester ausgegeben, und schön läuft das Leben. Und die Moral von der Geschicht' – tue Gutes nicht. Also, – sei ein Arschloch und du kommst gut durchs Leben, man muss ein Schwein sein in dieser Welt. Ungefähr. Dann bleibt man am Leben und kriegt auch noch Schafe und Rinder und Esel und Sklaven und Mägde und Eselinnen und Kamele." (*Christian*)

„Auf jeden Fall [...] wäre besser gewesen, wenn er es abgelehnt hätte, weil, er war eh reich genug und das hieße ja praktisch, er hätte seine Schwester verkauft, oder geborgt und em, ich find's auch komisch, dass er kein schlechtes Gewissen hat, deswegen, was er da tut. Also er, er scheint ja sehr stark auf sich selbst, also er zieht jetzt alle möglichen Vorteile daraus, em, außer den, außer dass, dem Nachteil eben, dass an seine Frau jemand anderes sexuell wahrscheinlich zur Verfügung steht und em, also von Gott ist da ja eigentlich nicht so viel zu hören, in dem, was er da jetzt tut." (*Barbara*)

„Also irgendwie ärgert hier mich die Geschichte an dem Punkt jetzt gerade ein bisschen. Dass nur, ja der Abraham, ja sich so bedienen lässt, nur weil er eine schöne Frau hat, äh, finde ich ein bisschen blöd." (*Tanja*)

In einem Fall wird auch Pharao kritisiert. Die Leserin *Beate*, die zuvor schon Pharao den Raub Sarajs vorgeworfen hatte, teilt nun ihre Einstellung zu V.16 mit:

„Ja, und jetzt bezahlt der Pharao dafür, dass der die Frau da genommen hat, oder was? Ja, das seh' ich super frauenfeindlich. Nein. Das, ja, das ist halt früher so gewesen, aber das, das nicht mehr heute so ist. Also, ich find' das total ätzend. Weil nämlich die Frauen werden nämlich als Ware bezahlt. Anders kann ich dazu nicht sagen. Als Ware bezeichnet und die kann man kaufen, das ist ja sehr doof. Ja." (empört). (*Beate*)

Auffällig ist in fast allen Reaktionen zu V.16 die Häufigkeit, in der Begriffe aus der Wirtschaftssprache als Interpretamente für das das Geschehen benutzt werden:

Empirische Bibelforschung 35

Avrams „Rechnung" (*Hilmar*) scheint hier aufzugehen, indem er Saraj „verkauft" (*Johanna, Paula, Barbara*) und dafür den „Brautpreis" (*Stefanie*) einstreicht, bzw. einen „Tausch" (*Sophie, Christian*) vornimmt, bei dem Pharao für Saraj „bezahlt" (*Beate, Stefanie*).
Einige Leser/innen sehen allerdings nicht nur die „Vorteile" (*Barbara, Kilian*), die Avram aus dieser Situation zieht, sondern machen sich um ihn auch Sorgen:

„Mh – jetzt ist er bestimmt traurig." (*Sandra*)

„Was will der arme Abraham mit Schafen, Rindern, Eseln, Sklaven, Mägden, Eselinnen und Kamelen, wenn er seine Sara nicht mehr hat?" (*Christian*)

Doch meist schlägt dabei das Mitleid wieder in jene Vorwürfe um, die wir oben schon beobachtet haben, so etwa bei *Christian* und bei *Hilmar*.
Das Ergehen Sarajs wird zu diesem Zeitpunkt nur noch selten thematisiert. Nur eine Leserin nimmt Avrams Aussage auf, er wünsche sich sein Wohlergehen „um" Sarajs „willen":

„Und er [sc. Avram]? Wo ist er jetzt? Was macht er jetzt um ihretwillen?" (*Johanna*)

Doch nicht Avram wird auf der nächsten Karte für Saraj eintreten, sondern Adonaj.

| 17 Und der HERR schlug den Pharao große Schläge |
| – und sein Haus, |
| wegen Saraj, der Frau Avrams. |

Uneingeschränkt einverstanden ist mit dieser Intervention nur jene Rezipientin, die Pharao zuvor als „frauenfeindlich" bezeichnet hat:

„Ja, und das find' ich total gut, dass der Herr nämlich da eingegriffen hat und den Pharao bestraft hat. Ja." (*Beate*)

Alle anderen Leser/innen, die hier zu einer Wertung gelangen, sind der Ansicht, dass Pharao die Folgen des von ihm nicht zu verantwortenden Handelns Avrams zu erleiden hat. Sie setzen damit, bis auf eine Ausnahme (*Trude*), eine Avram-kritische Lektüre fort, die mit einer skeptischen Betrachtung seines Planes begonnen hat.

„Aber da konnt' der Pharao doch nichts zu. Dass er [sc. Avram] den belogen hat." (*Trude*, ähnlich *Moritz* und *Senta*)

„Ja, das, das ist wieder 'ne ganz erstaunliche Sache, dass Gott dann den Phabram, Pharao schlägt, weil er Abrahams Frau beansprucht. – Dabei war's eigentlich 'ne logische Schlussfolgerung, dass Pharao Abrahams Frau beanspruchen würde, eben weil er sie als seine Schwester ausgab und nicht als seine Frau. Also hier – kann ich Gott auf der einen Seite, gut, auf der einen Seite kann man Gottes Handeln da verstehn, aber auf der anderen Seite, vom menschlichen Denken aus gesehen – kann man da Gottes Handeln nicht verstehen. Pharao nimmt Abraham auf, tut ihm Gutes, und wird von Gott gestraft, weil er Abrahams Frau genommen hat, obwohl er nicht weiß, dass es Abrahams Frau ist. Also, dieses Handeln Gottes ist sehr schwer zu verstehn. Abraham hätte eher die Schläge ge – verdient, em, als der Pharao. (*Wolfgang*)

„Warum wird jetzt der Pharao geschlagen? Was hat er denn getan? Er hat doch dem Avram Gutes getan und was er der Saraj getan hat, steht da nicht. Ja gut, er hat sie sich einfach genommen. Wer weiß, was die damit meinen. Vielleicht hat er sie sich sexuell genommen, dann würd' ich das verstehn mit den Schlägen, dann würd' ich ihn auch schlagen wollen. [...]
Also es kommt mir jetzt so vor, als wenn, jetzt so Saraj ist der Augapfel Gottes oder so, dass der, dass Gott halt meint, Sara ist wertvoll – und er darf jetzt keine Hand dran legen, in welche Art auch immer, nur der Abram, dem gehört se. Deswegen schlägt er jetzt den Pharao und sein Haus. Das ist auch was, was ich so bei uns jetzt nicht kenne, dass jemand, dass das ganze Haus 'ne Strafe erhält für 'ne Tat von einem. Das steht zwar in der Bibel, dass also sein Haus Schläge erhält. Was kann der, was können die anderen dafür?" (*Angela*)

Erstaunlich, ja unverständlich und „ungerecht" (*Moritz, Christian, Angela, Senta*) finden auf der Beziehungsebene Avram-Pharao-Gott viele, dass Pharao für etwas „bestraft" (*Sandra, Sophie, Senta, Beate, Julia, Paula*, ähnlich *Wolfgang*) wird, was sich aus Avrams Fehlverhalten ergeben hat. Für manche hätte näher gelegen, dass Avram geschla-

gen wird, und nicht Pharao (*Wolfgang, Tanja*). Eine Leserin kommt darauf zu sprechen, dass zu alledem sogar noch die (unschuldigen) Menschen in Pharaos Haus geschlagen werden, womit sich die Frage nach dem gerechten Handeln Gottes noch einmal verschärft und die Theodizee-Frage am Horizont erscheint.
Unmittelbar verständlich und zustimmungswürdig ist das Eintreten Gottes für die Rezipientin *Angela* auf der Beziehungsebene Saraj-Pharao-Gott und unter der Prämisse, dass sich Pharao Saraj sexuell genähert hat. In Gottes Intervention erweist sich für diese Leserin, dass Saraj „wertvoll" in Gottes Augen ist.[32] Bei *Wolfgang* wird nicht recht deutlich, warum er Gottes Handeln einerseits gut verstehen kann.
Drei andere Rezipient/inn/en (*Martina, Christian, Senta*) beginnen zunächst mit dem, was ihnen an Gottes Reaktion nicht verständlich oder „paradox" (*Christian*) erscheint und entwickeln dann eine Interpretation, mit der sie sich Gottes Verhalten verständlich machen: Gott hat die Souveränität, „parteiisch" zu sein und „erwählt und beruft" die einen, ist ihnen „gnädig" und „erbarmt" (*Christian*) sich ihrer und ist ihnen selbst dann treu und entzieht ihnen nicht seinen Segen, wenn sie einen Fehler machen.
Nachdem die meisten Rezipient/inn/en bis hierhin ein negatives Avram-Bild entwickelt und z.T. verhaltene Kritik am Ergehen des Pharao formuliert haben, verwundert es sie bei der Lektüre der letzten Karte (V.18-20) wenig, dass Pharao dem Avram „Vorwürfe" (*Wolfgang*) macht:

18 Und der Pharao rief Avram.
    Und er sagte:
    Was hast du mir da angetan?
    Warum hast du mir nicht gesagt,
    dass sie deine Frau ist?
19 Warum hast du gesagt: Meine Schwester ist sie,
    so dass ich sie mir zur Frau genommen habe?
    Und jetzt: Siehe, deine Frau – nimm sie und geh!
20 Und der Pharao befahl für ihn Leute.
    Und die führten ihn hinaus samt seiner Frau und
    allem, was mit ihm war.

---

32 Zum Eintreten Gottes für Saraj vgl. auch *Fischer*, Erzeltern, 134.

Fast alle Leser/innen können sich nach der Lektüre der letzten Karte gut in Pharao hineinversetzen – gleichgültig, welche Einstellung sie vorher gegenüber dem Verhalten der Erzählfiguren gezeigt haben. Der ägyptische König ist „sauer", meinen *Kilian* und *Sandra*, und „schmeißt" deshalb die Erzeltern schließlich „raus" (*Kilian, Johanna*). Nur ein Rezipient macht sich auch über Avrams Gefühle Gedanken: Der Hebräer, so findet *Hilmar*, müsste eigentlich „panisch" sein, weil Pharao die Macht gehabt hätte, „den Abraham zu verurteilen oder zu töten".

Diejenigen, die Pharaos Verhalten bewerten, sehen ihn bis auf eine Ausnahme (*Kilian*) am Ende der Erzählung in einem positiven Licht: Der fremde Herrscher erweise sich als „doch nicht so brutal", wie angenommen (*Barbara*), sondern habe den „Anstand" (*Johanna*), Saraj zurückzugeben und die beiden mit all den Geschenken ziehen zu lassen, was *Beate* „toll" findet. In alledem zeige sich der Pharao als „ein unheimlich toleranter und großzügiger Mann auch dem Abraham gegenüber" (*Wolfgang*). Der „arme Pharao" sei außerdem im Hinblick auf Saraj „unwissend" gewesen, nimmt ihn *Ingo* mitleidig in Schutz, und durch die Tatsache, dass er Saraj nicht zur Frau genommen hätte, wenn er um deren Verheiratetsein gewusst hätte (*Sandra, Barbara, Paula*), hält *Paula* ihn für „rehabilitiert", erwägt dann aber, ob Pharao nicht doch auch sehr im Eindruck der Schläge Gottes steht und sich im Nachhinein „rein [...] waschen" will. Auch *Tanja* hält es für möglich, dass sich Pharao der Macht Gottes beugt, wenn er Avram samt seiner Habe aus dem Land „begleitet", was *Sandra* als ein *„happy end"* bezeichnet.

X. Ergebnisse der empirischen Studie

Die mit der Methode des ‚Lauten Denkens' durchgeführte empirische Projektstudie zu Gen 12,10-20 bietet einen tiefen Einblick in die Operationen von Bibelleser/inne/n. Die von uns ausgewählten Rezipient/inn/en bemühen sich intensiv, ein kohärentes Verständnis des Textes zu bilden, formulieren aber z.T. auch ihr Unverständnis als kognitive oder emotional-wertende Irritationen (Warum glaubt Avram, er werde als Sarajs Ehemann, nicht aber als ihr Bruder erschlagen? Warum bestraft Gott den Pharao und nicht Avram?). Sie machen sich die Textteile durch Elaborationen verständlich, sichern sie im Gedächtnis und entwickeln Deutungen, indem sie Interpretamente einführen („Avram flieht", er begeht eine „Sünde", es mangelt ihm an „Glauben", Avram „überredet" Saraj, nimmt schließlich einen „Tausch" vor und „verkauft" sie, Saraj ist der „Augapfel Gottes", die Schläge sind eine „Strafe", Gott „erwählt" Avram), und indem sie Textwissen (aus Gen 12,10-20), Kontextwissen (z.B. Gen 12,1ff) und Weltwissen heranziehen. Die Leser/inn/en lassen sich dadurch in das erzählte Geschehen verstricken, dass sie sich mit Erzählfiguren identifizieren (sie haben Verständnis für Avrams Ausreise, wechseln in dessen Innensicht oder gehen davon aus, dass sie sich ähnlich verhalten hätten), dass sie Emotionen auf die Akteure projizieren (Avram hat „Angst", er hat kein schlechtes Gewissen, der Pharao ist „sauer", Avram muss vor ihm „panisch" sein), dass sie Mitleid haben (mit dem traurigen Avram, mit dem geschlagenen Pharao). Innerhalb der erzählten Welt füllen die Rezipient/inn/en Leerstellen (z.B. nach der Vorstellung, dass nicht passiert ist, was nicht erzählt wird: Saraj hat Avram nichts geantwortet), sie formulieren Vermutungen (Saraj steht dem Pharao wahrscheinlich „sexuell zur Verfügung"), nehmen Bewertungen vor (Avram vertraut Gott nicht, er entfernt sich von Gott und geht in das „Reich der Sünde", handelt gegen „Gottes Willen", Avrams Plan ist eine „gute Lösung", bzw. Avrams Plan geht von zweifelhaften Voraussetzungen aus, er macht sich einer „Lüge" schuldig, ist gedankenlos gegenüber seiner Frau, die er „verleugnet" und „preis" gibt, ist „egoistisch", „feige", es ist „ungerecht", dass Gott Pharao „bestraft"), formulieren ihre Einstellungen (das Verhalten Avrams gegenüber Saraj ist „unmöglich", das des Pharao ist „fies", es ist „ärgerlich", dass sich Avram so bedienen lässt oder „ätzend", dass Saraj einfach so genommen wird) und entwerfen Alternativen, die oft als Präferenzen geäußert werden (Saraj hätte sich gegen Avrams Vorhaben wehren sollen, Avram hätte Gott befragen und um Hilfe bitten können, Avram hätte die Geschenke besser abgelehnt, Gott hätte besser Avram geschlagen). Bei den

Bewertungen wird deutlich, dass beinahe nur solche Leser/innen zu einer kritischen Lektüre gelangen, die den Text vorher bereits gelesen hatten. Daraus kann man schließen, dass sich eine negative Bewertung des Handelns bzw. des Ergehens der Personen hier erst im Rückblick und in Kenntnis der späteren Ereignisse einstellt. Die Kritik der Rezipient/inn/en setzt dabei selten schon bei Avrams Gang nach Ägypten, sondern hauptsächlich bei seinem Plan an und wird entweder beim Erhalt der Geschenke oder beim Ergehen des Pharao weitergeführt. In diesem Zusammenhang wird zudem besonders deutlich, dass der Bibeltext nicht nur die kognitiven Fähigkeiten anspricht, sondern auch mit Emotionen[33] beantwortet wird, wie sie in Humor, Ironie oder Überraschtheit zum Ausdruck kommen. All dies zeigt, dass die Interpretationen der Leser/innen keineswegs immer dicht an der Semantik des Textes entwickelt sind. Zum Teil wird der Bibeltext in Wechselwirkung mit der Lebenswirklichkeit der Rezipient/inn/en beleuchtet (z.B.: auch im Leben nehmen Menschen Sünde in Kauf, um ausweglosen Situationen zu entrinnen), und immer wieder wurden in theologischen Eintragungen („Sünde", „Wille Gottes" usw.) bestimmte, in unserem Fall für viele religiöse Gruppierungen des Siegerlandes typische, dogmatische Vorentscheidungen und Vorverständnisse deutlich.[34]

Diese Lesereaktionen bestätigen und illustrieren anschaulich die rezeptionsästhetische Rede von der Offenheit narrativer Texte: Auch biblische Texte sind zu einem da-

---

[33] Zur Rolle der Emotionen, die in der neueren empirischen Literaturwissenschaft „als inhärente Elemente der Kognition" begriffen werden, vgl. weiterführend *J. Donnerstag/P. Bosenius*: Emotionen in der Bedeutungskonstruktion zu englischen literarischen Texten. Eine empirisch-explorative Studie zum Rezeptionsverhalten von Studierenden, in: www.uni-koeln.de/ew-fak/institut/engl/don/emolit.htm, abgerufen am 5.05.2003.

[34] Die religiöse Landschaft des Siegerlands ist stark geprägt durch Gemeinschaften, Freikirchen und religiöse Gruppierungen, bei denen die Reduktion von moralischen Werturteilen und Glaubensüberzeugungen auf Oppositionen wie richtig – falsch, christlich – unchristlich, Glaube – Unglaube/Sünde sowie die Vorstellung der Alleinvertretung von Wahrheit eine große Rolle spielen.

durch offen, dass sie stets eine lebendige Leserin bzw. einen lebendigen Leser benötigen, um von einer toten Ansammlung von Text und Farbe zu einem Ereignis zu werden. Zum anderen sind sie in der Weise offen, dass schon das Gesagte vieldeutig ist (z.B.: bedeutet „hinausführen" rauswerfen oder hinausgeleiten? Ist das Verhalten der Ägypter eine Bestätigung oder die Falsifikation von Avrams Annahmen?) und erst recht das Nichtgesagte: die gerade in Bibeltexten häufigen Leerstellen, welche die Phantasie der Rezipient/inn/en stimulieren.

XI. Fazit

Die Innovation einer Empirischen Bibelforschung im Gefolge von *Baumgartens* Wahrnehmungsästhetik, *Richards* empirischer Wende und *Richards* wie *Rosenblatts* empirischen Versuchen kann darin liegen, dass sie die rezeptionsästhetisch-hermeneutische Fragestellung innerhalb der Bibelwissenschaft weiterführt, indem sie sich mit realen, sozusagen expliziten und durchaus nicht immer ‚idealen', aber gerade darin lebendigen Leser/inne/n beschäftigt. Dadurch wird die Bibelwissenschaft in einer neuen Weise als eine dialogische Wissenschaft betont, die im Spannungsfeld zwischen geisteswissenschaftlich orientierter Hermeneutik und naturwissenschaftlich ausgerichteter Empirik, zwischen der eigenen Deutung und fremden Interpretationen agiert und sich in unmittelbarer Nachbarschaft zur Bibeldidaktik weiß.

Meiner Vorstellung nach würde der nächste Arbeitsschritt nach einer Auswertung von Lesereaktionen darin bestehen, die dabei gewonnenen Deutungen mit christlichen und jüdischen, wissenschaftlichen Interpretationen[35] zu ergänzen oder zu kontrastieren. Diese Verknüpfung dürfte nicht zuletzt deswegen überzeugend gelingen, weil die bibelwissenschaftliche Sekundärliteratur oft dieselben Lese-Erfahrungen voraussetzt und vergleichbare Deutungen entwickelt (vgl. etwa *von Rads*[36] und *Hilmars* Interpretation

---

35 Vgl. *Dieckmann*, Segen, 133-164.
36 Vgl. *von Rad*, Genesis, 142, s. auch *Dieckmann*, Segen, 156f.

von Avrams Scheitern an der Verheißung) sowie ähnliche Fragen stellt (vgl. die Semantik von שלח pi. in V.20). Käme es dabei zunächst darauf an, die Offenheit der Texte herauszuarbeiten, so müsste man anschließend darüber diskutieren, welche Grenzen eine Auslegungsgemeinschaft[37] für die Interpretation verabreden könnte: Welche Interpretamente werden erlaubt („Flucht"?, „überreden"?, „Tausch"?, „Verkauf"?), welche Eintragungen sollen als problematisch gelten („Sünde"?, „Unglauben"?, „Strafe"? „Erwählung"? „Wille Gottes"?)? Welche Implikationen enthalten diese Interpretamente (dualistisches Denken, Einsicht in den Willen und in die Wertungen Gottes) und welche Probleme könnten sich daraus ergeben? Wie verändern sich mit den Eintragungen und Interpretamenten auch die Bewertungen, Identifikationen oder die Anwendung des Textes auf das eigene Leben? Und vor allem: Welche Maßstäbe könnte eine Interpretationsgemeinschaft entwickeln, um diese Grenzen festzulegen?

Wenn die Theorie von *S. Fish* zutrifft, nach der sich jede Interpretation im Rahmen einer Auslegungsgemeinschaft bildet,[38] die eine Auslegung als ‚richtig' oder möglich bewertet, dann hat eine empirisch inspirierte Bibelwissenschaft und -didaktik die Chance, diesen dialogischen Prozess der Kohärenzbildung und Grenzziehung wissenschaftlich abzubilden und didaktisch zu inszenieren. Dabei würden Bibeldidaktik und Bibelwissenschaft einander voranbringen, so dass die Didaktik, wie es *S.J. Schmidt* formuliert, „aus ihrer oft als solcher mißdeuteten Randstellung als ‚Verwertungs'- bzw. ‚Operationalisierungstechnik' heraus[tritt] und [...] zum Katalysator wissenschaftstheoretischer und fachspezifischer Selbstreflexion" wird.[39]

Mit der Alltagsästhetik, also den alltäglichen Wahrnehmungsleistungen im Sinne *Baumgarten*s, hängt eine solche

---

37 Die hier gemeinte Auslegungsgemeinschaft ist im kirchlichen Handlungsbereich angesiedelt, der mindestens in die Bereiche Erziehung, Wissenschaft und Kultur hineinragt.

38 Vgl. *S. Fish*, Is There a Text in This Class? The Authority of Interpretative Communities, Cambridge (Mass.) u.a. 1980, 306.

39 *S.J. Schmidt*, Literaturwissenschaft als argumentierende Wissenschaft. Zur Grundlegung einer rationalen Literaturwissenschaft, München 1975, 11f.

dialogische Rezeptionswissenschaft insofern zusammen, als die alltägliche und die wissenschaftliche dialogische Kompetenz in Wechselwirkung zueinander stehen und sich gegenseitig entwickeln, soweit man diese beiden Bereiche überhaupt klar voneinander unterscheiden kann. In jedem Austausch von Interpretationen lässt sich die Erfahrung machen, dass ein Dialog fruchtbar ist, bei dem beide Partner ihre Verstehensbedingungen reflektieren, ihr Gegenüber ernst nehmen und sich mit eigenen Wertungen zunächst zurückhalten. Ebenso wichtig ist es, dass die Gesprächsteilnehmer ihre eigene Position vertreten, ohne sich vorschnell der Gegenseite anzuschließen – und dennoch stets damit rechnen, dass sie vom Anderen überzeugt werden könnten. Ein solcher Diskurs ermöglicht eine offene Diskussion, in der die Grenzen der eigenen Wahrnehmung immer wieder erweitert werden können.

Ulrike Sals

Die Wehen des Propheten

Visionswahrnehmung in Jes 21,1-10.11-12 als Schlüssel zum Textverständnis

I. Visionen: eine besondere Rezeptionsästhetik im Alten Testament

Mit Visionsberichten tritt uns im Alten Testament eine Textgruppe entgegen, deren vorrangiger Gegenstand die Wahrnehmung von etwas ist. Dabei sind Träume, Visionen und Erscheinungen Wahrnehmungsformen des Numinosen und damit des „Übersinnlichen". Wie aber kann man mit den eigenen Sinnen wahrnehmen, was doch über-sinnlich ist?[1] Und was ist Trug und was nicht, wo doch häufig das Erlebte zunächst „unglaublich" „erscheint"?[2]
So enthalten Visionberichte stets eine Thematisierung und oft auch Problematisierung von Wahrnehmung, Wahrnehmbarkeit und Übersetzbarkeit und sind damit Beiträge zur Rezeptionsästhetik sozusagen aus der antiken Praxis, die sich in der Literatur niedergeschlagen hat.
Im prophetischen Erleben erfolgt die Wahrnehmung des Numinosen über die Sinnesorgane des Propheten, er sieht (Vision) oder hört (Audition) etwas. Häufig sind mehrere Sinnesorgane beteiligt. Die Wahrnehmungssituationen können alltägliche sein, Träume oder Entrückungen. Die Vision kann aber auch in dem bestehen, was ein Prophet in den Texten sieht. Das, was der Prophet wahrnimmt, muss nicht über das hinausgehen, was Nebenstehende wahrnehmen. Das aber, was er erkennt, ist in jedem Fall etwas den anderen bis jetzt Verschlossenes.

---

[1] Dass dies einer gewissen Kenntnis und Erfahrung bedarf, lernen Eli und Samuel aus verschiedenen Perspektiven (1Sam 3).
[2] So sitzt Zedekia ben Kenaana besonders engagiert dem Lügengeist im Auftrag JHWHs auf (1Kön 22,11.22). Noch schlimmer trifft es den Propheten, der auf die (gelogene) Prophezeiung eines anderen Propheten vertraute (1Kön 13).

Damit kann eine Vision sowohl das sprichwörtlich „Visionäre", also gänzlich Andere und womöglich Zukünftige beinhalten, Schreckensvisionen und Gottesschauen, sie kann aber auch in einem Alltagsgegenstand oder einer Alltagssituation bestehen, der/die plötzlich etwas „offenbar" werden lässt (Jer 24). In jedem Fall bedeutet das Erlebte eine Erkenntniserweiterung, zuweilen sind von der Gottheit konkrete Handlungsaufforderungen aufgegeben (Mt 2,19; Apg 11,7.12).

So sind auch die Wirkungen auf die visionierende Person unterschiedlich: die Ältesten geraten in Verzückung (Num 11,26), Mose bekommt ein gleißendglänzendes Gesicht (Ex 34,29ff), Paulus erblindet (Apg 9,8),[3] Jakob baut einen Altar (Gen 28), und Ezechiel fällt auf die Knie (Ez 1,28). Gottes Wort lässt sich dabei weder durch den Propheten selbst noch durch weitere oder Haupt-Adressaten entfliehen (Jon 1), austricksen (1Kön 22) oder vernichten (Jer 36).

Dabei sind Visionen sowohl Medium der Wahrnehmung und Erkenntnis als auch literarische Gattung. Das *Medium Vision* hat spezifische Konsequenzen für die transportierten Informationen in ihrer Aufnahme und Speicherung im *Medium Prophet*, der seinerseits durch die Vision verändert wird, sei es situativ (s.o.), sei es biographisch im Falle einer Berufungsvision oder in der Schwierigkeit, mit dem Mehr an Wissen umgehen zu müssen.[4] Der Inhalt der Vision und seine mediale Übermittlungsform werden dazu häufig in einer *Textgattung Visionsbericht* wiedergegeben. Dabei ist eine mehrfache Übersetzungsleistung gefordert, vom Erleben hin zu Worten und zu Sätzen, von mündlicher zu

---

3 Die Reaktionen des Paulus wie auch des Mose betreffen körperliche Zonen der Sinneswahrnehmung. Umso interessanter ist Jesajas Unterleibsreaktion. Dieser Grenzbereich zwischen gender miteinbeziehender Anthropologie und Wahrnehmung ist bislang nur zurückhaltend erforscht worden. Die klassische Anthropologie von *Wolff* ist hier bekanntermaßen maskulin ausgerichtet. Der Band des *Hedwig-Jahnow-Forschungsprojekts* (Hg.), „Körperkonzepte im Ersten Testament", Stuttgart – Berlin – Köln 2003, nimmt transgender insgesamt nicht in den Blick.

4 Davor sind Micha ben Jimla (1Kön 22), Jesaja (Jes 6) und Jeremia (Jer passim) auf je unterschiedliche Weise gestellt. Jona wiederum hat auf eigene Weise schwer daran zu tragen (Jon 4).

schriftlicher Sprache, zu Text. Dieser Prozess verändert die übermittelten Informationen.[5] Bereits hier wird deutlich, wie eng Ästhetik und ihre mediale Vermittlung zusammengehören. Bei Visionen geht es also in vielerlei Hinsicht um Kommunikation über die Erfahrung des Numinosen. Mit dem Numinosen befasst sich eines der meistgelesenen theologischen Werke des 20. Jahrhunderts: Rudolf Ottos „Das Heilige" aus dem Jahr 1917, das inzwischen dutzende Auflagen erfahren hat. Otto umreißt die Erfahrung des Heiligen mit den Stichworten des mysterium tremendum und fascinans. Der Zielpunkt seiner Studie ist allerdings weniger die direkte Begegnung mit dem Numinosen, sondern die Bestimmung des Begriffs Religion, der sowohl aus Rationalem als auch aus Irrationalem zusammengesetzt ist. Deshalb trägt sein Ansatz wenig außerhalb der treffenden Schlagworte mysterium, tremendum, fascinans zur Interpretation von Visionen als ästhetischer Grenzerfahrung bei.[6]

Die mir interessante Ausweitung der Ästhetik als philosophische Disziplin[7] erfolgte von den Erscheinungsformen des Schönen hin zu Wahrnehmungsfragen insgesamt, also zurück zur Aisthesis, und gerät damit in die Schnittstelle von Anthropologie, Epistemologie und Hermeneutik. Spezifizierungen der Ästhetiktheorie verbinden sich dann mit den Schlagworten der subjektiven Ästhetik oder Wahrnehmungsästhetik, die erkenntnistheoretisch die Bedingungen des ästhetischen Verhaltens erforscht. Daneben und darin

---

5 In bezug auf Visionen verdeutlicht m.E. das Verständnis von Medien als Organ- bzw. Sinneserweiterung, das die historische Anthropologie in die medientheoretische Diskussion eingebracht hat, das Problem eines Visionärs, das Geschaute in konventionellen Medien zu übermitteln. Das ist besonders gut an Ezechiels Thronvision mit der rekurrenten Umschreibungen כ und דמות ablesbar.

6 In exegetischen Zusammenhängen spielt Jes 21,1-10 leider weder in der Studie von *A. Behrens*, Prophetische Visionsschilderungen im Alten Testament (AOAT 292), Münster 2002, noch in der Studie von *J.M. Vincent*, Das Auge hört (BThSt 34), Neukirchen-Vluyn 1998, zur Erfahrbarkeit Gottes, eine größere Rolle.

7 S. dazu vor allem *A.G. Baumgarten*, Aesthetica, [Frankfurt a.d.O. 1750/58] Hildesheim 1961. Zu Baumgartens Ansatz s. den Beitrag von *Detlef Dieckmann* in diesem Band.

gibt es noch die semantische Ästhetik, die das ästhetische Erleben als eine Fertigkeit versteht und das Kunstwerk als Komplex von zu lesenden icons. In dieselbe Richtung geht auch die phänomenologische Ästhetik, weil sie massiv Erkenntnistheorien miteinbezieht. Medientheorien befassen sich leider wenig mit personalen, sondern weitaus mehr mit technischen Medien.[8]
Trotz der Fülle an Ansätzen, Konzepten und Theorien aus verschiedenen wissenschaftlichen Richtungen bleibt mir ein Zögern: Grundsätzlich und immer wieder steht für mich die Frage im Raum, wie moderne Theorien und Philosophien auf die alten Texte anzuwenden sind. „Wie" heißt hier, auf welche Weise, mit welcher Konsequenz und Intensität und mit welchem eigentlichen Interesse (den Text oder uns selbst besser zu verstehen)? Das ist zunächst eine grundsätzliche Frage der Hermeneutik, die sich aber daneben und zugleich unabhängig davon stets an jedem Text und jedem Konzept aufs Neue stellt.
Vor diesem Hintergrund geht es mir im folgenden darum, die prophetische Wahrnehmung anhand der Vision in Jes 21,1-10.11-12 anzuschauen. Es ist im doppelten Sinne eine Ästhetik, wie sie im Buche steht. Jes 21,1-10 ist zu Betrachtungen der Wahrnehmungsanthropologie[9] mehrfach geeignet, weil die Wahrnehmung hier (mindestens) verdoppelt ist. Die Lesenden werden zu Zeugen eines (visionären) Wahrnehmungsprozesses, einer Visionserfahrung, die Grenzen der Mitteilbarkeit, aber wohl auch der Wahrnehmbarkeit werden überschritten, wie auch die Grenzen der Person – ebenfalls in mehrfacher Hinsicht. Dass der Prophet in Geburtswehen fällt, wird zu einem Verständnisschlüssel des Textes werden.

---

8 S. z.B. *G. Vattimo/W. Welsch* (Hg.), Medien-Welten, Wirklichkeiten, München 1998.
9 Dies zu entwickeln sieht *H. Schröer*, Art. Ästhetik III in praktisch-theologischer Hinsicht, TRE 2, 566-572, hier: 570, als wichtige Aufgabe der Theologie an.

II. Die Vision als bruchstückhafte Wahrnehmung in Jes 21,1-10

1. Jes 21,1-10 im Textkontext von Jes 13-23

Jes 21,1-10 ist Teil der Fremdvölkersprüche Proto-Jesajas (Jes 13-23). Darin dominieren Texte, die jeweils mit משא – „Lastwort" betitelt sind. Es sind dies ingesamt zehn Texte über Babel, seinen König und Assur (Jes 13,1-14,27), Philistäa (Jes 14,28-32), Moab (Jes 15,1-16,14), Damaskus (Jes 17,1-11), Ägypten (Jes 19,1-25), das Wüstenmeer (Jes 21,1-10), Duma (Jes 21,11-12), Arabien (Jes 21,13-17), das Tal der Schauung (Jes 22,1-14) sowie Tyrus und Sidon (Jes 23,1-18).

Das vorhergehende Kapitel Jes 20,1-6 bildet einen anders gelagerten und makrostrukturell besonders tiefen Einschnitt, weil sowohl Jesaja noch einmal genannt wird als auch eine weitere Datierung erfolgt. Jes 20,6 endet mit der Frage der BewohnerInnen der Küste, wer noch Hilfe senden könne vor der assyrischen Bedrohung.

Hier setzt Jes 21,1-10 ein, die Lasttexte beginnen erneut, nun mit einer Last für das Wüstenmeer, an deren Ende die Nachricht vom Fall Babylons steht. Mit Jes 21,1 wird also die Textstrukturierung durch den Begriff משא wieder aufgenommen, es folgt die zweite Hälfte der zehn משא-Sprüche, so dass beide Hälften der Fremdvölkersprüche mit einer Prophezeiung über Babylon beginnen.[10]

---

[10] *U. Berges*, Das Buch Jesaja. Komposition und Endgestalt (HBS 16), Freiburg u.a. 1998, 142f. Das Lastwort über Tyrus, die mächtige Handelsstadt, (Jes 23) schließt den Zyklus ab, der mit dem Untergang Babylons, der mächtigen Regierungsstadt, (Jes 13) begann (*O. Kaiser*, Jesaja 13-39 [ATD 18]. 3., durchges. Aufl. Göttingen 1983, 3; *B. Gosse*, Isaïe 13,1-14,23 dans la tradition littéraire du livre d'Isaïe et dans la tradition des oracles contre les nations [OBO 78], Fribourg – Göttingen 1988, 133 u. 141; *B. Zapff*, Schriftgelehrte Prophetie – Jes 13 und die Komposition des Jesajabuches. Ein Beitrag zur Erforschung der Redaktionsgeschichte des Jesajabuches [FzB 74], Würzburg 1995, 109), und bildet den Übergang zum folgenden Abschnitt K.24-27. Zur Wahrnehmung von Tyrus (in Ez 27) s. den Beitrag von *Susanne Gillmayr-Bucher* in diesem Band.

Wehen des Propheten 49

Die Abschnitte in Jes 20-23 sind mehrheitlich dadurch gekennzeichnet, dass zum einen keine konkrete Ortschaft benannt ist und zum anderen die Lastworte mehrere Gebiete betreffen.[11] Die Lastworte Jes 21,1-10.11-12.13-17; 22,1-8 handeln außerdem von ähnlichen oder fortlaufenden Themen wie Untergang, Flucht, Flüchtlingsschicksalen, Tod ohne Fluchtmöglichkeit und Reaktionen auf Untergangsmeldungen aus anderen Städten.

Übersetzung von Jes 21,1-10:

1 Lastwort für „Wüstenmeer".

Wie Sturmwinde im Süden, indem sie vorüberbrausen,[12]
kommt er aus der Wüste, aus einem gefürchteten Land ...

2 Eine harte Offenbarung ist mir verkündigt:
der Misshandelnde misshandelt, der Verwüstende verwüstet ...
„Steige auf, Elam,[13] belagere ..., Medien!
Ihr *(f.sg)* ganzes Stöhnen[14] lasse ich aufhören!"

---

11 Gemeinsame Stichworte und Motive zwischen Jes 21 und 22 werden von einigen so interpretiert, dass Jes 21 auf den Folgetext in K.22 hin komponiert und hier eingefügt sei, z.B. *B. Gosse*, Le ‚Moi' Prophétique de l'Oracle contre Babylone d'Isaïe XXI,1-10, RB 93 (1986) 70-84, 83f.; *ders.*, Isaïe 13,1-14,23, 53. Dem hat sich *Zapff*, Schriftgelehrte Prophetie, 282 u. 293f, wenn auch mit anderen redaktionskritischen Schlussfolgerungen für den Gesamtkomplex Jes 13-23, angeschlossen, s. auch *A.K. Jenkins*, The Development of the Isaiah Tradition in Is 13-23, in: *J. Vermeylen* (Hg.), The Book of Isaiah. Le Livre d'Isaïe. Les oracles et leurs relectures unité et complexité de l'ouvrage (BEThL 81), Leuven 1989, 237-251, hier: 247. Auch *J.D.W. Watts*, Isaiah 1-33 (WBC 24), Waco 1985, liest Jes 21 und 22 als eine Szene.
12 Zur Funktion des Infinitivs s. Ges-K §114o.
13 Hier liegt mit עלי עילם ein Gleichklang vor, der im Deutschen nicht nachzuahmen ist. *Buber*, Die Schrift: „Eil hinan, Elam".
14 *Raschi* u. *Gesenius*, Handwörterbuch, 17. Aufl., s.v. אנחה: „das ganze Seufzen über sie". *H. Wildberger*, Jesaja 13-27 (BKAT X,2). Neukirchen-Vluyn 1972, 762: „All seinen Hochmut". Dass sowohl *Gesenius* als auch Bibelübersetzungen „seufzen" für אנח bieten, liegt wahrscheinlich an der Übersetzung *Luther*s, der auf frühneuhochdeutsche Semantik abzielte; im Neuhochdeutschen entsprechen die Semantik von אנח wie die synchrone Varietät in anderen semitischen Sprache dem Verb „stöhnen".

3 Deshalb sind meine Hüften voll mit Gebärschmerzen,
Wehen haben mich ergriffen, wie Wehen einer Gebärenden.
Ich werde gekrümmt vom Hören weg und werde erschreckt vom Sehen ab.

4 Mein Herz taumelt, Schrecken hat mich überfallen,
in der Dämmerung meines Begehrens macht er mir Furcht.[15]

5 Den Tisch decken, das Spähen spähen (den Überzug überziehen),[16] essen, trinken –
macht euch auf, ihr Befehlshaber, salbt den Schild!

6 Denn so spricht zu mir Adonaj:
„Gehe und stelle jemand auf die Spähwarte, der sehen und verkünden soll.

7 Und er wird Wagen mit Pferdegespann sehen,
Wagen mit Esel, Wagen mit Kamel,
und er merkt auf Aufmerksamkeit,
viel Aufmerksamkeit."

8 Und er ruft, ein Löwe:[17]

---

15 *Wildberger*, Jesaja 13-27, 762: „Die Abenddämmerung (sonst Stunde) der Lust, hat er mir zum Entsetzen gemacht."
16 *Zunz* (Hg.), Die Heilige Schrift: „Man rüstet die Tafel, ordnet die Reihen; man schmauset, zecht." צפית ist Hapax legomenon und kann eine Nominalisierung von צפה sein, mit dem es dann eine figura etymologica bildet. Was aber heißt צפה bzw. welches צפה ist gemeint? צפה I heißt: „spähen", צפה II „überziehen". Letzteres wird im AT in der Regel in Baunotizen zum Stiftszelt gebraucht; die Bedeutung „Überzug überziehen / Decke ausdecken" müsste von dem gängigen Gebrauch abgeleitet werden. Ersteres ist (militärische) Terminologie für Wahrnehmung der Aktivitäten anderer; die Wurzel צפה I wird im übrigen in V.6 mit dem Substantiv מצפה – „Spähwarte" (wieder) aufgenommen.
17 *Zunz* (Hg.), Die Heilige Schrift: „Und er ruft gleich dem Leu". Buber (V.7f): „sieht er einen Reiterzug, Reisige paarweis / einen Zug von Eseln, / einen Zug von Kamelen, / merke er aufmerksam hin, / stark an Aufmerksamkeit, / dann soll er den Löwenschrei rufen!" Zur grammatischen Konstruktion s. Ges-K §118r. Q und S ändern in הָרֹאֶה – „der Seher", *Marti* אֶרְאֶה – „ich sehe"; zu älteren Änderungsvorschlägen s. *Gesenius*, Handwörterbuch, 17. Aufl., s.v. אַרְיֵה. Es ändern außerdem: *Kaiser*, Jesaja 13-39, 98; *Wildberger*, Jesaja, 766; *A.A. Macintosh*, Isaiah xxi. A Palimpsest, Cambridge 1980, 127; *Watts*, Isaiah 1-33, 271. Der Ausdruck אריה – „Löwe" aus Jes 21,8 hat denselben gematrischen Zahlenwert wie der Name חבקוק – „Habakuk" (Raschi zu Jes 21,8). Diesen Befund schätzt *Gosse*, Le ‚Moi' Prophétique, 76-78, zusammen mit anderen textlichen Übereinstim-

"Auf der Spähwarte, Adonaj, stehe ich beständig bei Tag
und auf meinem Wachtposten bin ich gestellt alle Nächte.
9 Und siehe da kommt ein Wagen mit einem Mann,
ein Pferdegespann,
und er hebt an und sagt,
‚Gefallen, gefallen ist Babel,
und alle Schnitzbilder ihrer Götter sind auf der Erde zerschmettert!'"

10 Mein Gedroschenes und Kind meiner Dreschtenne,
was ich gehört habe von JHWH Zebaoth aus, dem Gott Israels, das habe ich euch verkündet.

Die Schwierigkeiten, die dieser Text als rezeptionsästhetisches Problem moderner LeserInnen bereitet, kann man m.E. nicht treffender als Otto Kaiser formulieren:

„Nicht nur beim ersten Überlesen kämpft der Leser des Orakels mit seinen unterschiedlichen Eindrücken: Ist er auf der einen Seite durch die geheimnisvoll düstere Stimmung der ersten und die deutlich davon abgesetzte traumhafte Szene der zweiten fünf Verse beeindruckt, so sieht er sich auf der anderen Seite einer ganzen Reihe von Dunkelheiten und Spannungen gegenüber, die ihn schließlich vermuten lassen, er habe die prophetische Dichtung wohl nicht richtig verstanden. Was kommt da eigentlich wie ein Sturmwind im Südland aus der Wüste herangebraust? Ist es eine sich dem Dichter gewaltsam, aber doch nur bruchstückhaft aufdrängende Offenbarung oder das gewaltige Heer der Elamiter und Meder? Und wer ist der Falsche und der Verwüster, der Angreifer oder der Angegriffene? Oder handelt es sich um eine nur den Zeitgenossen des Dichters verständliche Chiffre, die ihnen das Kommen des Jahwetages und seiner, die Völkerwelt heimsuchenden, Erschütterungen signalisiert? Den Elamitern und Medern gibt doch wohl Gott selbst den Angriffsbefehl. Aber wessen und durch wen verursachtes Seufzen will er beenden? Für wen wird der Tisch gedeckt? Sitzen die Angegriffenen ahnungslos beim Mahl, während die Angreifer schon ihre letzten Vorbereitungen für die Attacke treffen? Oder liegt das Ziel ihres Angriffs wie eine gedeckte Tafel vor ihnen? Lässt uns die Szene mit dem Späher einen Blick in eine eigentümliche Persönlichkeitsspaltung eines Visionärs tun oder zeichnet sie uns ein visionäres Traumbild? Welche Bewandtnis hat es

---

mungen zwischen Jes 21,1-10 u. Hab 2,1ff so hoch ein, dass er schließt, Hab 2,1ff habe entscheidend zur Endgestalt von Jes 21 beigetragen.

mit den Wagen, Reitern und Tieren? Handelt es sich um Teile des Heeres der Eroberer? Führen die Sieger die Beute davon? Oder handelt es sich etwa um den Heimzug derer, die unter der Zwingherrschaft Babels seufzen mussten? Und wer stimmt schließlich den Jubelruf über den Fall Babels an, der Späher oder der deutende Gott? Und warum entsetzt sich der prophetische Dichter eigentlich dermaßen über das, was er bruchstückhaft genug schaut, obwohl es sich um ein seit langem von seinem Volk ersehntes Ereignis handelt?"[18]

Der Konfusion des ersten Eindrucks – Ästhetik und Wahrnehmung! – kann nur in Teilen abgeholfen werden. Vieles muss auch im folgenden beim ästhetischen Verstehen bleiben; kognitiven Erklärungen sind Grenzen gesetzt.

2. Die bruchstückhafte Wahrnehmung in Jes 21,1-10

Weniges lässt sich zweifelsfrei sagen; Rätsel sind vor allem aufgegeben durch die fehlenden Kohärenzen. Die Wahrnehmungsinstanzen und das Ich der Sprecherperson werden dermaßen in Verdoppelung fragmentiert, dass die Grenzen der Wahrnehmung zum Thema werden.

Nach einer relativ rätselhaften Überschrift in V.1a deutet dessen Fortsetzung an, dass es um Gewalten und Gewalt geht (V.1b.c). Nun schildert ein Ich einige Teile und vor allem die Wirkung eines Offenbarungsempfangs, es sind große Schrecken und Schmerzen wie die einer Gebärenden, dem Ich schwinden die Sinne durch das Erfahrene (V.2-4). Daraus resultiert eine Aufzählung absoluter Infinitive, auch hier werden weder SprecherIn, noch AdressatInnen oder ähnliches benannt, es kommen lediglich „Befehlshaber" vor (V.5). V.6 leitet einen Auditionsbericht ein, ein Späher soll Ankommende auf Bemerkenswertes hin beobachten. Nach Tagen kommt ein Bote: „Gefallen, gefallen ist Babel, und alle Schnitzbilder ihrer Götter sind auf der Erde zerschmettert" (Jes 21,9).

Dass Jes 21,1-10 so rätselhaft ist, liegt unter anderem daran, dass keinerlei Textkohärenzen die Lektüre steuern: Zeit-

---

18 *Kaiser*, Jesaja 13-39, 99. So beginnt Kaisers Auslegung zu Jes 21. Nach einigen Seiten Exegese konstatiert er dann: „Wir wären ihm [dem Dichter] freilich dankbar, wenn er sich weniger ominös ausgedrückt hätte" (103).

und Sprecherangaben fehlen weitgehend, die Ortsangabe „Wüstenmeer" ist rätselhaft, ebenso, ob es sich um den Ort des Geschehens, den Standort deR SprecherIn oder den Bestimmungsort der Prophezeiung handelt und ob diese überhaupt identisch oder verschieden sind. Auch ist keine der handlungstragenden oder angeredeten Figuren wirklich eindeutig bestimmbar, ebenso wenig wie ihre Beziehungen. Wovon die Rede ist, müssen die RezipientInnen aus der Kumulation und Juxtaposition der Worte schließen. Dieser Text enthält eine Vision oder mehrere – ohne jede Deutung, d.h. Bilder, Bildtexte und Bildfetzen ohne Bezug, Ordnung oder Erklärung.[19]
Der verwirrende Inhalt drückt sich auch darin aus, dass die Sätze sprachlich kaum aufeinander zu folgen oder sonstwie zusammenzuhängen scheinen. Die fehlenden Kohärenzen betreffen neben dem ganzen Text und seinen Sätzen auch einzelne Formulierungen. Ein Beispiel sei V.2: In V.2a ist das Genus des Verbs maskulin, es müsste aber feminin sein, keiner der vier Teilsätze zeigt einen Bezug zu den anderen an, in V.2c ist צור absolut gebraucht, obwohl es mit Objekt stehen müsste, in V.2d fehlte das Bezugswort für das Suffix 3.f.sg., die zwei Nennungen des Ich müssten sich auf zwei verschiedene Figuren beziehen (Prophet und Gott), ein Sprecherwechsel ist aber nicht angedeutet.[20]
In Jes 21,1-10 (und auch in Jes 21,11-12) wird der rezeptionsästhetische Vorgang der Sinnproduktion im Leseakt, wie ihn *Iser* herausgearbeitet hat,[21] systematisch unterlau-

---

19 So muss man am Ende fragen, ob die neuzeitlich übliche Lektüreweise einer chronologischen Abfolge der berichteten Elemente überhaupt eine diesem Text selbstverständliche und angemessene Setzung ist. Allerdings, die Entstehungs-, Fund- und Editionsgeschichte von Büchners ‚Woyzeck' erinnernd, finden sich die Probleme mit der Anordnung und Unverbundenheit von Texten auch heute. Interessanterweise wird das Stück seit Jahrhunderten gelesen und aufgeführt, obwohl die Reihenfolge der Szenen unklar ist und der Schluss fehlt.
20 Literatur- und prophetiegeschichtlich ist es m.E. noch zu deuten, dass dieser Text bei einer Datierung von vor (oder nach meinem Verdacht nach) 539 kaum zwanzig Jahre vor Proto-Sacharja entstanden ist, einem Text, in dem der Prophet auf die Deutung *und* Wahrnehmung des angelus interpres angewiesen ist.
21 *W. Iser*, Der Akt des Lesens. München u.a. [4]1994.

fen. Kaum hat der/die Lesende eine Sinnsicherheit gewonnen, schon wird sie wieder destruiert: die Identitäten des Wächters, des Propheten und sogar JHWHs verschwimmen. Der einzig klare Satz ist ein Zitat (V.9). Dazu kommen die Wehen: auch sie sind zu Beginn real, dann metaphorisch. Es sind tatsächlich Wehen in V.3a und 3bα, es ist ‚nur' ein Vergleich in V.3bβ.

Die Probleme von Semantik und Syntax werden in der Forschung zum Teil einzeln gelöst, indem die Phänomene trotz ihrer Ungewöhnlichkeit als (Ausnahme-)Form der Regelhaftigkeit erklärt werden.[22] Eine andere Möglichkeit ist, eine fehler- und lückenhafte Niederschrift und / oder Überlieferung anzunehmen und editorisch in den Text einzugreifen.[23] Andere Vorschläge scheiden literarkritisch verschiedene Wachstumsschübe.[24] Zusätzlich kann der Text als ganzer

---

22 S. z.B. zu V.2 Ges-K §121 a.b.
23 S. z.B. *Wildberger*, Jesaja, zu V.3 u.ö., der aber insgesamt sehr zurückhaltend mit Texteingriffen ist und überdies den Gesamttext für einheitlich hält.
24 *Macintosh*, Isaiah xxi, erarbeitet, dass viele Bestandteile des gesamten K.21 aus dem 8. Jh. stammen *und* dass der Text in seiner jetzigen Gestalt nach 539 datiert. Wie ein Palimpsest wurde also der Text des 8. Jh. im 6. Jh. einer entscheidenden Überarbeitung unterzogen. Konsequent setzt *Macintosh* dann diese These in den beiden letzten Kapiteln um, indem er anschließend jeden Vers zweimal interpretiert, zunächst Jes 21* als Text des 8. Jh., und dann Jes 21 als Text des 6. Jh. In der Zwischenzeit hatte Jes 21* Jer 50-51 beeinflusst. In der Überarbeitung von Jes 21* im 6. Jh. spielte dann wiederum der Text Jer 50-51 eine Rolle, so dass *Macintosh* en detail nachzuweisen versucht, wie beide Texte, Jer 50-51 und Jes 21, an- und miteinander gewachsen sind. Auch *Gosse*, Le ‚Moi' Prophétique, nimmt insbesondere ein intertextuelles Textwachstum an, Hab 2,1ff wurde in den Text eingetragen, was einige Merkwürdigkeiten des Textes erklärt. Und zwar haben Jes 21 und Jes 60-62 denselben Verfasser bzw. Überarbeiter, Jes 21 datiert in seiner Endgestalt in die ersten Jahre nach dem Ende des Exils. *E. Bosshard-Nepustil*, Rezeptionen von Jesaja 1-39 im Zwölfprophetenbuch. Untersuchungen zur literarischen Verbindung von Prophetenbüchern in babylonischer und persischer Zeit (OBO 154), Fribourg – Göttingen 1997, 25-42, meint, während die Erweiterungsschicht Jes 21,2bβγ.7.9b-10 um 539 datiert, umfasst die Grundschicht Jes 21,1.2abα.3-5.6.8-9a und „bezieht sich auf die Vorgeschichte von 701 v.Chr., aber mit deutlicher Transparenz auf spätere Ereignisse (u.a. 587/6 v.Chr.)" (42).

erklärt werden, wenn das (prophetische) Phänomen der Ekstase auf diesen Text angewendet wird.[25] Gesamtdeutungen der Passage gehen in der Regel von historischen Ereignissen als Bezug aus, die die nötigen Erklärungen für den rätselhaften Text böten. Bei allen Datierungsvorschlägen spielt die Identifizierung der Orte und Regionen Elam, Medien und Babylon eine entscheidende Rolle. Eine historische Situation, in der Babylon eine militärische Niederlage erfährt und Elam und Medien zusammen eine größere Bedeutung haben, müsse den Hintergrund zu Jes 21 abgeben. Dabei bieten sich mehrere Daten an: Oft wird Jes 21 als Text aus der Zeit des historischen Jesaja gelesen, Jes 21,1-10 sei ein vaticinium ex eventu über Scheitern der Aufstandsallianz gegen Assur. Es handele sich um eine Prophezeiung des historischen Jesaja: Elam, Medien und Babylon zusammen (V.2c) versuchen einen Aufstand gegen Assur (V.2a.b), der Prophet Jesaja aber sieht das Unternehmen scheitern: siegessicher feiern die Krieger während der Vorbereitung Feste (V.5f), aber dann erfährt der Wächter die Botschaft, dass Babylon gefallen ist (V.9) und somit die Aufstandspläne für Elam und Medien zerschlagen sind.[26] *Watts* konkretisiert diese Interpretation weiter, er stellt Jes 21,1-22,25 in die Zeit von Hiskias Aufstand (705-701), Jes 21,1-10 schilderte die erschreckte Reaktion politischer Kreise in Jerusalem in der Person des Schebna auf die Nachricht, dass Sanherib den babylonischen Aufständischen Merodach-Baladan 703 v.Chr. besiegte.[27]
Andere datieren den Text ins 6. Jh.; der Fall Babylons in Jes 21,9 meine die Eroberung Babylons durch Kyros, die Perser würden hier entsprechend anderer antiker Texte als Meder bezeichnet. Kyros war

---

25 Ob es sich bei der Schilderung in Jes 21 um einen ekstatischen Zustand handelt oder nicht, ist in der Exegese umstritten, was auch mit traditionellen Vorbehalten gegen Ekstase zusammenhängt (zum Überblick über Ekstase im AT s. *Th. Pola*, Ekstase im Alten Testament, in: *H.-J. Hemminger* (Hg.), Ekstase, Trance und die Gaben des Geistes. Psychologische und theologische Beiträge zum Gespräch mit der charismatischen Bewegung [Hochschulschriften aus dem Institut für Psychologie und Seelsorge der Theologischen Hochschule Friedensau 5], Friedensau 1998, 117-207). Während *B. Duhm*, Das Buch Jesaja übersetzt und erklärt (HAT III/1), 4., neu durchges. Aufl. Göttingen 1922, 151, den Text als Ekstase-Erfahrung interpretiert, sieht *Pola*, Ekstase, 127, mit Rückgriff auf *D.R. Hillers*, Convention in Hebrew Literature. The Reaction to Bad News, ZAW 77 (1965) 86-90, hier die unmittelbare Reaktion auf schlechte Nachrichten ausgedrückt.
26 *S. Erlandsson*, The Burden of Babylon. A Study of Isaiah 13:2-14:23 (CB.OT 4), Lund 1970, 92.
27 *Watts*, Isaiah 1-33, 266-274.

vor der Eroberung Mediens König von Anschan, das ein Teil von Elam war, mit Elam und Medien sind also Kyros' Armeen umschrieben. Wie *Wildberger*[28] stellt *Clements* den ganzen Text vor 539 v.Chr., hält aber *Vermeylens* Spätdatierung auch nicht für ausgeschlossen.[29] Dieser datiert Jes 21 ebenso wie Jes 13,17-22 auf die Zeit zwischen 485-476 v.Chr., als Xerxes I. eine babylonische Revolte niederschlug.[30]

Im Gegensatz zu den meisten anderen ForscherInnen schließe ich aus den vielen Rätseln des Textes, dass nicht die Schilderung einer militärischen Konstellation im Vordergrund steht, sondern eine prophetische Visionserfahrung, ihre Wirkung auf den Propheten und das Eintreten des geschauten (militärischen) Ereignisses: Die Hermeneutik der visionären Prophetie ist neben der Pointe, dem Untergang Babylons (V.9), eines der beiden Hauptthemen im Text. Diese Hermeneutik der visionären Prophetie wird durch diesen Text und diese Perspektiven demonstriert statt erklärt:
Der Text enthält eine ganze Reihe Wahrnehmungs- und Zitatebenen sowie mehrere verschiedene Wahrnehmungsinstanzen. Der/die Lesende beobachtet den Propheten und (den) Beobachter. Zu Beginn des Textes dominieren wirre angefangene und dann unterbrochene Sätze über das, was der Prophet wahrnimmt. Er kann noch sagen, dass es furchtbar ist (V.2a). Nachdem sein Bewusstsein offenbar – im doppelten Sinne – versagt, die Ereignisse zu begreifen, das Erlebte buchstäblich zu realisieren, reagiert sein Körper: Er fällt in Wehen. Langsam aber gewinnt er die Sprache zurück, weiß, dass das alles durch das Wahrgenommene kommt. Es ergeben sich wieder Sprachfetzen, die allmählich zu Imperativen werden (V.5). Nun ist von einer zweiten Wahrnehmung die Rede (V.6): Der Prophet hatte eine Audition Gottes, aufgrund der er einen Späher aufstellt. Dieser Späher hat nun den Auftrag, nach Neuigkeiten

---

28 *Wildberger*, Jesaja, 774.
29 R.E. *Clements*, Isaiah 1-39 (NCB). Grand Rapids 1980, 176f.
30 J. *Vermeylen*, Du prophète Isaïe à l'apocalyptique. Isaïe, I-XXXV, miroir d'un demi-millénaire d'expérience religieuse en Israël. 2 Bde. Paris 1977, Bd. I, 327f.

Wehen des Propheten 57

und Nachrichten Ausschau zu halten,[31] er ist sozusagen ein Mantiker. Nach Tagen meldet er die Nachricht eines Boten: Babylon ist gefallen (V.8f).
Den Lesenden begegnen hier zwei wahrnehmende Instanzen, die zugleich zwei (prophetische) Wahrnehmungsmodi sind: dem überfallenen und überwältigten Ich des Propheten (V.2-7) und dem wartenden, langharrenden, viel sehenden und nichts Entscheidendes erkennenden Er (V.8-9).[32] In ihrem Verhältnis zum Wahrgenommenen und zur Wahrnehmung denkbar konträr prallen sie beide in diesem Text hart aufeinander, sie sind zusätzlich ineinander verschachtelt, insofern das Eine Zitat vom Anderen ist – was der Späher sehen soll, ist Zitat Gottes (V.6f) im Gespräch mit dem Ich des Propheten aus V.2-4. Was der Späher sieht, ist wie alles andere Bericht des Propheten, in V.10 explizit hervorgehoben. Zugleich aber ragen die Figuren des Zitats aus dem Zitat wieder heraus, insofern die Personenverhältnisse zwischen Prophet, Späher und Adonaj durcheinander geraten. Wie eine Steigerung zu diesem Verhältnis ist dann Jes 21,11-12, das vom Ausbleiben einer Nachricht handelt und in dem die Identitäten Ich und Er in derselben Figur nebeneinander stehen.
Das Ich wird nicht identifiziert. Die Eindrücke sind lebensbedrohlich und direkt. So ist es nicht notwendig, dass dieser Prophet eine besonders enge positive Beziehung zu Babylon hat – sei es als Politiker der Aufständischen oder als König von Babel. Es kann sich um den historischen Jesaja handeln: Jes 21 folgt einem Text, der vom Tun des Propheten Jesaja berichtet (Jes 20).[33] Das aber ist nicht zwin-

---

31 Gegen *Clements*, Isaiah 1-39, NCB, 178f, der in den Gespannen und Wagen die elamitisch-medische Kavallerie bezeichnet sieht.
32 Das lange Warten auf etwas Mitteilenswertes entspricht prophetischer Praxis sicher erheblich häufiger als ein körper- und geschlechtssprengender Gewaltakt der Wahrnehmung. Dass es sehr lange dauern kann, sagt dieser Text und lässt der hockende regenmachende-regenwartende Elia (1Kön 18,42-44) ahnen oder die Zehn-Tage-Dauer, bis sich für Jeremia ein Gotteswort offenbart (Jer 42,7). Auch das Wächteramt des Propheten gehört hierher: Hab 2,1 (שמר, צפה); Jes 62,6 (שמר); Ez 3,17 (צפה) sind Propheten als Späher und Wächter vorgestellt.
33 *Berges*, Das Buch Jesaja, 142.

gend. *Watts* hat aus den Beobachtungen, dass das Ich in V.6 kommunal-militärische Befehlsgewalt innehat, und aus seiner Bucheinteilung geschlossen, dass es sich bei der Figur in Jes 21,1-10 um den in Jes 22,15 erwähnten Schebna handelt.[34] Das ist möglich, aber auch nicht zwingend. *Ibn Esra* meint, dass der Sprecher der König von Babel ist.[35] *Gosse* schließt aus den begrifflichen Übereinstimmungen von Jes 21,1-10 und Jes 60-62 (insbesondere 61,1), dass das sprechende prophetische Ich in beiden Texten dasselbe ist.[36] Stattdessen bleibt festzuhalten, dass die historische Identität des Ich dem Text wohl nicht wichtig ist. Es muss sich nicht um einen Berufspropheten handeln. Die Vision macht ihn zum Propheten.

Es gibt zwei Andeutungen darauf, dass es sich bei dem Ich nicht um eine Frau handelt: der Ausdruck מתנים – „Hüften" als physischer Schmerzort deutet mir darauf, dass die Person keinen רחם – „Gebärmutter" hat, und deshalb dieselbe Stelle mit einem geschlechtsneutralen Wort benennt. Der Ausdruck „wie Wehen einer Gebärenden" ist ebenso ungewöhnlich. Eine erwachsene Frau, auch eine nach dem Klimakterium, hätte – weil sie in der Regel Wehen kennt – nicht einer Erläuterung des Vergleichs bedurft oder es mit „wie Wehen einer Geburt" verglichen. Aber in Ermangelung von textlichem Vergleichsmaterial in bezug auf Frauentexte im Alten Testament muss das Spekulation bleiben.[37]

Die eigentliche Nachricht ist nun vierfach verschachtelt: Gott fordert den Propheten auf, seinen Späher auf den Turm zu stellen, der dann Gott melden wird, dass in die Stadt ein

---

34 *Watts*, Isaiah 1-33, 267 u. 272.
35 *Ibn Esra* zu Jes 21,2ff (*M. Friedländer* [Hg.], The Commentary of Ibn Esra on Isaiah. Edited from Mss. and translated, with Notes, Introduction, and Indexes [= Publications of the Society of Hebrew Literature 2]. 2 Bde. Bd. 1: Translation of the Commentary. London 1873).
36 *Gosse*, Le ‚Moi' Prophétique, 82f.
37 Die Wehen stehen zusätzlich in Juxtaposition zur Aussage Gottes „Ihr *(f.sg.)* ganzes Stöhnen lasse ich aufhören". *Watts*, Isaiah 1-33, 271, geht davon aus, dass diejenige, die stöhnt, die Angegriffene sei. Eventuell ist es auch eine Vorwegnahme des zur Gebärenden gewordenen Mannes in V.3. Dies bleibt eine der Unklarheiten des Textes.

Mann zieht, der die Nachricht vom Fall Babylons bringen wird / bringt.[38] Dies berichtet der Prophet den Adressaten seiner Rede. Die Meldung vom Untergang Babylons, Pointe und Höhepunkt der Prophezeiung, ist also vierfach durch Boten mit Gott als Urheber tradiert.

III. Chaos-Prinzipien der Wahrnehmung und ihrer Ereignisse

Die Problematisierung von Wahrnehmung, Wahrnehmbarkeiten und Versprachlichung verläuft neben der formalen und medialen Kohärenzreduktion auch entlang von Prinzipien, die die verhandelten Größen einander nicht zuordnen lassen. Diese Prinzipien sind Durcheinander (1.), Auflösungen (2.) und Verdoppelungen (3.).

1. Durcheinander

Als Durcheinander sind bereits syntaktische Besonderheiten aufgefallen mit ins Leere laufenden Bezügen, einander unterbrechenden Perspektiven und ständig wechselnden Themen. Dazu soll hier noch zwei Details des Textes exemplarisch nachgegangen werden, das ist zum einen der Ausdruck מדבר־ים – „Wüstenmeer" und zum anderen V.5.
Das Wort „Wüstenmeer" ist aus dem Blick einer textlichen Kohärenz vor allem deshalb so schwer verständlich, „weil es weder direkt noch indirekt aus dem Text stammt"[39]. Im Gegensatz zu den folgenden Visionen Jes 21,13 und 22,1 wird der sprechende Name nicht wieder aufgenommen. Der Wortbestandteil מדבר – „Wüste" wird in V.1b als Herkunftsort des Zerstörerischen benannt, weshalb von einigen ים in V.1a emendiert wird.[40] Das verursacht wiederum Irritation: wie kann die Wüste gleichzeitig Ziel- und Her-

---

38 Anders *Macintosh*, Isaiah xxi, 129, der die Untergangsmeldung vom Wächter gesprochen sieht. Wenn in Jes 21,1-10 ein Argument der Logik auch nicht greifen muss, so ist doch syntaktisch der איש m.E. der nächstliegende Sprecher.
39 *Duhm*, Jesaja, 150.
40 S. dazu *Macintosh*, Isaiah xxi, 4f.

kunftsort sein? Sie kann es nur im Chaos der durchbrochenen Kausalitäten.
Da in allen anderen מַשָּׂא-Einleitungen von Jes 13-23 ein Ort als Adressat für die folgende Unheilsprophezeiung genannt wird, kann das hier auch so sein: מדבר־ים ist ein Ort, dem die Last gilt. Bei dem Namen kann es sich um ein Codewort[41] handeln, einen metaphorischen Ausdruck oder eine Prolepse: der Begriff bezeichnet den Zustand, zu dem ein hier nicht näher spezifizierter Ort einmal wird.[42] Dem steht aber der Widerspruch der beiden Elemente Wüste und Meer entgegen, beide Landschaften kann es in der geordneten Natur eben nicht gleichzeitig an einem Ort geben. Aber vielleicht ist gerade das die Drohung, eine Drohung, die dann nicht nur lokal, sondern universal ist, weil sie jede bestehende (physikalische) Ordnung außerkraft setzt. Bereits einzeln sind Wüste und Meer Chaostopoi.
Ist Babylon (V.9) das „Wüstenmeer"? Ein Ort, der zugleich Wüste und Meer ist, muss ungeheure Ausmaße haben, ist also buchstäblich nur marginal begrenzbar, was auf die Sicht des babylonischen Reichs in vielen Phasen seiner Geschichte zutrifft. Zusammen mit dem doppelt Chaotischen („Wüsten-Meer") und der Tatsache, dass im Text der physische Standort des Propheten nicht benannt ist und er deshalb an jedem Ort, überall und nirgends stehen kann, kann m.E. das Wüstenmeer eine plausible Deutung „Babylons" sein, wie es dereinst sein wird und mit dem Verkünden der Prophezeiung qua Zusprechung bereits geworden ist. Das Unheil des Chaos ist damit freilich nicht gebannt (s.u. zu Jes 21,11f).
Während alle Handlungsparameter zurücktreten, steht in V.5 das absolute Handeln im Vordergrund, und zwar derart, dass nur absolute Infinitive aufgezählt werden.[43] Das Feh-

---

41 Schlüssel können Buchstabenvertauschung (Atbasch) oder ähnliches sein, die im übrigen just im Zusammenhang mit Babylon im AT besonders häufig vorkommen, s. Jer 25,26; 51,41; 51,1.
42 *Ibn Esra* zu Jes 21,1. *Vermeylen*, Isaïe, 326, Anm. 1, nimmt einen älteren Vorschlag auf, wonach es sich um eine Analogie zu akk. *mat tamtîm* „Land des Meeres" handelt, mit denen die Assyrer Südbabylonien bezeichneten. Dagegen *Macintosh*, Isaiah xxi, 6.
43 Absolute Infinitive statt finiter Formen gelten als Ausdruck der erregten Rede (Ges-K § 113yz).

len von Subjekten, Objekten und Bestimmungen macht aber die in V.5 genannten Tätigkeiten absolut und damit sinnlos. Dabei stammen die Ausdrücke für „den Tisch decken", „essen" und „trinken" aus dem Bereich von Mahlzeiten und Festen, und der Ausdruck „den Schild salben" hat mit Krieg zu tun.[44] Warum sollen die Schilde gesalbt werden? Die Formulierung צפה הצפית – „das Spähen spähen / den Überzug überziehen" ist in beide Richtungen deutbar. Es ist möglich, dass die Handlungen parallel ablaufen: Mahlzeit herrichten und Kriegsverwaltung. Es kann sich um ein siegessicheres Mahl im Vorhinein handeln, wie es in 1Kön 20,16 erwähnt ist, oder um das verzweifelte Prassen im Angesicht des Todes: „Lasst uns essen und trinken, denn morgen sind wir tot" (Jes 22,13b). Oder es kann sich nur um einen Handlungsbereich handeln: wenn alles direkte und metaphorische Ausdrücke für ein Fest sind, könnte dann das Salben des Schildes eine Vorbereitung für die Repräsentation der Kriegsgeneräle bei einem Festakt sein. Die andere Möglichkeit ist, dass Begriffe aus dem Bereich der Mahlzeitvorbereitung metaphorische Ausdrücke für das baldige Verschlingen des Feindes sind (z.B. Num 23,24; Jer 10,25; 50,7.10.17; 51,34). Die Überblendung beider Bereiche und die sprachliche Bezuglosigkeit lässt alles dies möglich bleiben.

Eine weitere Möglichkeit, den Widerspruch zwischen den Semantiken und der Textform aufzulösen, kann darin liegen, dass in den Ausdrücken nicht Kampfvorbereitung ausgesagt sind, sondern – hektische – Kampfendevorbereitungen: die Waffen werden magaziniert, ein Fest vorbereitet, die Späher in Erwartung der Nachricht, die der Prophet schon kennt, ausgesendet. Es sind Friedensvorbereitungen dem Inhalt, Kriegsvorbereitungen der Sprachatmosphäre nach.

Oxymoronisches, Widersprüchliches und Bezugsloses werden vor allem am äußersten Rand einer Grenzerfahrung plausibel.

---

44 Worum es sich dabei genau handelt, ist kaum festzustellen, *Duhm*, Jesaja, 152, meint, es sei eine Kampfvorbereitung für die verweichlichten Babylonier, die verhindern wollten, dass der Tragriemen sie ins Fleisch schneide.

2. Auflösungen

Insbesondere nach Beginn der Offenbarung lösen sich die Sätze auf, viele einzelne Elemente der Textwelt sind aufgelöst. Die zerschmetterten Götterbilder (V.9), das gedroschene Volk (V.10) – alles ist in unzählige Stücke zersprengt, wie eine Wüste oder ein Meer. Sogar körperliche Konsequenzen hat das Gesehene: der Herztakt scheint auszusetzen (V.4a); das Ich, die Person hält dem Wahrgenommenen, dem Horror nicht stand. Gekrümmt, ent-setzt schwinden ihm die Sinne (V.3b). In Gebärschmerzen, mit gefüllten Hüften lösen sich sogar die Körpergrenzen auf (V.3a). Im buchstäblichen Zuge der Wehen verschwimmt schließlich auch die Person des Visionärs, insofern er im Moment des Horrors sein Geschlecht wechselt. Die Figuren des Textes lösen sich auf, indem sie ineinander übergehen.

3. Doppelungen

(Ver-)Doppelungen sind ein Grundmuster des Textes: es gibt zwei Feindvölker (Elam und Medien V.2); es sind zwei zerstörende Kräfte am Werk, der Verwüstende (שדד) und der Misshandelnde (בגד V.2); das Fallen Babylons wiederholt sich (V.9)[45] ebenso wie die Aufmerksamkeit des Spähers (V.7); es fällt die Stadt, und es fallen auch die Götterstatuen (V.9); im absoluten und damit sinnlosen Handeln überblenden sich die Handlungsfelder Essen und Krieg (V.5).

So ist unklar, ob die Verdoppelungen bestimmter Größen im Text auf eine Fehlwahrnehmung des Propheten zurückgehen oder tatsächlich bestehen. Es bleiben die Identitäten der Figuren Prophet, Adonaj und des Spähers im Dunkeln, weil sie im Text selbst verdoppelt sind: Zweimal kommt die Anrede אדני – „Adonaj" in Jes 21 vor (V.6a.8b), sie wird nur von Gott gebraucht. In V.6a wird dem Ich von „Adonaj" aufgetragen, einen Späher aufzustellen. Die Identität

---

45 Die Wiederholung des נפלה in V.9 erklärt *Raschi* zu Jes 21,9 damit, dass Babylon wirklich zweimal fällt: einmal durch die Perser und ein zweites Mal durch Gott selbst, wie es in Jes 13,19 durch den Vergleich mit Sodoms Untergang angekündigt sei.

Gottes als אדני ist eine der wenigen, die zunächst verlässlich erscheint – doch dann folgt V.8. Hier erstattet der aufgestellte Späher Adonaj Bericht (V.8f) und nicht dem Propheten-Ich! Bleibt אדני Gott?
Wenn nun in V.6 *und* 8 Adonaj Gott ist, wer ist dann der Späher, dass er Gott Bericht erstattet? In V.6 kann der Späher nicht identisch sein mit dem Propheten, weil dieser jenen einsetzt. In V.8 müsste der Späher, der als Löwe bezeichnet wird, der Prophet sein, weil er Gott antwortet und nicht den StadteinwohnerInnen.
Eine weitere Frage ist, ob der, der auf der Spähwarte (מצפה) steht (V.8), und der Wächter (שמר) in Jes 21,11f identisch sind. Die Tatsache, dass die Fragenden „aus Seir" rufen (Jes 21,11), deutet auf übersinnliche Momente in der Situation. Auch ist die kommunikative Situation in Jes 21,11f ähnlich der in Jes 21,6-8: ein Ich berichtet die Aufforderung (V.6) oder die Frage (V.11) von dritter Seite. Sowohl in V.8 als auch in V.12 wird das Ich durch den Wächter ersetzt: in V.8, indem der Wächter selbst Adonaj direkt Bericht erstattet und eben nicht dem Ich; in V.12, indem die Rede vom Ich (des Wächters) in die dritte Person wechselt.[46] Auch ist nicht klar, wer V.10 spricht. Fast ist es so, als habe nicht nur die geschlechtliche Identität des Propheten gewechselt.[47]
So wird das Chaos des vermuteten Geschehens in Sprache gefasst und packt den schauenden Propheten bis an den Rand seiner Lebenskraft. Was ist da passiert? Was kann er gesehen haben?

IV. Ordnung durch intertextuelle Bezüge

Wenn neben der Darstellung der Wahrnehmungserschütterung eine weitere Aussage getroffen werden soll, brauchen RezipientInnen einen Gegenstand, der sich in den Fetzen der Prophetie spiegelt und diese so verständlich macht.

---

46 S. auch *Watts*, Isaiah 1-33, 275.
47 *Duhm*, Jesaja, 152f, geht davon aus, dass sowohl der Wächter als auch der Visionär der Prophet sind, der in einer Katalepse seinen Körper verlassen hat und nun beide Figuren in einer Person ist.

Bislang wurde dieser alles erklärende Gegenstand stets in einem historischen Ereignis gesucht, auf das sich der Text bezieht und den er bei den ErstrezipientInnen als Erfahrungshintergrund voraussetzen kann. Wie oben stichwortartig zusammengefasst, hat dieses Erklärungsmodell bislang nicht zum zweifelsfreien Erfolg geführt. Eine bislang nur selten und dann anders[48] herangezogene Möglichkeit ist der Bezug auf ein literarisches Ereignis.

1. Die Wehen des Propheten

Das Erlebte muss etwas kaum Beschreibbares sein, weil der Prophet die Umschreibung durch Erfahrungen zu Hilfe nimmt, die er selbst noch nie gemacht haben kann. Was bedeutet es, dass der Prophet von Wehen ergriffen wird? Tatsächlich ist die Schilderung in ihrer Konkretisation körperlicher und die wiedergegebene Reaktion heftiger als Dan 10,16f, zudem ist sie viel stärker auf den Schrecken als Geschlechtswechsel ausgerichtet als Hab 3,16; sie ähnelt Jer 4,19 und Ez 21,11f.

Wehen kommen erstaunlicherweise nur einmal explizit in einem alttestamentlichen Erzähltext in bezug auf eine Frau vor, das ist die Schwiegertochter Elis (1Sam 4,19f), sie stirbt bei der Geburt. An den meisten anderen Stellen dient das Eintreten von Wehen der Unterstreichung einer Aussage, zumeist in der Steigerung der Unglücksereignisse. Wehen kommen hier vielfältig vor. Die Begriffe, mit denen die Wehen bezeichnet werden, sind dabei z.T. termini technici für Geburt im allgemeinen oder spezifische Geburtsphasen (משבר, צרים, חבלי סל, חבל) bzw. Wörter, die in verschiedenen Zusammenhängen, vorkommen (חיל, חלחלה, צרה). Der Vergleich kommt in unterschiedlich intensiver Schilderung vor. Während es knapp heißen kann: „Das Herz der Helden Moabs wird sein wie das Herz einer Frau in Wehen" (Jer 48,41), kann der Vergleich auch breiteren Raum einnehmen, wenn zusätzlich körperliche Reaktionen geschildert werden. Jes 21,3 ist dabei m.E. eine der eindrücklichsten Stellen.

---

48 Insbesondere mittelalterliche rabbinische Kommentare sehen Dan 5 als Hintergrundszenerie für Jes 21 an.

Wehen des Propheten 65

Die größte Textgruppe wird von Texten gebildet, in denen Personifikationen[49] und Menschengruppen[50] von Wehen ergriffen werden. Der Grund ist stets ähnlich, es ist die Wahrnehmung plötzlich hereinbrechender militärischer Bedrohung, die so übermächtig ist, dass sie den sicheren Tod impliziert. Die Menschen / Personifikationen erschrecken (בהל). Die Wehen sind dramatisch, übermächtig und lebensbedrohlich, es ist ein Bild für Angst und Panik. Bei diesem Bild werden Wehen und Geburt voneinander getrennt. Dadurch geraten die Wehen nachgerade als statisch in den Blick: der glückliche Ausgang der erfolgreichen Geburt oder auch nur ein Ende der Schmerzen fehlt oft.[51] Im Vordergrund stehen Gewalt und Angst. Nebenbei bemerkt sieht man hier, wie die männliche Sicht auf diese weibliche Erfahrung das Bild verändert. So kommt zu den Bildern der Wehen auch die Rede von der Kraftlosigkeit, die aber bei Geburtsvorgängen insgesamt gerade nicht gegeben ist.[52] Statt des Zusammenhangs von Wehen und Geburt herrscht im AT also ein Zusammenhang von Wehen und Tod.
Alle diese Stellen haben gemeinsam, dass die Betroffenen völlig unvorbereitet ihrem eigenen Tod gegenüberstehen.[53] Diese Bedrohung nehmen sie verschieden wahr: sie hören den Schlachtlärm vor der Stadt (Jer 4,19) oder die Nachricht vom herannahenden Heer (Jer 50,43), sie sehen die Leichen (Ez 30,4) – oder sie sehen Gott selbst (Joel 2,6; Jes

---

49 Ägypten Jes 19,16f; Kusch Ez 30,4; Damaskus Jer 49,24; Tochter Zion Jer 4,31; Mi 4,10; Jerusalem Jer 4,19; 13,21; 22,23; Ephraim Hos 13,13.
50 BewohnerInnen Babylons / alle Menschen Jes 13,8; Ninives Nah 2,11; Kuschs Ez 30,9; Völker Joel 2,6; Zions Jer 6,24 u.a.
51 Ähnlich *A. Bauer*, Das Buch Jeremia, in: *L. Schottroff/M.-Th. Wacker* (Hg.), Kompendium Feministische Bibelauslegung, Gütersloh 1998, 258-269, hier: 268.
52 *I. Fischer*, Das Buch Jesaja, in: *L. Schottroff/M.-Th. Wacker* (Hg.), Kompendium Feministische Bibelauslegung, 246-257, hier: 248, spricht davon, dass weibliche Erfahrung hier klischeehaft gewertet wird und zur Bebilderung des Versagens herangezogen wird.
53 Das ist es, was Paulus zu seinem Vergleich bringt: „denn ihr selbst wisst genau, dass der Tag JHWHs kommen wird wie ein Dieb in der Nacht [...]. Es wird sie das Verderben überfallen wie der Schmerz eine schwangere Frau, und sie werden nicht entfliehen" (1 Thess 5,2f).

13,7).⁵⁴ Wie Wehen verdrängt das Neue alles andere, es wird absolut und anscheinend endlos. Insbesondere die Stelle Jes 13,7f ist hier auffällig, weil dieser Text als ganzer die erste Hälfte der Fremdvölkersprüche Jes 13-23 einleitet und einen Text über den Untergang Babylons darstellt – was in Jes 21,9 Pointe dieses Textes ist. Darüberhinaus sind Jes 13,7; 21,3 die beiden einzigen Stellen im Zyklus Jes 13-23 über die Themen Gebären und Panik. In Jes 13 sehen sich die EinwohnerInnen Babels plötzlich Gott selbst gegenüber, der persönlich ein übermächtiges Heer aus vielen Königreichen – unter anderem Meder (Jes 13,17; 21,2) – befehligt, das aussieht wie ein großes Volk, undefinierbares Getöse hervorbringt und vom Ende des Himmels kommt (Jes 13,2-5). Diese Bedrohung buchstäblich realisierend brechen die Menschen in Wehen zusammen (Jes 13,7f). Die Möglichkeit, dass der Prophet aufgrund derselben Reaktion ähnliches sah, ist deutlich gegeben. So wären die Wehen Signal für eine intertextuelle Verknüpfung.

2. Das Wahrgenommene

Tatsächlich nimmt der Prophet mit שׁדד etwas wahr, was auch die untergangsgeweihten EinwohnerInnen Babylons wahrnehmen (Jes 13,6). שׁדד zieht sich als Bezeichnung der die Völker durchschreitenden Vernichtung durch die Fremdvölkersprüche Jes 13-23: es trifft zweimal Moab (Jes 15,1; 16,4), Tyrus / Tarsis (23,1.4) und eben Babylon (Jes 13,6; 21,2). Der שׁדד ist JHWH als Vernichter (שׁדי, Jes 13,6).⁵⁵ Das / der Vernichtende kommt (Jes 13,5; 21,2).

---

54 Damit sind m.E. die Erfahrungsformen der Todesdrohung vielfältiger, als *Hillers*, Reactions to bad news, meint.
55 Die beiden Größen שׁדד und בגד kommen zusammen noch in Jes 33,1 vor – ohne zweite Stelle. Hier ist ausgesagt, dass der שׁדד und der בגד vernichtet werden. Ist dies immer noch JHWH? Die Identität Gottes, seiner Werkzeuge und das zu Vernichtende verschwimmen. Zu Jes 33 hat *W.M.A. Beuken*, Jesaja 33 als Spiegeltext im Jesajabuch, EThL 67 (1991) 5-35, überzeugend dargestellt, dass diesem Text die Funktion eines Spiegeltextes im Jesajabuch zukommt, der durch textliche Analogien mittels begrifflicher, thematischer und formaler Anzitierung wie in einem Spiegel das gesamte Jesajabuch

3. Die Gottesschau als Erklärung des Chaos

Auch die Offenbarung als solche gibt insofern ein intertextuelles Signal, als die Wurzel חזה nach Jes 13,1 das erste Mal wieder in Jes 21,2 erscheint – und dann wieder in 22,1.5 („Tal der Schauung"). Diese drei begrifflichen und inhaltlichen Anknüpfungen von Jes 21,1-10 an Jes 13 sind umso auffälliger, als es sich bei den Texten um Visionen im Zusammenhang mit den Untergang Babels handelt, die beide den Zyklus in zwei Hälften teilen (s.o.).

So sieht der Prophet in seiner Vision dem Tod ins Auge, indem er Gott selbst als angreifenden Krieger gegenübersteht. Er erlebt real, was doch ‚nur' eine Vision ist. In einer Entrückung gehört er plötzlich zu den Angegriffenen im Angesicht des heranstürmenden Heeres. In der prophetischen Vision und dem literarischen Angriff fallen für die Opfer in Jes 13 und den Zeugen in Jes 21 der männliche Tod in der Brust (des Kriegers) und der weibliche Tod im Schoß (der Gebärenden) – wie Rilke[56] es fasst – zusammen.[57] Worum es genau geht, kann der Prophet nicht be-

---

quasi in nuce enthält. *Beuken* selbst sieht 33,1 als Antwort auf die offene Frage an, wer im Anschluss an Jes 21,2 den Verwüster (und Verräter בגד) stoppen kann (13, er bezieht sich nur auf שדד und בגד und die spezifische Formulierung in Jes 33,1 und Jes 21,2), identifiziert diesen aber als Persien (29). Durch den Rekurs von 33,3-4 auf 30,27-33 aber, einen anti-assyrischen Text, vereinen sich die Großmächte zu einer großen Chiffre (29). *Beukens* These lässt sich so fortführen, dass שדד in Jes 33,1 alle Funktionen und Kontexte enthält, die im Jesajabuch die Wurzel שד / שדד hat; 33,1 bindet alle diese Funktionen zusammen, das heißt aber, dass der שדד nicht ständig jemand anders sein kann – oder gerade: die Stellen können nur dann auf einen Nenner gebracht werden, wenn es bei dem שדד um ein (vernichtendes) Prinzip geht, das sich historisch verschieden personifiziert (Assur, Babylon, Persien, שדי!?). Dieses Prinzip ist dann aber ein göttliches: in Jes 33,1 ist der שדד derselbe wie in den anderen Stellen des Jesajabuches, der vernichtende Teil Gottes. Dieser wird in Jes 33,1 zerstört; JHWH selbst zerstört in Jes 33,1 diesen vernichtenden zerstörenden Teil seiner selbst.
56 *R.M. Rilke*, Die Aufzeichnungen des Malte Laurids Brigge, in: *ders.*, Werke in drei Bänden, Frankfurt a.M. 1966, Bd. 3, 115, 120f.
57 Dass dies die beiden typologischen Todesformen junger Leute seien, zieht sich seit der griechischen Antike durch die Kulturgeschichte, s. dazu *U. Vedder*, Frauentod und Kriegertod im Spiegel

nennen. Das unternimmt dann der Bote, der Babylons Fall meldet und damit die Wiedererkennung der LeserInnen, dass es sich hier um eine Entrückung ins untergehende Babylon handelt, bestätigt.[58]
So ist der zeitliche Abstand zwischen Jes 13,6a: „Klagt wehe! Denn nahe ist der Tag JHWHs", Jes 13,22a: „Nahe zu kommen ist ihre Zeit", und Jes 21,1b: „er kommt aus der Wüste", im Laufe der Textlektüre von Jes 13ff eingeholt. Nach Jes 21,4 ist die Einnahme Babylons durch die Meder und die Wüstentiere nun vollzogen.
Daraus resultieren bestimmte Handlungsanweisungen (Jes 21,5). Die Zeitspanne von Jes 21,1-4 und 21,9: „Gefallen, gefallen ist Babylon", beträgt in der erzählten Zeit den Zeitraum, den ein Bote von Babylon zum Standort des Propheten und des Spähers benötigt. Über eine tageszeitliche Distanz hinausgehend wird im weiteren Verlauf aus der Abenddämmerung (נשף, Jes 21,4) tiefste Nacht in der Wende zum Morgen (Jes 21,11f).
So sehen wir, dass Jes 21,1-10 weit über die Erfahrung des Numinosen hinausgeht, wie Otto sie als irrationales Moment von Religion bestimmt hat. Die Gottesschau macht aus einem Visionär einen anderen Menschen, manchmal sogar eine Frau. Um es diesem Text angemessen dramatisch zu formulieren: Das Ottosche tremendum ist in Jes 21 das Gebärzittern, die Muskelerschöpfung zwischen den Wehenstößen aus Todeserkenntnis des heranstürmenden Kriegergottes.

---

attischer Grabkunst des 4. Jh. v.Chr., Mitteilungen des dt. archäol. Instituts, athenische Abteilung 103 (1988) 161-191; *N. Loraux*, Le lit, la guerre, in: L'Homme 21 (1981) 37-67. Im Christentum steht dann in der Folge der biblischen Texte und der Auferstehungserfahrung Christi die Geschlechtsüberschreitung im Raum der Vorstellung, s. dazu *C. Walker Bynum*, Fragmentierung und Erlösung, Geschlecht und Körper im Glauben des Mittelalters, Frankfurt a.M. 1996, 33f; 170ff.

58 Zu anderen Phänomenen von Intertextualität im Zusammenhang mit Babylon-Texten s. *U. Sals*, Die Biographie der ‚Hure Babylon', Studien zur Intertextualität der Babylon-Texte in der Bibel, Diss. masch. Bochum 2003.

V. Der bruchstückhafte Text als ganzes fortgesetztes Grauen

1. Die Fortsetzung in Jes 21,11-12

11 Lastwort für „Schweigen"[59],
„Zu mir ruft man aus Seir:
‚Wächter, was von der Nacht (ist noch übrig), Wächter, was von der Nacht?'
12 Es sagt der Wächter:
„es kommt Morgen, aber auch Nacht –
wenn ihr Fragen stellen wollt, fragt, kehrt um, kommt (wieder)."[60]

In Jes 21,11-12 folgt ein sehr kurzer Text, der nicht besonders deutlich zum Vorhergehenden abgegrenzt ist. Man kann ihn mit ebenso guten Gründen zum Komplex dazustellen wie ihn abtrennen. Zwar ist mit dem Begriff משׂא – „Lastwort" ein textgliederndes Signal gegeben, und doch wird in Jes 21,11f das Thema des Wächters weitergeführt. M.E. liegt in Jes 21,11-12 genau das vor, was der Text markiert: es handelt sich um ein neues Lastwort (V.11a) unter Fortführung des Themas (Wächter V.11b und der Dialog). Duma könnte den Stamm Duma, Nachkommen von Ismael bezeichnen (Gen 25,14; 1Chr 1,30), ein anderes „Duma" oder ein mythischer Name für Edom sein,[61] die LXX jedenfalls übersetzt das hebräische דומה mit Ιδουμαίας – „Edom", was durch die Nennung Seirs in V.11aβ nahegelegt wird. M.E. handelt es sich hier aber wie bei den anderen Orten nach K.20, denen ein Lastwort gewidmet ist (Wüstenmeer Jes 21,1; Wüste 21,13; Schautal 22,1), um einen sprechenden Namen, der den adressierten Ort sinnfällig charakterisiert.
Auslegungen zum Text verstehen die Diskussion, ob der Morgen schon gekommen ist, häufig metaphorisch als Dis-

---

59 דומה kann ein Ortsname sein, aber auch „Stillschweigen" heißen.
60 *Buber*: „Morgen zieht herauf, / aber auch Nacht noch, – / wollt ihrs ermühen, / mögt ihr euch mühen, / einst sollt ihr kehren, / einst herwärts ziehen."
61 Z.B. *Erlandsson*, The Burden of Babylon, 92.

kussion um die Berechtigung der Hoffnung oder um die weltpolitischen Machtverhältnisse, wie Jes 21,1-10 stehen Datierungen in die Zeit assyrischer und babylonischer Hegemonie im Vordergrund.[62] Und doch muss diese metaphorische Bedeutung nicht im Vordergrund stehen, es kann sich wirklich um die wegen der Wiederholung wohl drängende Frage nach der Uhrzeit handeln, die zusammen mit der Antwort der Gleichzeitigkeit von zwei Zeiten über sich hinaus weist: Die Antwort des Wächters „Es kommt Morgen, aber auch Nacht" (Jes 21,12), sagt, dass es wohl Anzeichen für Morgen *und* Abend gibt. Erneut liegt eine Verdoppelung einander ausschließender Phänomene vor. Dies findet seine Fortsetzung im Nebeneinander von Kommen und Gehen in V.12b, der Tautologie der Fragen (V.12b) und dem Widerspruch, dass das Lastwort für den Ort, der „Schweigen" genannt wird, ausschließlich Dialog enthält. Darüberhinaus scheint der Dialog mit dem Ausdruck „rufen aus Seir" nachgerade virtuell, zumindest ist es ein buchstäbliches Ferngespräch.[63] Tatsächlich ist auch hier Jes 13 eine mögliche Erklärung für die Ratlosigkeit dessen, der in den Himmel starrt und nichts erkennt: In der Eroberung Babylons wird der Himmel verdunkelt, es gibt kein Sonnenlicht, keinen erkennbaren Mond und keine Sterne mehr (Jes 13,10). Damit setzt die Zeit als solche aus und muss den Wächter ratlos und die Menschen irritiert zurücklassen. Noch kann der Wächter die Zeichen nicht deuten. Wenn auch in Jes 21,11 der Name als Prolepse fungiert,[64] ist das ein Hinweis auf die kommende Vernichtung alles Lebenden, „Schweigen" ist dann Totenstille. Folge-richtig ist das nächste Lastwort an die Wüste gerichtet, den Ort ewigen

---

62 S. dazu die Zusammenstellungen bei *Macintosh*, Isaiah xxi, 75-91, s. auch *Clements*, Isaiah 1-39, 180. Phänomene, die zur Datierung einer Interpretation bedürfen, sind hier zum einen das Fehlen einer negativen Attribuierung Edoms und zum anderen die Frage nach dem Zusammenhang mit dem vorhergehenden Text Jes 21,1-10 (*Macintosh*, Isaiah xxi, 79).
63 Dass der Prophet unabhängig, ob die Frage das Ende der Nacht oder das Ende der schlechten Zeiten intendiert, überhaupt eine Antwort gibt, verweist darauf, dass geistige Entrückung(sfähigkeit) im Spiel ist.
64 So *Macintosh*, Isaiah xxi, 137.

Schweigens und der Zivilisations- und Lebensleere (Jes 21,13). Die nächsten Texte gehen also zum einen der (drohenden) Vernichtung nach und zum anderen den Fliehenden – bis alles in Jerusalem ankommt (Jes 22,1) und in der historischen Zeit des Aufstands gegen Assur (wieder) konkretisiert wird. Die Reihenfolge der „Tätervölker" im Zuge von Jerusalems Eroberung 587 Babylon und Edom entspricht in Jes 21,1-10.11-12 nun der Reihenfolge der heimgesuchten Völker in den Zeiten der Rache.

2. Zusammenfassung

So versprachlicht Jes 21,1-10 also das Chaos, das der Text schon im Titel „Wüstenmeer" vor sich her getragen hat. Wir erfahren von chaotischen Handlungen im Heer, vom Körperchaos im Propheten, vom Identitätschaos der Figuren und, in der Fortsetzung Jes 21,11-12, vom Zeitenchaos am Himmel.

Dieses multidimensionale, alles und alle beeinflussende Chaos ist zugleich in der Lage, den Fremdvölkerzyklus von Jes 13-23 zu ordnen. Auch wenn also die Wahrnehmung den Propheten über seine Grenzen trägt, so gibt sie doch Aufschluss über das Wahrgenommene und ist in ihrem Bruchstückhaften genauer als ein kohärenter Text es sein könnte. Damit unterliegen zumindest einige alttestamentliche Visionstexte einem gänzlich anderen Prinzip ästhetischer Sinnkonstitution als zum Beispiel Berichte historischen Ergehens, sie verlangen von ihren RezipientInnen zugleich aber auch eine gänzlich andere Ordnung des visionierten Chaos und ermöglichen somit eine grundlegende Veränderung herkömmlicher Muster der Textwahrnehmung.

Susanne Gillmayr-Bucher

Ein Klagelied über verlorene Schönheit

„Und du Menschensohn, erhebe ein Klagelied über Tyrus" – mit diesen Worten ergeht in Ez 27,1, in der Mitte der Reden über Tyrus (Ez 26-28), der Auftrag an den Propheten Ezechiel eine Qina zu singen, ein Klagelied über Tyrus, die Stadt inmitten des Meeres. Bevor jedoch die eigentliche Klage angestimmt wird, lässt Ezechiel für seine HörerInnen ein Bild absoluter Schönheit entstehen. Angefangen bei der besonderen Lage dieser phönizischen Stadt, ihrer herausragenden Schönheit sowie ihrem sagenhaften Reichtum[1] bis hin zu ihren schier endlosen Handelsbeziehungen, entfaltet sich ein überwältigendes Bild von Tyrus.

Die Frage danach, was in Israel als schön galt, wird in diesem Text nicht an etwas Israel Eigenem, noch am Beispiel etwas von Gott Geschenktem, sondern vielmehr am Bild einer fremden Stadt und der Leistungen ihrer Bewohner entfaltet. Einer Stadt, die berühmt ist wegen ihrer Schönheit, die selbstbewusst von sich sagt: „Ich bin von vollkommener Schönheit" (Ez 27,3) und deren Faszination sich auch Israel nicht entziehen kann. Die Bewunderung gilt Tyrus, der Stadt am Eingang der Meere, dem Umschlagplatz für alle Kostbarkeiten der Welt. Die Art und Weise, wie die Schönheit dargestellt wird, geht einen Mittelweg zwischen Beschreibung und Schilderung von Handlungen.

---

[1] Der Reichtum von Tyrus wird besonders deutlich in der Tatsache, dass König Metenna von Tyrus an Tilgat-Pileser III. 150 Talente Gold als Tribut entrichtete; vgl. *M. Elat*, Phoenician Overland Trade within the Mesopotamian Empires, in: *M. Cogan/I. Eph'al* (Hg.), Ah, Assyria ... Studies in Assyrian History and Ancient Near Eastern Historiography Presented to *H. Tadmor* (Scripta Hierosolymitana 33), Jerusalem 1991, 21–35, hier: 24.

Sowohl die Stadt an sich als auch ihr Funktionieren[2] als Handelsmetropole sowie ihre internationalen Kontakte sind Teil der geschilderten Schönheit. Wie der Text die Pracht von Tyrus entfaltet, lässt sich jedoch nicht allein an Hand des im Text explizit Entfalteten beschreiben. Die Konkretisierung des ästhetischen Objekts geschieht erst im Rezeptionsprozess, in der kommunikativen Wechselwirkung zwischen Text und RezipientInnen. Wie sich die Kommunikation entfaltet, wie der Text die LeserInnen zur Verknüpfung und Vervollständigung des Dargestellten anregt, das wird wesentlich durch die „Dialektik von Zeigen und Verschweigen in Gang gesetzt und reguliert".[3] Dabei motivieren insbesondere Unterbrechungen in der Kontinuität eines Textes[4] die LeserInnen dazu, eigene Vorstellungen zu bilden.[5] Zum einen mobilisiert der Text so durch einen Mangel an Information die projektiven Vorstellungen, zum anderen werden diese durch die vom Text vorgegebenen Informationen korrigiert,[6] insofern die LeserInnen ihre Projektionen immer wieder am Dargestellten überprüfen und revidieren müssen.[7] Der Wechsel

---

2 Auf das funktionale Verständnis von Schönheit verweist bereits *C. Westermann*, Das Schöne im Alten Testament, in: *C. Westermann*, Erträge der Forschung am Alten Testament. Gesammelte Studien III, hg.v. *R. Albertz* (Theologische Bücherei. Altes Testament 73), München 1977/1984, 119-137.
3 *W. Iser*, Der Akt des Lesens (UTB 636), München u.a., ⁴1994, 265.
4 *Iser* unterscheidet bei den Unterbrechungen Unbestimmtheits- sowie Leerstellen. Dabei bezeichnen die Unbestimmtheitsstellen „eine Bestimmungslücke des intentionalen Gegenstandes bzw. der schematisierten Ansichten", die Leerstellen „die Besetzbarkeit einer bestimmten Systemstelle im Text durch die Vorstellung des Lesers. Statt einer Komplettierungsnotwendigkeit zeigen sie eine Kombinationsnotwendigkeit an"; *Iser*, Akt des Lesens, 284.
5 *Iser*, Akt des Lesens, 289. *Iser* übernimmt das Konzept der Unbestimmtheitsstellen von *Ingarden*, führt es jedoch entscheidend weiter, vor allem im Hinblick auf den kreativen Beitrag der LeserInnen an der Sinnkonstitution des Textes. *Iser* trägt damit auch dem/der realen LeserIn Rechnung.
6 *Iser*, Akt des Lesens, 263.
7 *Iser*, Akt des Lesens, 289.

zwischen Zeigen und Verschweigen trägt damit wesentlich dazu bei, das aktive und schöpferische Lesen, und damit die Sinnkonstitution in der kommunikativen Wechselwirkung zwischen Text und LeserIn, zu ermöglichen.[8]
Eine weitere wichtige Funktion für die Konstituierung der Vorstellung der RezipientInnen haben Verweise und Anspielungen auf andere Texte. Werden bei der Lektüre Hinweise auf andere Texte wahrgenommen, dann werden diese Texte für das Verständnis des gerade Gelesenen mit herangezogen. Die Vorstellungen der Texte treten miteinander in Beziehung, überlagern und ergänzen sich gegenseitig.[9] Mit solchen Verweisen können, ohne dass es explizit ausgeführt wird, auch ästhetische Vorstellungen oder Konzepte mit hereingenommen werden, die die Wahrnehmung von Schönheit, wie sie in einem Text entworfen wird, wesentlich beeinflussen.

I. Aufbau und Struktur des Textes

1. Der Auftrag (V.2-3b)

Eingeleitet mit der Wortereignisformel beginnt in V.1 ein neuer Abschnitt in den Weissagungen über Tyrus. Dabei wird das, was der Prophet Ezechiel über Tyrus verkünden soll, gleich in V.2 näher bestimmt, er soll eine Qina, ein Leichenklagelied, über Tyrus anstimmen.
Die Aufforderung an den Propheten enthält eine kurze Beschreibung von Tyrus, in der zwei der hervorstechendsten Eigenschaften dieser Stadt genannt werden: ihre Lage am

---

8 Vgl. *P. Zima*, Literarische Ästhetik (UTB 1590), Tübingen ²1995, hier: 250f.
9 Der sich aus der Überlagerung ergebende „implizite Text" in der Vorstellung der LeserInnen „kann immer nur annähernd bestimmt werden als der Ort der dynamisch pluralen Sinnkonstitution"; *R. Lachmann*, Ebenen des Intertextualitätsbegriffs, in: *K.H. Stierle/R. Warning* (Hg.), Das Gespräch: Kolloquium der Forschungsgruppe „Poetik und Hermeneutik" 11 (Bad Homburg) 1981, München 1984, 133-138, hier: 138.

Eingang des Meeres[10] sowie ihre weltweiten Handelsbeziehungen. Damit ist bereits das Thema genannt, das die folgende Qina prägt. Der Auftrag, ein Leichenklagelied über Tyrus anzustimmen, erfüllt mehrere Funktionen. Zum einen wird damit der folgende Text in die Reihe der Worte über Tyrus eingereiht, und die Autorität des prophetischen Wortes wird mit dem Auftrag bestätigt. Zum anderen weckt diese Einführung und Festlegung des Textes als Qina ganz bestimmte Vorstellungen, die im Folgenden den Hintergrund des Textverständnisses bilden und so die Wahrnehmung des Textes prägen.[11] Die ZuhörerInnen erwarten einen Text, der bekannten Mustern folgt und dabei die Schilderung früherer, heilvoller Zustände mit den gewandelten Gegebenheiten der Gegenwart kontrastiert.[12]

---

10 Die besondere Lage von Tyrus wird auch außerhalb der Bibel in ägyptischen und assyrischen Texten wiederholt hervorgehoben; vgl. C. *Newsom*, A Maker of Metaphors – Ezekiel's Oracles Against Tyre, Interpretation 38 (1984), 151-164.
11 Vgl. *F. Fechter*, Bewältigung der Katastrophe. Untersuchungen zu ausgewählten Fremdvölkersprüchen in Ezechielbuch (BZAW 208), Berlin u.a. 1992, hier: 109.
12 Unter dem Aspekt der Vergangenheit werden in einer Qina sowohl frühere, heilvolle Zustände beschrieben als auch von einem Umschwung, der den Untergang herbeiführt, erzählt. Daran schließt sich eine Beschreibung der Folgen und der gegenwärtigen, noch andauernden Zustände an. Dabei entsprechen sich die beiden Teile. Elemente mit einem präteritalen Bezug werden in der Beschreibung der Gegenwart nur dann verwendet, wenn sie im ersten Teil bereits eingeführt wurden. Umgekehrt müssen jedoch Elemente aus der Beschreibung der Vergangenheit nicht notwendig eine Entsprechung in der Gegenwartsschilderung haben. Zusätzlich können auch Ausblicke auf eine fernere Zukunft beigefügt werden. Darüber hinaus weist die Qina auch formale Besonderheiten auf. Sie folgt meist einem regelmäßigen Schema, das den Gedankenfortschritt in parallelen Aussagen entwickelt, wobei der Hauptakzent jeweils auf dem ersten Teil liegt, der entsprechend auch länger ist als der zweite; vgl. *F. Fechter*, Bewältigung der Katastrophe, 106; *R. Garr*, The Qinah: A Study of Poetic Meter, Syntax and Style, ZAW 95 (1983), 54–75, hier: 62ff.

2. Die Qina (V.3c-36)

Die einstige Schönheit (V.3c-25):
Die einleitenden V.3c-4[13] heben gleich zu Beginn die besondere Lage der Stadt sowie die Schönheit von Tyrus hervor. Die folgenden Abschnitte betonen dann mit unterschiedlichen Schwerpunktsetzungen, was die Schönheit der Stadt im Einzelnen ausmacht.

Die Erbauung (V.5-7):
Wie schon in V.4b angedeutet, ist die Besonderheit der Stadt bereits an ihren Bauten ersichtlich. Die V.5-7 führen aus, welche importierten Hölzer und kostbaren Materialien für ihren Bau verwendet wurden. Bei der Baubeschreibung wechselt jedoch der beschriebene Gegenstand. Es ist nicht nur die Erbauung einer Stadt, die hier dargestellt wird, vielmehr drängt sich auch das Bild vom Schiffbau auf.

Die Besatzung (V.8-11):
Wie die Baubeschreibung, so hebt sich auch die Besatzung des Schiffes bzw. der Stadt deutlich vom Normalen ab. Handwerker, Besatzung und Krieger setzen sich aus den fähigsten Leuten aus Tyrus sowie benachbarten Völkern zusammen und tragen so wesentlich zur besonderen Stellung und zur Schönheit von Tyrus bei.

Reichtum und Handel (V.12-25):
Das Thema Handel wird in V.12-25 ausführlich behandelt. Es ist der dritte Aspekt, der an Tyrus neben seiner Lage und Schönheit besonders hervorgehoben wird. Wie bereits im Verkündigungsauftrag an den Propheten (V.3) angedeutet, und bei der Beschreibung der Stadt kurz erwähnt (V.9b) ist der Handel ein Element, das diese Stadt prägt und bestimmt. Die Handelsbeziehungen erstrecken sich auf zahlreiche Länder im näheren und weiteren Umkreis von Tyrus. Neben Produkten der Landwirtschaft, Tieren und

---

[13] Die Unterteilung der Verse folgt der Einteilung der Biblia Hebraica transcripta. Ezechiel, hg.v. *W. Richter* (ATS 33.9), St. Ottilien 1993, 230–238.

Gewürzen handelt Tyrus vor allem mit Kostbarkeiten wie Edelsteinen, Gold, Silber, Elfenbein, wertvollen Textilien und Purpur, aber auch SklavInnen. V.25b-c fasst die ausführliche Beschreibung am Ende noch einmal zusammen: „und du wurdest angefüllt und sehr schwer im Herzen der Meere".
Die Verbindung der drei Abschnitte miteinander ist bei aller Verschiedenheit sowohl formal als auch inhaltlich gegeben. Formal sticht besonders hervor, dass Wiederholungen jeden Abschnitt prägen. Jeder Aspekt besteht in sich aus einer Reihe sehr ähnlich konstruierter Äußerungen.[14] Inhaltlich verbindet die drei Abschnitte die Vorstellung davon, dass die Schönheit von Tyrus in der Vielfalt der ihr zur Verfügung stehenden Völker und Güter gründet.

Untergang und Klage (V.26-36):
Nach der intensiven Beschreibung der Schönheit greift V.26a noch einmal explizit das Bild von Tyrus als Schiff auf, deutet die Größe und Bedeutung dieses Schiffes durch seine Reichweite an und erzählt dann in V.26b ganz knapp vom Untergang dieses Schiffes: „Der Ostwind zerbrach dich im Herzen der Meere". Was der Fall Tyrus alles mit sich reißt, wird in einer langen Aufzählung in V.27 aufgeführt. Nicht nur der ganze Besitz, ebenso all jene, die Tyrus erbaut und ihre Schönheit aufrechterhalten haben, sind direkt betroffen. Mit dem Untergang der Stadt am Eingang der Meere steigen auch alle Seeleute von ihren Schiffen und bleiben an Land. Ihr Geschrei und ihre Klage werden weithin zu hören sein (V.28-32). Was der Inhalt dieser Klage ist, wird in V.33-36 erneut in einer Qina ausgedrückt.

---

14 Vom Umfang her entspricht dabei die Schilderung von Bau (6 Merkmale) und Besatzung (6/7 Merkmale) in etwa der Beschreibung des Handels (13 Merkmale).

II. Die Schönheit von Tyrus

Im Mittelpunkt der von Ezechiel angestimmten Qina steht immer wieder die Schönheit von Tyrus. Sie wird unter verschiedenen Gesichtspunkten und anhand vielfältiger Beispiele dargestellt (V.5-25). Das Bild der Schönheit, das Ez 27 entwirft, präsentiert dabei den RezipientInnen nicht einfach eine ausführliche Beschreibung, vielmehr nimmt sie der Text mit hinein in die Schilderung des Entstehens[15] und Funktionierens dieser Schönheit.

Die LeserInnen sind dabei aufgefordert, den im Text geschilderten Gegenstand in ihren Vorstellungen entstehen zu lassen und dabei zu vervollständigen. Obwohl die Baumaterialien, aus denen Tyrus entsteht, ebenso wie die Handwerker ausführlich genannt werden, lässt der Text eine Vielzahl an Leerstellen, die für ein Gesamtbild erst gefüllt werden müssen. Die eigentliche Ausgestaltung der Schönheit der Stadt geschieht somit hauptsächlich in der Vorstellung der RezipientInnen.

1. Themensetzung

Dass die Schönheit von Tyrus das zentrale Thema dieses Textes bildet, wird bereits am Anfang deutlich. Die Qina des Propheten beginnt mit einer Anrede, der als Zitat ein Ausspruch von Tyrus folgt: „Tyrus, du sagst: ich (bin) von vollkommener Schönheit" (V.3c-d) Mit diesem Zitat ist – neben der bereits im Auftrag erwähnten Lage der Stadt und ihrem Handel – die dritte und wichtigste Komponente, um die es im Folgenden gehen wird, genannt, nämlich die alles überragende Schönheit von Tyrus. V.4 wechselt zurück zur Rede des Propheten und greift noch einmal auf die Lage der Stadt auf, „im Herzen der Meere" (V.4a), und bekräftigt ihre Schönheit (V.4b).

---

15 Bereits *Jahnow* verweist darauf, dass dieser Text die Schilderung von Tyrus äußerst geschickt in Handlungen auflöst; H. *Jahnow*, Das hebräische Leichenlied im Rahmen der Völkerdichtung (BZAW 36), Gießen 1923, hier: 216.

Die Bewertung der Stadt wird so gleich zu Beginn aus zwei verschiedenen Perspektiven dargestellt. Zuerst als Selbstzitat aus der Perspektive von Tyrus, die um ihre Schönheit weiß, und dann gleichsam von außen, als etwas, das allen bekannt ist. Selbst für diejenigen unter den ZuhörerInnen, die noch nichts von der Schönheit von Tyrus gehört haben sollten, wird dies als eine unanzweifelbare Tatsache festgesetzt.

2. Tyrus wird erbaut

„Deine Erbauer haben deine Schönheit vollendet", so fasst V.4b das Thema für die folgenden Verse zusammen. Dennoch lässt die Schilderung der Schönheit, zu der Tyrus erbaut wird, vor den Augen der LeserInnen ein changierendes Bild entstehen. Im Brennpunkt steht die Inselstadt, die jedoch wie von ferne betrachtet als ein Schiff erscheint, und dennoch ist sie zugleich aufgrund ihrer Lage ein Hafen für Schiffe aus aller Welt. Die Beschreibung von Tyrus changiert ständig zwischen der Darstellung als Stadt und der metaphorischen Beschreibung dieser Stadt als eines Schiffes.

Die Schilderung der Entstehung beginnt, ohne dabei zu erwähnen, was eigentlich gebaut wird.[16] Ausgehend vom Eigennamen Tyrus verweist der Text zunächst auf eine Stadt, doch die folgende Aufzählung der für den Bau verwendeten Materialien lässt Zweifel aufkommen und fordert die LeserInnen damit auf, die in V.5-7 aufgezählten Materialien und ihre Verwendung erst zu einem in sich konsistenten Bild zusammenzusetzen. Die Kombination der Bestandteile lässt mehrere Assoziationen zu, wobei sich die Vorstellung eines Schiffs – verstärkt vor allem durch die in V.26 folgende Beschreibung des Untergangs – nahe legt,

---

16 Diese Leerstelle im Text wird in einigen Interpretationen mit Hilfe einer textkritischen Änderung behoben. Dabei wird die Vokalisation des Personalpronomens אַנִי als Missverständnis eines ursprünglichen אֲנִי, eine Sonderform von אֳנִיָּה aufgefasst. Das vorangehende Verb אָמַרְתְּ wird in der Folge als späteres Interpretament verstanden; vgl. W. Zimmerli, Ezechiel 25-48 (BK XIII,2), Neukirchen-Vluyn, 1969, 626; Fechter, Bewältigung der Katastrophe, 109.

aber andere Vorstellungen dabei nicht zur Gänze verdrängt. Ein Blick auf die genannten Baumaterialien vermag dies zu verdeutlichen.

לוּחַ (V.5a) wird im Baugeschehen als Bezeichnung für Brett oder Bohlen zur Verstärkung verwendet.[17] Versteht man diesen Ausdruck im Kontext des Schiffbaus, so könnten damit die Planken des Schiffes bezeichnet werden.

תֹּרֶן (V.5b)[18] kann sowohl einen Schiffsmast als auch einen Mast bezeichnen, der an einer markanten Stelle an Land errichtet wurde.

נֵס (V.7a)[19] bezeichnet häufig ein Banner oder Feldzeichen. Geht man von der Beschreibung eines Schiffes aus, dann legt sich die Bedeutung Segel nahe.

מָשׁוֹט (V.6a) findet sich nur in Ez 27,6.29, ähnlich V.26a.[20] Da מָשׁוֹט jedoch nur hier vorkommt, muss die Bedeutung aus dem jeweils rekonstruierten Kontext erschlossen werden. Die Bedeutung Ruder (V.6a, 29a), Ruderer (V.26a), wie es meist wiedergegeben wird, fügt sich gut in das Bild vom Schiff ein.

קֶרֶשׁ (V.6b) bezeichnet ein Brett, das als Baumaterial verwendet wird.[21] Will man es auf einen Schiffskontext übertragen könnten damit Bretter für den Bau der Kajütenwand oder des Decks gemeint sein.

מִפְרָשׂ (V.7a), die „Ausbreitung"[22], bezieht sich hier ganz offensichtlich auf einen textilen Gegenstand, z.B. eine

---

17 Die meisten Belege bezeichnen Tafeln, auf denen geschrieben wird. Als Bezeichnung für Bretter findet sich לוּחַ in Ex 27,8; 38,7; 1Kön 7,36; Hld 8,9 bezeichnet mit לוּחַ Bohlen zur Verstärkung der Türverriegelung.
18 תֹּרֶן bezeichnet Jes 30,17 einen Mast auf einem Berg und Jes 33,23 vielleicht einen Schiffsmast, allerdings ist diese Stelle in ihrer Bildsprache ebenso wenig eindeutig.
19 Der einzige Beleg, der außer Ez 27 vielleicht auf ein Schiff hinweist, ist wiederum Jes 33,23. In Jes 30,17 finden sich sowohl תֹּרֶן als auch נֵס, in der Bedeutung Mast auf einem Berg, Banner auf einem Hügel.
20 Das Verb שׁיט kommt in Jes 33,21 ebenso in der Bedeutung rudern vor.
21 Ex 26,15-29; 35,11; 36,20-34; 39,33; 40,18; Num 3,36; 4,31.
22 Die substantivierte Form מִפְרָשׂ findet sich nur zweimal: Ez 27,7; Ijob 36,39 in einem völlig anderen Kontext. Als Verb bedeutet פרשׂ

Ein Klagelied über verlorene Schönheit 81

Decke oder eine Zeltdecke. Im Zusammenhang mit einem Schiff kommt u.U. ein Segel als Bedeutung in Frage.[23] Auffällig ist jedoch das Material, da Byssus ist ein sehr dünnes, halb transparentes Gewebe ist, das sich kaum als Segel eignet.[24]

מִכְסֶה (V.7b), bezeichnet eine Decke, häufig eine Zeltdecke.[25] Will man מִכְסֶה als Teil eines Schiffes lesen, so bieten sich ein Sonnendach oder ein Kajütendach an.[26] Durch die Aneinanderreihung dieser Bauelemente legt sich die Vorstellung von einem Schiff in dieser Baubeschreibung zwar nahe, aber sie bleibt transparent für Baumaßnahmen in der Stadt.

Im Mittelpunkt der Beschreibung stehen jedoch nicht die einzelnen Bauelemente, sondern vielmehr die kostbaren Materialien, aus denen sie gefertigt sind. Nur die auserwähltesten Materialien werden für Tyrus verwendet. Sowohl spezielle Hölzer (V.5-6)[27] als auch kostbare Textilien (V.7) werden eigens für diesen Bau importiert. Dabei ist in allen Fällen die „Marken- bzw. Spitzenqualität an den jeweiligen Herkunftsangaben abzulesen."[28] Auf diese Weise entsteht ein Bild, das insbesondere vom Aspekt des Kostbaren und Wertvollen geprägt ist. Die Schönheit von Tyrus ist in den erwähnten Materialien und zudem in ihrer Anhäufung bereits implizit enthalten, die Schönheit des ge-

---

bedecken, ausspannen von Decken, Gewand, Netzen, Flügeln, oder Händen.
23 So übersetzt es auch die LXX; vgl. ebenso Jes 33,23, hier wird פרש für das Spannen der Segel verwendet.
24 *I.M. Diakonoff*, The Naval Power and Trade of Tyre, Israel Exploration Journal 42 (1992), 168–193, hier: 172.
25 So Ex 26,14; 35,11; 36,19; 39,34; 40,19; Num 3,35; 4,8.10.11. 12.25. מִכְסֶה wird auch verwendet für das Dach der Arche Noahs, Gen 8,13.
26 *Diakonoff* verweist auf eine weitere Möglichkeit, nämlich ein Zelt auf dem Schiff, die sowohl auf ägyptischen als auch auf phönizischen Schiffen üblich waren; *Diakonoff*, Naval Power, 173.
27 Die Übersetzung von שֵׁן בַּת־אֲשֻׁרִים in V.6b als Elfenbein oder Zypressenholz ist unsicher; vgl. *Zimmerli*, Ezechiel, 627f.
28 *K.-F. Pohlmann* (Hg.), Das Buch des Propheten Hesekiel (Ezechiel). 2. Kapitel 20–48 (ATD 22,2), Göttingen 2001, 285.

samten Baus hingegen entfaltet sich nur in der Vorstellung der RezipientInnen.

3. Die Bevölkerung / Besatzung

Wie die Bauteile so ist auch die Bevölkerung der Stadt, bzw. die Besatzung des Schiffes von einer besonderen Zusammensetzung. Die Zuordnung zu den einzelnen Tätigkeiten bzw. Berufen lässt im Hinblick auf das Gesamtbild das Changieren zwischen Schiff und Stadt deutlich werden.
Die Bewohner von Sidon und Arwad (V.8a) werden als Ruderer genannt, während die Weisen von Tyrus die Seeleute[29] stellen. Die Schönheit des Schiffes zeigt sich nicht nur in seiner Bauweise, sondern ebenso in seinem Funktionieren, das von auserlesenen Seeleuten gewährt wird. Neben der einwandfreien Funktion wird auch an die Instandhaltung gedacht. V.9a setzt die Reihe der bedeutenden Männer fort und nennt die Ältesten von Byblos jene, die Baufälliges reparieren.[30] Erneut wird damit die Eindeutigkeit des Schiffsbildes verlassen. Nicht nur an ein Ausbessern des Lecks eines Schiffes, sondern auch an Reparaturen an Tempel und Stadt ist mit dieser Handwerksgruppe zu denken. Zudem fügt V.9b den Handel als ein weiteres Merkmal ein, das wesentlich zur Erhaltung der Stadt beiträgt. Schiffe und Seeleute kommen nach Tyrus, um dort Handel zu treiben.
Die Kriegstruppen, die Tyrus in den Dienst nimmt, stammen von weit entfernten Ländern, Paras, Lud und Put. Doch auch sie tragen nicht nur zum Schutz, sondern ebenso zum Erhalt der Schönheit bei. Sie demonstrieren dies mit ihren weithin sichtbaren Schilden und Helmen.[31] V.11

---

[29] חבלים bezeichnet die, die mit den Seilen umgehen können; vgl. *Zimmerli*, Ezechiel, 642.
[30] So werden in 2Kön 12,6.8.9.13; 22,5; 2Chr 34,10 jene Handwerker genannt, die Baufälliges am Tempel reparieren.
[31] Schiffsdarstellungen aus dem Palast Sanheribs, ebenso wie Münzbilder aus der Zeit Alexanders des Großen zeigen Schiffe mit an der Reeling aufgehängten Schilden (vgl. *A. Köster*, Das antike Seewesen, 1923, 52f.) Diese Sitte wurde von dem Brauch übernommen,

führt dieses Bild weiter, wendet sich jedoch deutlich der Vorstellung der Stadt zu, die von Kriegern ringsum auf ihren Mauern und Türmen bewacht und beschützt wird. Wiederum verstärken fremde Truppen das eigene Heer und wiederum hängen sie ihre Schilde auf, diesmal ringsum an den Mauern. Abschließend wird dann noch einmal betont: „sie haben deine Schönheit vollkommen gemacht". Mit dieser Formulierung wird die Themensetzung in V.4b aufgegriffen und zu einem ersten Abschluss gebracht. Sowohl die Erbauer als auch die Bewahrer und Beschützer begründen die Schönheit von Tyrus.

4. Der Handel

Das in V.3c und V.9b bereits kurz angedeutete Thema des Handels wird in V.12-25 ausführlich entfaltet. Waren die Rohstoffe, die Tyrus von auswärts bezog, ebenso wie die fremden Handwerker und Seeleute in V.3-11 stets für eine spezielle Funktion in der Stadt bzw. am Schiff vorgesehen, so wird in der nun folgenden Schilderung auf diese genaue Bestimmung verzichtet. Im Mittelpunkt der Beschreibung steht eine Vielfalt an Waren und Handelspartnern, die alle zur Mehrung von Reichtum und Schönheit von Tyrus beitragen. Ähnlich wie bei der Schilderung des Erbauens und Funktionierens von Tyrus erfolgt auch in diesem Textabschnitt die Darstellung als eine Reihe von Handlungen, die diesen Handel beschreiben. Die Schilderung der Händler und Waren folgt dabei einem stets gleichbleibenden Grundschema, das nur leicht variiert wird. Am Beginn stehen ein Land, bzw. die Bewohner eines Landes, die als Händler mit

---

Festungen und Türme mit Schilden zu schmücken (V.11). In biblischen Texten findet sich diese Vorstellung z.B. Hld 4,4, einer bildhaften Beschreibung der Stärke, Unnahbarkeit und Schönheit der Frau (vgl. dazu O. *Keel*, Deine Blicke sind Tauben. Zur Metaphorik des Hohen Liedes (SBSt 114/115), Stuttgart 1984, hier: 32–39), oder 1Kön 10,16; 14,26 bei der Beschreibung des Waldhauses Salomos, das mit goldenen Schilden geschmückt wurde, vgl. dazu *Zimmerli*, Ezechiel, 645.

Tyrus auftreten und meist explizit so genannt werden.[32] Anschließend werden dann die jeweiligen Waren des Landes aufgezählt, die Tyrus importiert. Die Güter, die Tyrus ihrerseits im Tausch anbietet, werden hingegen nur summarisch erwähnt.[33] Im Mittelpunkt des Interesses stehen die Importgüter. Sie dienen entweder dem unmittelbaren Gebrauch in der Stadt oder sie tragen dazu bei, den Reichtum zu vermehren.

Deutlich geht aus dieser Darstellung der Handelsbeziehungen hervor, dass Tyrus die ganze Welt mit ihren Produkten und Kostbarkeiten zur Verfügung steht. Die erwähnten Handelsgüter zeigen eine reiche Vielfalt. Ein überwiegender Teil der aufgezählten Waren sind Rohstoffe. Sie reichen von Produkten der Landwirtschaft (V.17-20), über Holz (V.15), Elfenbein (V.15), wertvolle Edelsteinen und Korallen (V.16, V.22), bis hin zu Gold, Silber und verschiedene Metallen (V.12, 13, 19, 22). Darüber hinaus finden sich auch einige bearbeitete Produkte, vor allem Textilien und Purpur (V.16, 20, 23). Die Länder, die als Handelspartner erwähnt werden, sind gleich vielfältig wie ihre Güter. Die Reichweite der Handelsbeziehungen geht weit über die in V.3-11 bereits erwähnten Gebiete hinaus und reicht von Tarschisch im südlichen Spanien, über den griechischen, kleinasiatischen Raum, Anatolien, Mesopotamien, Syrien, Palästina bis nach Arabien. Achtet man darauf, welche Produkte aus welchem Land kommen, so wird deutlich, dass in der Aufzählung ein realistisches Bild

---

32 Als Bezeichnungen finden sich רֹכֵל (V.13a, 15a, 17a, 19a, 20a, 22a, 23a, 24a.b), סֹחֲרָה (V.12a, 16a, 18a, 21b) und סֹחֲרַת יָדֵךְ, „Händler deiner Hand" in V.15a und 21a. In dieser Formulierung wird deutlich, dass die Handelspartner von Tyrus zu Händlern für Tyrus degradiert werden; vgl. *M. Liverani*, The Trade Network of Tyre According to Ezek. 27, in: *M. Cogan/I. Eph'al* (Hg.), Ah, Assyria ... Studies in Assyrian History and Ancient Near Eastern Historiography Presented to *H. Tadmor* (Scripta Hierosolymitana 33), Jerusalem 1991, 65–79, hier: 76.

33 הוֹן (V.12a, 18a), מַעֲשֶׂה (16a, 18a), עִזְבוֹנִים (V.12b, 14b, 16b, 19b, 22b), מַעֲרָב (V.13b, 17b, 19b, 25a). Zur Diskussion darüber, was mit den Formulierungen עִזְבוֹנִים, מַעֲרָב aber auch אֶשְׁכָּר genau bezeichnet wird vgl. *Diakonoff*, Naval Power, 182-191.

entworfen wird. So stammen vor allem Produkte der Landwirtschaft, Tiere und Tierprodukte aus den am nächsten gelegenen Ländern (V.14, 17-19, 21). Metall und Textilien hingegen sowie Luxusgüter wie Gold, Silber, Elfenbein, Gewürze oder Edelsteine werden auch aus den entferntesten Gebieten geholt, denn bei solch wertvollen Gegenständen lohnen sich auch hohe Transportkosten.[34] Die Schönheit dieser Aufzählung liegt in ihrer Vielfalt, der Vielfalt sowohl der Länder als auch der Handelsware. Da ist an fast alles gedacht, vom Notwendigen bis zum Luxusgut, von Rohmaterialien bis zu einzelnen, aufwändig verarbeiteten Endprodukten. Die Wiederholung des stets gleichen Vorgangs lässt die genannten Händler und ihre Waren in den Vordergrund treten, und Tyrus wird damit zum Mittelpunkt des Welthandels. Immer ist Tyrus die Drehscheibe dieses Handels oder, so vermitteln die Bilder, der Ort, an den diese Güter gebracht werden, und die dadurch den Reichtum wie die Schönheit von Tyrus ständig mehren. Dabei bildet nicht der Handel den Mittelpunkt des Interesses, sondern der stets wachsende Reichtum und damit auch die sich mehrende Schönheit von Tyrus.[35]

Fragt man nach dem Anschluss dieser Aufzählung an das in den vorangehenden Versen entworfene Bild von Tyrus, so bieten sich zwei Möglichkeiten an.[36] Im Anschluss an V.9b wirkt die Liste der Handelspartner und Waren wie

---

34 Für eine detaillierte Analyse vgl. *Liverani*, Trade Network, 72-74; vgl. ebenso *Diakonoff*, Naval Power, 174-181.
35 „It is not a matter of Tyre working for trade, rather of trade working for Tyre"; *Liverani*, Trade Network, 74.
36 Es gibt in den Interpretationen zu diesem Text einen relativ großen Konsens darüber, dass die Schilderung der Schönheit der Stadt Tyrus in der eigentlichen Qina und die Aufzählung der Handelsbeziehungen erst später zusammengefügt wurden. Als Indizien dafür werden vor allem angeführt, dass zum einen die metrische Gestaltung wechselt, und zum anderen der erste Teil der Qina mit dieser Schilderung so ausführlich dargeboten wird, dass die Tatsache, dass diese Darstellung im Rahmen einer Qina erfolgt, in den Hintergrund tritt. Dennoch ist die Schilderung der V.12-25 kein fremdes oder gar störendes Element in der Beschreibung von Tyrus, sie ist vielmehr eine Erweiterung, die das Bild der Schönheit, des Reichtums sowie der Bedeutung der Stadt weiter entfaltet und erklärt.

eine Entfaltung des in V.9b kurz Zusammengefassten. Im Mittelpunkt steht dabei das Bild einer Stadt, die verschiedenste Handelsschiffe anlaufen, um ihre Waren zu bringen. Die Vorstellung, dass die Händler mit ihren Waren nach Tyrus kommen, wird auch dadurch unterstützt, dass die meisten der erwähnten Länder, Völker und Städte auf den Landweg zu erreichen sind. Ein Umstand, der mit dem Bild des Schiffes nicht so leicht zu vereinbaren ist.[37] Bleibt man hingegen im Bild von Tyrus als Schiff, so ist es dieses Schiff selber, das ausfährt, um mit den fremden Ländern Handel zu treiben und die erworbenen Waren dann nach Tyrus zurückbringt. Beide Bilder lassen sich gleichermaßen mit der Liste verbinden, die jeweils betonten Aspekte unterscheiden sich jedoch. Während im Bild der Stadt, die von vielen Schiffen angelaufen wird, die Bedeutung der Stadt als Handelszentrum, in dem aller Reichtum und alle Kostbarkeiten zusammenströmen, hervorgehoben wird, steht im Mittelpunkt des Bildes von Tyrus als Schiff die ausgedehnte Handelstätigkeit von Tyrus, die aus allen Ländern Produkte holt und so ihren Reichtum mehrt. Was in V.4-7 implizit bereits dargestellt wurde, dass nämlich Tyrus auf Handel und internationalen Beziehungen gründet, das wird in V.12-25 weitergeführt.

Achtet man genau auf die Art, wie der Handel in der Aufzählung dargestellt wird, so fällt auf, dass bereits darin zwei Vorstellungen changieren. Zum einen werden die fremden Länder explizit als Händler für Tyrus genannt, zum anderen jedoch treten sie nicht als Subjekte der aufgezählten Tauschgeschäfte auf. Vielmehr sind es die nie explizit erwähnten tyrischen Händler, die in V.12-13,16-19, 22 als Subjekt der geschilderten Handlungen erst ergänzt werden müssen.[38] Legt der erste Teil einer jeden

---

37 Diese landzentrierte Sicht könnte auch ein Hinweis auf die Perspektive Israels sein, dem Handelsbeziehungen nach Arabien oder Syrien weit vertrauter waren; vgl. *Liverani*, Trade Network, 70.

38 ב + Waren + נתן + מַעֲרָבֵךְ / עִזְבוֹנַיִךְ – „Für (ב pretii) ... setzten sie (die tyrischer Händler) deinen Reichtum um." So in V.12b, 13b, 14b, 17b, 22b. In V.16b, 18-19 wird die Präposition ב sowohl vor den einzelnen Waren als auch vor der Bezeichnung der Tauschwaren verwendet; vgl. *Liverani*, Trade Network, 78.

Ein Klagelied über verlorene Schönheit

Auflistung somit nahe, dass die Bewegung von den fremden Händlern ausgeht, so suggeriert der zweite Teil, dass die tyrischen Handelsreisenden aktiv sind.[39] Der Reichtum, der mit den vielen fremden Händlern und ihren Waren in die Stadt fließt und der Reichtum, den Tyrus auf den Handelsreisen erwirbt, stehen nebeneinander und überlappen sich. Die dominierende Perspektive bleibt jedoch die, dass eine Fülle an kostbaren Gütern zu Tyrus kommt.

Der Standpunkt, von dem aus dies geschildert wird, ist der eines bewundernden Erzählers. Im Mittelpunkt steht eindeutig Tyrus, und die ganze Welt tritt als ihre Händlerin auf, die die besten Rohstoffe und Kostbarkeiten liefert. Die ZuhörerInnen werden mit dieser Schilderung in Erstaunen gesetzt. Die Häufungen und Wiederholungen erwecken den Eindruck einer umfassenden, nicht mehr zu überbietenden Bedeutung und Schönheit von Tyrus.[40] Allerdings erfordert auch dieser Abschnitt von den RezipientInnen ein großes Maß an eigenen Vorstellungen. Nicht nur die changierenden Bilder von Tyrus als Handelsschiff und Tyrus als zentrale Stadt des Welthandels, auch die Vorstellung davon, wie die aufgezählten Güter und Händler konkret zur Steigerung der Schönheit von Tyrus beitragen, bleibt ganz den LeserInnen überlassen.

---

39 Die syntaktische Konstruktion: בּ + Waren + נתן (pl) + עִזְבוֹנַיִךְ/ מַעֲרָבֵךְ lässt sich auch verstehen als: „In Gestalt von (בּ essentiae) ... gaben sie (die fremden Händler) deine Waren", im Sinne von Tribut. *Liverani* zieht aus dieser Zweideutigkeit der Verstehensmöglichkeiten Rückschlüsse auf die Textentstehung. „I suspect an ‚original' text stating that the foreign countries (as logical and morphological subject of נתנו) gave their products (items, without בּ-) as בּ- the עזבון / מערב of Tyre – therefore expressing a centralized / redistributive ideology, well fitting with the celebrative purpose of the text. And I suspect that it was reworked within the frame of quite another ideology, namely a commercial one ..."; *Liverani*, Trade Network, 78-79.

40 Aufgrund der detaillierten Darstellung sowie der überaus positiven Einstellung gegenüber Tyrus wird mitunter angenommen, dass Ez 27 auf einer phönizischen Dichtung beruht, die Tyrus während ihres goldenen Zeitalters (10-8 Jh. v.Chr.) preist; vgl. *Elat*, Phoenician Overland Trade, 24.

5. Stadt – Schiff – Heiligtum

Zur Beschreibung der Stadt und ihrer metaphorischen Darstellung als Schiff kommt noch ein weiteres Bild hinzu. Achtet man genauer auf die in V.5-7 genannten Baubestandteile, so wird deutlich, dass dieselben Elemente beim Bau des Heiligtums im Buch Exodus oder beim Bau des salomonischen Tempels erwähnt werden.[41]

Von den Baubestandteilen, aus denen Tyrus erbaut wird, finden sich לֻחֹה[42] (V.5a) und קֶרֶשׁ[43] (V.6b) als Bezeichnung für Bretter im Kontext der Errichtung des Heiligtums, den Bau des Altars oder die Tempelausstattung. Doch nicht nur die einzelnen Bauteile, auch die speziellen Hölzer, aus denen sie hergestellt sind, erinnern an den Bau des Heiligtums.[44] Wie bei den hölzernen Bestandteilen, so sind auch die erwähnten textilen Gewebe aus dem Kontext von Tempel und Heiligtum bekannt. Die meisten Vorkommen von שֵׁשׁ (V.7a) beziehen sich auf das Heiligtum,[45] ebenso wie מִפְרָשׂ[46] (V.7a) und מְכַסֶּה[47] (V.7b). Auch Stoffe aus blauem

---

41 *Geyer* hat aufgezeigt, dass von den 53 Gütern, die in Ez 27 als Importwaren erwähnt werden, 30 dem Kontext von Tempel, Heiligtum oder Lade angehören.; B. Geyer, Ezekiel 27 and the Cosmic Ship, in: *P.R. Davies/D.J. Clines* (Hg.), Among the Prophets. Language, Image and Structure in the Prophetic Writings (JSOT.S 144), Sheffield 1993, 105–126, hier: 119–125.
42 Vgl. Ex 27,8; 38,7; 1Kön 7,36.
43 קֶרֶשׁ wird ausschließlich in der Bedeutung Brett und nur im Zusammenhang mit dem Bau der Stiftshütte erwähnt Ex 26,15-29; 35,11; 36,20-34; 39,33; 40,18; Num 3,36; 4,31.
44 Für eine ausführliche Darstellung vgl. *Geyer*, Ezekiel 27, 119f.
45 So beispielsweise Ex 26,1; 27,9; 39,28; es wird jedoch ebenso zur Herstellung des Ephod verwendet Ex 28,6. Darüber hinaus bildet שֵׁשׁ auch in anderen Kontexten einen Bestandteil von Schilderungen der Prachtentfaltung, so z.B. Est 1,6; Ez 16,10.13.
46 Im Zusammenhang mit der Stiftshütte werden Decken erwähnt, die über etwas gebreitet werden (Num 4,6.7.8.11.13.14), bzw. das Dach eines Zeltes (Ex 40,19).
47 מְכַסֶּה bezeichnet häufig eine Decke am Zeltheiligtum. So beispielsweise Ex 26,14; 35,11; 36,19; 39,34; 40,19; Num 3,35; 4,8.10.11.12.25.

Ein Klagelied über verlorene Schönheit 89

und rotem Purpur (V.7b), תְּכֵלֶת וְתֹאַרְגָּמָן, dienen vor allem der Prachtentfaltung am Heiligtum.[48]
Neben den einzelnen Bauteilen lassen sich bei der Beschreibung der Besatzung des Schiffes bzw. der Handwerker der Stadt Anspielungen auf die Errichtung des Heiligtums finden. חֲכָמִים (V.8b, 9a), die Weisen von Tyrus und Byblos, können zweifach verstanden werden. Zum einen sind es die Weisen des Volkes, die sich allgemein durch ihre Lebenserfahrung auszeichnen. Zum anderen steht die Bezeichnung „weise" auch in einem viel spezielleren Kontext, und beschreibt Menschen, die sich durch ihr Kunsthandwerk besonders auszeichnen. Insbesondere im Zusammenhang mit der Errichtung des Heiligtums[49] werden die Künstler und ihre Kunstfertigkeit so eigens hervor gehoben.
Bei den vielfältigen Waren, die in V.12-25 genannt werden, finden sich ebenso zahlreiche davon im Kontext von Stiftshütte oder Tempel. Ob für den Bau, die Einrichtung, die Bekleidung der Priester oder kultische Handlungen,[50]

---

48 Sie werden häufig in Ex 25-28; 35-39 erwähnt. Sowohl als Materialien, die für den Bau des Heiligtums gesammelt werden (Ex 25,4; 35,6.23.25) als auch als Decken und Vorhänge am Heiligtum (Ex 26,1.31.36; 27,16; 36,35, 37; 38,18; Num 4,13). Diese Stoffe werden auch dazu verwendet, Gewänder für den Dienst am Heiligtum herzustellen (Ex 28,5.6.8.15.33; 39,1.23.5.8.24.29). Die Fähigkeit, diese Stoffe zu verarbeiten, wird als Kunsthandwerk erwähnt (Ex 35,35; 36,8; 38,23).
49 Es werden Frauen wie Männer geschildert, die ein „weises" Herz haben, d.h. die in der Lage sind, die kunsthandwerklichen Arbeiten auszuführen (so beispielsweise Ex 28,3; 31,6; 35,10; 36,1.2.4.8). Bei der Darstellung der Vorbereitung zum Bau des Tempels in den Chronikbüchern werden Kunsthandwerker erwähnt (1Chr 22,15), in 2Chr 2,6.12-13 sogar in Zusammenhang mit Tyrus, das berühmt ist für sein Kunsthandwerk. Salomo bittet Hiram, den König von Tyrus, ihm einen אִישׁ חָכָם, für den Tempelbau zu senden und Hiram sendet daraufhin einen entsprechenden Kunsthandwerker. Zur besonderen Stellung und Bedeutung der Handwerker vgl. *A. Berlejung*, Der Handwerker als Theologe. Zur Mentalitäts- und Traditionsgeschichte eines altorientalischen und alttestamentlichen Berufsstands, VT 46 (1996), 145-163, hier: 153-161.
50 Für eine detaillierte Auflistung und Beschreibung vgl. *Geyer*, Ezekiel 27, 119ff.

die in Ez 27 aufgezählten Waren erinnern in ihrer Fülle an die Vorstellung von Schönheit und Pracht, wie sie mit dem Heiligtum in Verbindung gebracht wird.
Obwohl die einzelnen Elemente für sich nur eine vage Anspielung an das Heiligtum bilden, verstärkt sich der Eindruck, je mehr ähnliche Elemente aneinander gereiht werden. Mit der Häufung, wie sie bei der Schilderung des Baus des Schiffes / der Stadt auftritt, entfaltet sich vor den Augen der RezipientInnen parallel zum Bild im Vordergrund auch die Vorstellung vom Bau des Heiligtums. Mit dieser Ansammlung an Verweisen wird deutlich, dass die Besonderheit des beschriebenen Baus nicht nur auf den kostbaren Materialien beruht, sondern dass seine Einzigartigkeit durch das in den Verweisen evozierte Bild vom Heiligtum weiter gesteigert wird.
Wenn im Hintergrund der Schilderung des Baus des Schiffes oder der Stadt das Heiligtum entsteht, so wird damit in der Vorstellung der LeserInnen ein metaphorischer Vergleich hergestellt. Dieser zielt nicht darauf ab, eine Ähnlichkeit der Konstruktion oder des Bauwerks hervorzurufen, vielmehr bringt die bildhafte Sprache eine Wertung zum Ausdruck. Die Stadt bzw. das Schiff ist überaus schön, so schön, dass es an die Schönheit des Heiligtums erinnert. Die Freude, die ein/e BeterIn am Heiligtum erfahren konnte,[51] wird hier auf die Stadt Tyrus übertragen.
Die auserlesenen Materialien aus denen Tyrus erbaut wird, lassen neben dem Heiligtum im Kontext des Ezechielbuches auch noch eine weitere Assoziation zu. In Ez 16,10-14 wird die Schönheit der jungen Frau Jerusalem, die von Gott mit feinsten Nahrungsmitteln gestärkt und mit Kostbarkeiten gekleidet und geschmückt wird, mit ähnlichen Bildern der Prachtentfaltung geschildert. Durch die Bildsprache hat Frau Jerusalem ebenfalls Teil an der Schönheit, wie sie sonst vom Heiligtum bekannt ist. Für die in Ez 27 beschrie-

---

51 *Dyrness* weist darauf hin „that the cult was characterized by its glory and splendor". Er macht weiters darauf aufmerksam „how important that visual setting was to the experience of joyful praise"; W. *Dyrness*, Aesthetics in the Old Testament: Beauty in context, JETS 28/4 (1985), 421–432, hier: 427.

Ein Klagelied über verlorene Schönheit 91

bene Herrlichkeit von Tyrus klingt mit diesem Verweis erneut Jerusalem als Vorstellungsbezug an.[52] Gleichzeitig kommt jedoch mit der Verbindung zu Ez 16 auch die Flüchtigkeit der Schönheit in den Blick und bringt damit ein Moment der Unsicherheit ein, d.h. die am Anfang vorweggenommene Bestimmung der prophetischen Rede als Qina wird in Erinnerung gerufen.

6. Zusammenfassung

Der Rückblick auf die Vergangenheit von Tyrus, wie er in V.4-25 entfaltet wird, lässt die LeserInnen nicht unbeteiligt. Sie werden vielmehr mithineingenommen in das Schwärmen über Tyrus und können sich dieser Darstellung kaum entziehen. In der Vielfalt von Gütern und Menschen, die alle zum Reichtum und zur Schönheit von Tyrus beitragen, entfaltet sich ein überwältigendes Bild. Die ganze Vielfalt der Welt ist in Tyrus präsent. Tyrus ist der Mittelpunkt sowohl der Waren als auch der Völker, die wunderschöne Stadt am Eingang der Meere, zu der Schiffe aus allen Weltgegenden kommen, um ihren Tribut abzuliefern oder Waren zu tauschen, und gleichzeitig ist Tyrus als Schiff in allen Weltgegenden präsent. Die Perspektive der Darstellung steigert die Schönheit noch dadurch, dass sie in ihrer Wortwahl Bezug nimmt auf die Errichtung des Heiligtums. Die sich vor den Augen der LeserInnen entfaltende Schönheit von Tyrus ist so groß, dass sie sogar Erinnerungen an die freudige Erfahrung am Heiligtum wachruft. Damit entsteht ein Bild, das nicht mehr zu überbieten ist.

Die Konzeption der Schönheit, so wie sie hier vorgestellt wird, beruht wesentlich auf Vielfalt und Häufung. Nicht nur die zahlreichen Nationen oder Waren, sondern auch die verschiedenen Möglichkeiten und Perspektiven, die sich für die RezipientInnen eröffnen, um sich Tyrus vorzustellen, tragen zum Gesamteindruck bei. Gerade dadurch, dass der Text nicht nur ein Bild durchhält, sondern mehrere Bil-

---

52 Zum Motiv von der Schönheit Jerusalems siehe den Beitrag von *Alexandra Grund* in diesem Band.

der präsentiert, die je unterschiedliche Aspekte einbringen und die aufeinander hin transparent sind, gewinnt die Vorstellung der Schönheit an Intensität.

III. Der Verlust der Schönheit

Nach der abschließenden Zusammenfassung in V.25 nimmt V.26 explizit auf Tyrus als Schiff Bezug. V.26a fasst das Wachstum und die Bedeutung von Tyrus im Bild des Schiffes noch einmal zusammen. Die Stadt am Eingang der Meere, das Schiff, das bis in gewaltige Wasser vorgedrungen ist, scheitert: der Ostwind zerbricht das Schiff in der Mitte des Meeres, so die ganz knappe Schilderung in V.26b. בְּלֶב־יַמִּים, der Ort und Ausgangspunkt des größten Erfolges, wird so auch zum Ort des Untergangs.

Der Grund für dieses Scheitern bleibt auffällig vage. Im Bild der Schifffahrt bezeichnet der Ostwind keine konkrete Macht, noch fungiert er an dieser Stelle als Werkzeug Gottes, er verweist vielmehr ganz allgemein auf die Gefahren und die teilweise unberechenbaren Risiken, die sich mit der damaligen Seefahrt verbanden.[53] Neben den Vorstellungen von Schönheit, Handel und Reichtum wird so eine weitere Assoziation der Schiffsmetapher aktiviert und zwar die Zerbrechlichkeit.[54] Damit wird – entgegen eventuellen anderen Erwartungen aus dem Kontext[55] – an der genuinen

---

53 Vgl. *P. Bartoloni*, Schiffe und Schifffahrt, in: Die Phönizier. Ausstellung, Venedig, Palazzo Grassi, *S. Moscati* (wissenschaftliche Leitung), Hamburg 1988, 72–77, hier: 72. Der Ostwind ist im Alten Testament an anderen Stellen als sengender Wüstenwind bekannt, der alles vertrocknet. Ebenso kann er eine gewaltige Kraft entfachen (Ijob 1,19) und auf dem Meer für die Schifffahrt gefährlich werden (Ps 48,8); vgl. *Zimmerli*, Ezechiel, 646.
54 Vgl. *Newsom*, A Maker of Metaphors, 197.
55 Im Kontext der Fremdvölkersprüche (Ez 25-32) lässt sich die Schilderung eines Fehlverhaltens erwarten. So geben auch die anderen Texte über Tyrus ein Fehlverhalten als Grund für den jeweils geschilderten Untergang an. In Ez 28 wird beispielsweise über den Fürsten von Tyrus gesagt, dass seine Schönheit ihn zu Stolz und maßloser Selbstüberschätzung geführt hat. *Gosse* weist zusätzlich

Klage festgehalten. Im Mittelpunkt des Interesses stehen ausschließlich die Schönheit von Tyrus und ihr plötzliches Ende. Die Schilderung des Untergangs verändert nicht das Bild, das sich die LeserInnen aufgebaut haben, und nimmt sie damit auch weiter mitten hinein in die Klage um den geschilderten Verlust.[56]
Der Untergang der Schönheit von Tyrus wird ebenso wie die vorausgehende Beschreibung ihrer Schönheit in Handlungen aufgelöst. In einer Aufzählung werden in V.27 noch einmal alle Menschen und alle Güter genannt, die am Aufbau von Tyrus beteiligt waren und die ihre Schönheit begründet haben. Sie alle, so die bildhafte Darstellung, werden vom Fall Tyrus in der Mitte des Meeres mitgerissen. Die V.28-32 schränken allerdings die umfassende Perspektive ein und konzentrieren sich auf die Klage, der vom Fall betroffenen Seeleute. Erneut zeigt sich in der Darstellung des Untergangs, dass die Vorstellung von Tyrus als Schiff und Tyrus als Stadt gleichzeitig gegenwärtig sind. Während V.27 im Bild des sinkenden Schiffes bleibt, schildern die V.28-32 die Seeleute, die ihre Schiffe verlassen, die an Land gehen und über Tyrus Klage anstimmen. Deutlich ist dabei das Bild der Inselstadt gegenwärtig, die der Hafen für zahlreiche Schiffe ist.
Die Klage der Seeleute findet ihren Ausdruck wiederum in einer Qina (V.33-36). Eine rhetorische Frage steht am Beginn und verweist auf die Stille, die Tyrus jetzt umgibt, ganz im Gegensatz zum geschäftigen Treiben früherer Zeiten.[57] V.33b blickt noch einmal zurück auf die vergan-

---

darauf hin, dass jene Textpassagen im Ezechielbuch, die explizit von Schönheit sprechen, meist in Zusammenhang mit Stolz, Hochmut und Selbstüberschätzung stehen und in der Folge ein Fehlverhalten bedingen; vgl. *B. Gosse*, La beauté qui égare Israël. L'emploi des racines *yph; ypy; yp'h* dans le livre d'Ezéchiel, BN 46 (1989), 13–16.
56 Das Fehlen von Informationen über den Hintergrund oder weitere Ursachen dieses Geschicks lässt die LeserInnen uneingeschränkt Anteil nehmen und verstärkt die Sympathie, die Tyrus in diesem Text entgegengebracht wird; vgl. *Pohlmann*, Hesekiel, 385; ebenso *Zimmerli*, Ezechiel, 638.
57 Der Vergleich von Tyrus mit dem Schweigen (כְּדֻמָּה) inmitten des Meeres wird mitunter textkritisch geändert und damit zu einer all-

gene Größe von Tyrus. Neu ist dabei die Bedeutung von Tyrus für die anderen Völker. Stand in V.12-25 Tyrus selber ganz im Zentrum des Handels, so richtet sich dieser Rückblick auf den Gewinn, der durch die Handelstätigkeit von Tyrus für andere Länder und Könige anfiel. Der Reichtum von Tyrus erscheint so noch einmal unter einer neuen Perspektive und der Blick weitet sich auf das Wohlergehen aller Völker. Mit diesem Rückblick fügt die Qina der Seeleute der ausführlichen Beschreibung der V.3-25 einen neuen Aspekt hinzu und erweitert dadurch die Bedeutung von Tyrus.

Das Ende der Stadt wird in V.34 vor allem unter dem Aspekt des Verloren- und Verschwunden-Seins beschrieben. Erneut wird im Bild vom untergegangenen Schiff geschildert, dass alle Schönheit und aller Reichtum vergangen sind. Wie bereits in V.33 richten anschließend auch die V.35-36 den Blick auf die anderen Länder und Könige, und schildert nun ihre Reaktion auf den Untergang von Tyrus, ein Fall, der niemanden unberührt lässt. Die Reaktionen der Menschen, ob der Bewohner der Inseln, der Könige oder der Händler, sind alle gleich, der Verlust der überragenden Schönheit von Tyrus und ihres Reichtums lösen überall Entsetzen aus.[58] Das Schicksal von Tyrus wurde zum Bild und Inbegriff des Schreckens.

Die Perspektive der Darstellung innerhalb der Qina, die Ezechiel anstimmt, bleibt gleich. Auf die staunende Beschreibung der Schönheit von Tyrus folgt das Entsetzen über ihren Untergang. Aus der Sicht der vom Fall von Ty-

---

gemeinen Frage: „wer war Tyrus gleich (נִדְמָה) inmitten des Meeres" umgestaltet; vgl. *Zimmerli*, Ezechiel, 627; *Pohlmann*, Hesekiel, 383. Diese Änderung würde besser dem erwarteten Beginn der Qina entsprechen, in dem auf eine „heile Vergangenheit" zurückgeblickt wird. In dieser Weise wird die Frage auch in Offb 18,18, bei der Schilderung des Untergangs Babylons, der sehr deutliche Anspielungen an die Klage in Ez 27 aufweist, gestellt. Dennoch, für ein Verständnis von Ez 27,32 ist die Änderung nicht zwingend notwendig.

58   Auch das Bild in V.36a, das Pfeifen bzw. Zischen ist an dieser Stelle nicht ein Ausdruck des Spotts, sondern ein apotropäisches Pfeifen, eine Vorsichtsmaßnahme, um demselben Schicksal zu entgehen; vgl. *Jahnow*, Das hebräische Leichenlied, 218.

rus betroffenen Menschen werden der Schrecken und die Angst, die dieser Fall auslöst, deutlich. Den LeserInnen wird diese Klage präsentiert und sie werden durch diese Schilderung auch in die Klage mit einbezogen. Gleichwie das Staunen zu Beginn, so sehen auch sie nun mit Schrecken den Fall und den Verlust aller Schönheit. Ebenso wenig wie ein Anlass oder Grund für den Untergang von Tyrus genannt wurde, so wenig finden sich in der Schilderung ein Nutznießer der Katastrophe. Was bleibt, ist allein Entsetzen.

Der Lobgesang auf Tyrus, als unvergleichlich schöne und reiche Stadt, der weltweit Tribut gezollt wird und die Welthandel treibt, wird in der prophetischen Rede zusätzlich in das Bild von Tyrus als Schiff gekleidet. Dies eröffnet die Möglichkeit, das Scheitern und den Untergang anschaulich zu erzählen. Schifffahrt ist ein risikoreiches Geschäft, der Reichtum und die Bedeutung von Tyrus erscheinen in der Folge ebenfalls als ein sehr labiles Gebilde. Mit der Schilderung im Bild des Schiffes reduziert die prophetische Darstellung zwar weder die Schönheit noch den Reichtum, stellt aber ihre Beständigkeit grundsätzlich in Frage.

IV. Ein Klagelied

Die Bestimmung der Rede über Tyrus als Qina,[59] die gleich am Beginn von Kapitel 27 im Auftrag an den Propheten deutlich wird, und die ausführliche Beschreibung der Schönheit, die ohne negative Einschränkungen erzählt wird, erzeugen eine Spannung. Die emotionale Betroffenheit, ausgelöst durch die Prachtentfaltung der geschilderten Stadt, steht in Spannung zu dem Wissen darum, dass dies erst der beschreibende Teil einer heilen Vergangenheit ist. Die HörerInnen bleiben bei aller Bewunderung der Pracht

---

59 Bereits *Jahnow* verweist darauf, dass die Qina in der prophetischen Rede häufig als bekannte literarische Form gezielt genutzt und dabei zur Veranschaulichung der jeweiligen Aussageabsicht entsprechend verändert wird; vgl. *Jahnow*, Das hebräische Leichenlied, 162.

von Tyrus in einer gewissen Distanz zum geschilderten Geschehen.[60]

Das Staunen über Tyrus schlägt dann um in große Trauer, in Weinen und Wehklagen. Hier wird keine „warum"-Frage gestellt, im Mittelpunkt steht ganz das Erleben des Schönen und seines Untergangs. Das ästhetische Gebilde, das vor den Augen der RezipientInnen entsteht, wird vor ihren Augen auch wieder vernichtet.

Fragt man nach den AdressatInnen der Qina, so ist aus dem Kontext des Ezechielbuches deutlich, dass nicht Tyrus selber angesprochen wird.[61] Vielmehr wird diese Klage für israelitische ZuhörerInnen angestimmt. Sie werden in das Schicksal dieser Stadt hineingenommen, und ohne dass sie selber unmittelbar davon betroffen sind, nehmen sie am Schicksal von Tyrus Anteil. Die Vorwegnahme des Untergangs von Tyrus verändert jedoch die Vorstellungen. Liest man diesen Text im Kontext der im Ezechielbuch geschilderten Exilssituation, so kann diese Schilderung mit dazu beitragen, die Vergeblichkeit der Hoffnung auf eine rasche Rückkehr in die Heimat zu aufzuzeigen. Die Klage über Tyrus verdeutlicht implizit auch das bevorstehende Schicksal der eigenen Heimat.[62] Weder Tyrus noch Jerusalem

---

60 *Jauß* sieht in der Distanz zwischen dargestelltem Geschehen und ZuhörerInnen eine notwendige Voraussetzung für ästhetische Erfahrung. „Erst auf der reflexiven Ebene der ästhetischen Erfahrung wird der Betrachter in dem Maße, wie er bewußt die Zuschauerrolle einnimmt und diese mitgenießt, gerade auch wiedererkannte oder ihn selbst betreffende lebensweltliche Situationen ästhetisch genießen und genießend verstehen"; *H.R. Jauß*, Ästhetische Erfahrung und literarische Hermeneutik (stw 955), Frankfurt a.M., ²1997, hier: 33.

61 Deutungen, die diesen Text als eine Gerichtsdrohung über Tyrus verstehen, stellen die Frage der AdressatInnen nicht, oder sie lesen Ez 27 ausschließlich im Kontext der weiteren Fremdvölkersprüche über Tyrus; vgl. z.B. *W. Eichrodt*, Der Prophet Hesekiel, Kap 19-48 (ATD 22/2), Göttingen 1969, 259-260.

62 Versucht man diesen Text zeitlich einzuordnen, so legt sich der Zeitraum zwischen dem Fall Ninives, 612 v.Chr., und dem Beginn der Belagerung von Tyrus durch Nebukadnezar im Jahr 585 v.Chr. nahe. Nach dem Zusammenbruch des assyrischen Reichs entstand für die kleinen Staaten in Syrien und Palästina für kurze Zeit ein größerer Handlungsspielraum. In dieser Zeit wäre es möglich, dass Tyrus, sein

werden bestehen.⁶³ Auch die Hoffnung der Menschen, dass Jerusalem doch noch Unterstützung von auswärts erhalten könnte, erlischt.⁶⁴
Die Darstellung der Schönheit von Tyrus erfolgt nicht als ein in sich geschlossenes Bild. Vielmehr entstehen vor den Augen der RezipientInnen verschiedene Bilder, die sich gegenseitig überlagern. Gemeinsam ist ihnen jedoch, dass sie alle auf ihre Art die Bedeutung und Schönheit von Tyrus hervorheben. Auf dem Hintergrund ihrer eigenen Situation wird das ästhetische Objekt auf diese Situation hin transparent. Die absolute Steigerung in der Beschreibung der Schönheit und des Reichtums von Tyrus, lassen diese Stadt als den Inbegriff der mächtigen und weltgewandten Stadt inmitten der Meere und inmitten der Völker erscheinen. Und dennoch, selbst diese Größe bietet keine Sicherheit. Gleich einem Schiff ist der Untergang jederzeit, unberechenbar und in einem vollkommenen Ausmaß möglich.
Bei der Konstruktion dieser Bilder werden die LeserInnen aktiv beteiligt. Vor allem die zahlreichen Unbestimmtheitsstellen der Texte sowie die intertextuellen Verweise fordern die RezipientInnen auf, ihre eigenen Vorstellungen einzubringen und die verschiedenen Bilder miteinander zu koordinieren. Indem sie so aktiv in den Prozess der Gestaltung involviert werden, wird auch die Distanz, die mit dem Rahmen geschaffen ist, immer wieder durchbrochen und die LeserInnen können sich einer Identifikation mit dem dargestellten Geschehen nur schwer entziehen.⁶⁵ Das Bild

---

Handelsnetzwerk auch nach Arabien ausgedehnt hat, wie es Ez 27 schildert. *Liverani*, Trade Network, 72.
63 Datiert man den Text in die Zeit nach den Fall Jerusalems, 587 v.Chr., so ändert sich diese Aussage kaum. In diesem Fall ist die Schilderung in Ez 27 eine weitere Bestätigung dafür, dass nichts dem Ansturm standhält; vgl. *Zimmerli*, Ezechiel, 638.
64 In diese Richtung weisen vor allem auch die Sprüche gegen Ägypten, Ez 29-32. Sie machen deutlich, dass von Ägypten keine Hilfe zu erwarten ist.
65 Die Distanz in der ästhetischen Erfahrung ist, so *Jauß*, bereits in der Antike die Voraussetzung für eine ästhetische Katharsis. Dabei erweist sich die Distanz als eine doppelte, als äußere und innere Freisetzung. „Die emotionelle Identifikation mit dem Helden der

der Schönheit mit all ihren Facetten lässt für eigene Vorstellungen besonders viel Raum. Durch das Fehlen konkreter Beschreibungen und der Häufung von Elementen, die ausschließlich die besten und schönsten Bilder evozieren, werden die HörerInnen ganz für Tyrus eingenommen. Je weiter der Text fortschreitet, desto mehr verbinden sich Bilder der eigenen Phantasie und Sehnsucht mit der Vorstellung von Tyrus. Das „Weltwissen" um die Lage dieser Stadt, ihre weitreichenden Handelsbeziehungen sowie ihre wirtschaftliche und politische Bedeutung tun diesen Vorstellungen keinen Abbruch, sondern unterstützen sie. Es ist kein Luftschloss, das entsteht, sondern eine phantasievolle Ausschmückung und metaphorische Steigerung einer existierenden Stadt.

Die Offenheit der Bildsprache erlaubt den HörerInnen über Tyrus hinaus auch an Jerusalem zu denken, Parallelen zu ziehen und diese Stadt in die Klage über die zerstörte Schönheit assoziativ miteinzubeziehen. Die Parallele zwischen Jerusalem und Tyrus legt sich im Text durch vielfältige Anspielungen nahe. Wie bereits ausgeführt, sind es vor allem Anklänge an die Baubeschreibung des Heiligtums, die eine Verbindung der Vorstellung von Tyrus und Jerusalem anklingen lassen. Doch nicht nur das Heiligtum, sondern auch die Stadt Jerusalem selber wird gleich Tyrus in Ps 50,2 als Vollendung der Schönheit bezeichnet. Darüber hinaus findet auch בְּלֶב־יַמִּים, das zentrale Bild für Tyrus, das sowohl seine Größe als auch sein Scheitern bildet, eine Parallele in der Darstellung Jerusalems. Jerusalem, die Mitte der Nationen, wird unter die Nationen zer-

---

Tragödie setzt den Zuschauer einerseits von seinen praktischen Interessen und eigenen affektischen Verstrickungen frei. In dem Maße, wie er die realen Interessen seiner Alltagswelt negiert und die ästhetische Einstellung zu der Handlung der Tragödie gewinnt, kommen Mitleid und Furcht, die Bedingungen der Identifikation von Zuschauer und Held, ins Spiel. Der Zuschauer, der sich derart in die Lage des Helden versetzt, soll andererseits aber auch wieder von den reineren, d.h. den von der Tragödie erweckten Affekten ‚gereinigt', nämlich durch die tragische Erschütterung zu der wünschenswerten ‚Gefaßtheit' seines Gemüts gebracht werden"; *Jauß*, Ästhetische Erfahrung, 169.

streut (Ez 5,5.10-15).⁶⁶ Der Fall beider Städte erfolgt aus einer privilegierten Position. In der Klage über Tyrus bekommt so assoziativ auch der Schrecken über den Untergang Jerusalems eine Stimme.⁶⁷ Die Qina, die Ezechiel über Tyrus anstimmen muss, ist eine bittere Klage über den Verlust der Schönheit. Das Unvorstellbare, das Unplanbare ist eingetreten und hat jegliche Hoffnung mit einem Schlag zunichte gemacht. Mit den Bildern von Tyrus wird das eigene Schicksal verfremdet, zurückgedrängt und kann so in einem schonungslosen Licht erscheinen und auch wahrgenommen werden. Gerade in der Qina wird der Verlust explizit deutlich, der Untergang endgültig realisiert und thematisiert. Jegliche Hoffnung oder Erwartung weicht einer großen Trauer. Trotz des Verlustes bleibt die Freude an der Schönheit jedoch ungebrochen bestehen, ihr wird keine Absage erteilt. Die Klage über ihren Verlust ist ausschließlich Klage, die ihrerseits die Sehnsucht nach solcher Schönheit umso deutlicher hervortreten lässt.

---

66 Vgl. *T. Renz*, Proclaiming the future. History and theology in prophecies against Tyre, TynB 51 (2000), 17–58, hier: 46.
67 Verstärkt wird diese Assoziation durch die Anklänge an die Klage über den Untergang Jerusalems, „die Stadt von der man sagte, sie sei die allerschönste" (Klgl 2,15).

Alexandra Grund

„Aus der Schönheit Vollendung strahlt Gott auf" (Ps 50,2)

Bemerkungen zur Wahrnehmung des Schönen in den Psalmen*

„So sage mir denn, Fremdling, was ist denn dieses, das Schöne?" fragt bereits der Sokrates des *Platon* den Sophisten Hippias.[1] Und diese Frage hat seit den Anfängen der philosophischen Ästhetik die unterschiedlichsten Antworten durch westliche Denker/innen erhalten. So ist es – freilich unter ganz anderen Voraussetzungen, nämlich im Sinne einer (kultur-)historischen und theologischen Fragestellung – auch eine zentrale Aufgabe einer ‚Ästhetik des Alten Testaments', zu beschreiben, was in Israel als das Schöne, als von hervorragender Schönheit angesehen wurde, und womit man in Israel die Vorstellung vom Schönen verband. Es bedarf allerdings nur geringer Phantasie, um sich auszumalen, wie vielgestaltig und schwierig die Aufgabe ist, die Besonderheiten von Israels ästhetischem Empfinden herauszuarbeiten.

Wie lässt sich über das Schönheitsempfinden Israels in den alttestamentlichen Texten Genaueres sagen? Ein methodisch gesicherter Weg scheint zunächst derjenige über die Begriffe des Wortfeldes ‚schön' zu sein, also neben יָפֶה ‚schön' (und seinen Derivaten) etwa נֶחְמָד ‚köstlich', ‚begehrenswert'[2], נָעִים ‚angenehm', ‚lieblich'[3], נָוֶה ‚gezie-

---

* *Bernd Janowski zum 60. Geburtstag am 30.4. 2003.*
1 So in einem fiktiven Dialog in der Schrift Hippias maior, nach: Plato. Frühdialoge, hg.v. *O. Gigon*, übers. v. *R. Rufener* (Die Bibliothek der alten Welt: Griechische Reihe), Zürich [u.a.] 1960, im Original: 128: ″Ειπὲ δή, ὦ ξένε, φήσει, τί ἐστιν τοῦτο τὸ καλόν; nach: Platonis Opera III, hg.v. *J. Burnet* (Scriptorum classicorum bibliotheca Oxoniensis), Oxford 1964, tom. III 287d.
2 Vgl. auch etwa חֶמְדָּה, חָמוּד u.a.

mend', ferner Nomina wie תִּפְאֶרֶת ‚Schmuck', ‚Zier', ‚Pracht' u.a.[4], צְבִי, ‚Zierde, Herrlichkeit', הֲדָרָה ‚heiliger Schmuck', ‚Erhabenheit' bzw. הָדָר ‚Zier', ‚Pracht',[5] u.a.[6] Solcherlei Begriffsstudien böten eine gewiss lohnende Aufgabe, zumal man in den einschlägigen exegetischen Lexika zu diesen Lexemen nur wenig findet.[7] Allerdings genügt dieser Zugang selbstverständlich bei weitem nicht, denn in vielen alttestamentlichen Texten sind Charakteristika und Wertungen der Wahrnehmung des Schönen zu erkennen, ohne dass diese Begriffe fallen. Damit zeichnet sich ein weiterer Weg ab, der weiter unten auch begangen werden wird, nämlich an geeigneten Texten exemplarisch die in ihnen enthaltenen impliziten oder expliziten Schönheitsvorstellungen zu beschreiben.

Nun stand Israels Verständnis des Schönen bereits in den wenigen alttestamentlichen Beiträgen, die bislang ästhetischen Fragestellungen nachgingen, im Mittelpunkt der Untersuchung. Ihre wichtigen Einsichten verdienen die Darstellung und Diskussion; sie sollen daher an dieser Stelle zur Sprache zu kommen.

Bereits in seinem ersten Aufsatz aus dem Jahr 1950 behandelte *C. Westermann* die biblische Ästhetik und nahm die Fragestellung 1977 erneut auf.[8] In beiden Beiträgen unterscheidet er zwischen dem

---

3 Als נָעִים werden das gesegnete Land (Gen 49,15), ‚schöne' Worte (Spr 16,24; 23,8), aber auch der Name JHWHs bezeichnet, vgl. Ps 135,3b; ferner den Ausdruck נֹעַם־יְהוָה Ps 27,4; 90,17; vgl. hierzu u.a. *W.A. Dyrness*, Aesthetics in the Old Testament: Beauty in Context, Journal of the Evangelical Theological Society 28 (1986) 421–432, hier: 425.
4 Vgl. auch andere Derivate von פאר pi. ‚mit Herrlichkeit ausstatten'.
5 Zusammen mit הוֹד (Hoheit) häufig im Umkreis des Königtums (JHWHs) anzutreffen.
6 Hinzu kämen u.a. כָּבוֹד ‚Herrlichkeit' sowie טוֹב in seinem Bedeutungsaspekt ‚schön', den das Wort nicht selten annimmt.
7 Das Fehlen von Lexikonartikeln zu den Begriffen zu יָפֶה, נָעִים, נָוֶה im THAT sowie die wenigen Zeilen, mit denen sie im ThWAT meist bedacht werden, sind für die geringe Bedeutung, die dem Schönen im Alten Testament bislang beigemessen wurde, gewiss signifikant.
8 *C. Westermann*, Biblische Ästhetik, Zeichen der Zeit 8 (1950) 277-289; *ders.*, Das Schöne im Alten Testament, in: *ders.*, Erträge der Forschung am Alten Testament. Gesammelte Studien III, hg.v. *R. Al-*

abendländischen, griechisch geprägten Verständnis von Schönheit als einem objektiv ‚Seienden' und dem des ‚hebräischen Denkens' als eines Geschehenden. Denn in Israel habe man ein ‚dynamisches' und ‚funktionales' Verständnis des Schönen, das nicht objektivierbar sei, sondern v.a. in der Begegnung erfahren werde.[9] Dies Schöne habe seinen Ort ferner nicht in der Rettungs-, sondern in der Segensschilderung bzw. in der eines künftigen Heilszustandes, in dem in Fülle, Lebenskraft und Frieden auch das Schöne erfahren wird.[10] Die Schönheit der Schöpfung bestehe dabei, so *Westermann* mit Bezug auf die Billigungsformeln des priesterlichen Schöpfungberichts, darin, dass ihr Schöpfer sie ansieht, während das Schöne (mit Blick auf Gen 3) erst durch den begehrlichen Blick des Menschen ambivalent werde, sofern jener nicht mehr versuche, die Welt mit Gottes Augen zu sehen.[11] Die Erfahrung des Schönen habe dabei ihren Ort im Gottesdienst, in dem das Schöne sich wiederum in der Begegnung, nämlich Gottes mit seinen Geschöpfen, erschließe.[12] Da *Westermann* unter dem Einfluss von *Th. Boman*s Unterscheidung zwischen ‚hebräischem und griechischem Denken'[13] der Wort- und die Tonkunst ein „absolutes Übergewicht"[14] gegenüber dem gefertigten Schönen attestiert, widmet *Westermann* schließlich auch der ästhetischen Form der alttestamentlichen Gattungen einen eigenen Abschnitt.

---

bertz (Theologische Bücherei. Altes Testament 73), München 1977/1984, 119-137.

9 Als Gegenbild steht *Westermann* hierbei wohl vor allem die neuzeitliche Institution der Kunstkritik vor Augen, für die die ästhetische Theorie in der Tat lange Zeit soz. die Kriterien liefern sollte.

10 *Westermann*, Das Schöne, 120f.124-126.

11 Einen weiteren wichtigen Ort hat die Rede vom Schönen nach *Westermann* in der Huldigung des Königs, da es dessen Aufgabe sei, für Heil, Fülle, Lebenskraft und Frieden zu sorgen (Das Schöne, 127-129). Gerade bei den Schönheitsprädikationen des Königs ist allerdings zu vermuten, dass sie nicht primär durch die „lebendige Wirklichkeit" (*Westermann*, Das Schöne, 128) veranlasst, sondern als ein Topos der Königsideologie zu verstehen sind, vgl. etwa Ps 45, wo die Schönheit und Pracht des Königs (v.a. V.3) und der Königin (V.12) gepriesen wird. – Vgl. zur Bedeutung der Schönheit am Königshof auch die Exposition des Estherbuchs: Bei der Suche nach einem Ersatz für die schöne Königin Waschti (Esth 1,11) unter jungen, gutaussehenden (טוֹב מַרְאֶה; Esth 2,2f) Frauen fällt die Wahl auf die schöne Esther (יְפַת־תֹּאַר וְטוֹבַת מַרְאֶה; Esth 2,7; vgl. 2,17). Auch im weitgehend als Königstravestie zu verstehenden Hohenlied spielt das Kolorit des Königshofes in die Schönheitsbeschreibungen mit hinein.

12 So *Westermann*, Ästhetik, 279 und *ders.*, Das Schöne, 489f.

13 *Th. Boman*, Das griechische Denken im Vergleich mit dem hebräischen, Göttingen 1952.

14 *Westermann*, Das Schöne, 132.

Damit hat *Westermann* hier eine ganze Reihe sehr treffender Beobachtungen gemacht. Allerdings ist gegenüber seiner Beschränkung der Rede vom Schönen auf die Segensschilderung anzumerken, dass zwar die Dramatik der Rettungsschilderung tatsächlich von vorneherein wenig Raum für kontemplative Schilderungen von menschlicher oder von Naturschönheit lässt. Dennoch spielen Prädikationen der Erhabenheit und Herrlichkeit JHWHs gerade bei seinen Rettungstaten doch eine äußerst große Rolle, die in einer ansehnlichen Zahl von Texten mit dem Motivfeld der Epiphanieschilderung bzw. des Königtums Gottes verbunden ist. Und so wäre gerade der כְּבוֹד יְהוָה als eine Manifestation von JHWHs macht- und prachtvoller und auch ‚schöner Außenseite' genauer in den Blick zu nehmen, als dasjenige Phänomen, in dem zentrale Aspekte alttestamentlicher Rede von JHWHs Schönheit zum Ausdruck kommen. Zudem ist seine Unterscheidung: ‚Schönes als Seiendes' – ‚Schönes als Geschehendes' problematisch, da selbstverständlich auch Geschehendes zum objektiv Seienden gezählt werden kann.[15] Außerdem haben ästhetische Theorien in der abendländischen Tradition immer schon und immer mehr die subjektive Seite des ästhetischen Werturteils betont.[16] Andererseits wird Schönheit in einer Reihe von Texten, namentlich im Hohenlied, durchaus auch als eine Objekteigenschaft verstanden.[17] Dass *Westermann* dies Thema als einziger deutscher Alttestamentler des 20. Jahrhunderts mehrfach aufgegriffen hat, ist, wie seine zahlreichen weiter führenden Überlegungen, ausdrücklich zu würdigen.
G. von Rad setzt mit seinen Ausführungen zur alttestamentlichen Ästhetik in seiner Theologie des Alten Testament im Zusammenhang des Lobpreises Israels an;[18] daher steht die Erfahrung der Schönheit im Kult und die Schönheit JHWHs im Zentrum seiner Betrachtungen:

---

15 Vgl. zu dieser Kritik auch *M. Zeindler*, Gott und das Schöne. Studien zur Theologie der Schönheit (Forschungen zur systematischen und ökumenischen Theologie 68), Göttingen 1993, 305.
16 Allerdings ging es hier auch, etwa beim Bemühen um ein Geschmacksurteil, das den Anspruch auf allgemeine Zustimmung erheben kann (Kant), um begriffliche Abgrenzung des Schönen (interesseloses Wohlgefallen) vom Angenehmen oder Guten. Solche philosophische Bemühung ist den nicht-philosophischen Äußerungen Israels tatsächlich sehr fern.
17 So kann man etwa in Hld 4,7 (am bewundernden Ausruf, dass an der Geliebten kein Makel ist) ein nachdrückliches Interesse an der ‚Objektivität' ihrer Schönheit verspüren, vgl. hierzu auch *O. Keel*, Deine Blicke sind Tauben. Zur Metaphorik des Hohen Liedes (SBS 114/115), Stuttgart 1984, 15. Zur Kritik an *Westermann* an diesem Punkt vgl. *u.a. Dyrness*, Aesthetics, 427
18 *G. von Rad*, Theologie des Alten Testaments I. Die Theologie der geschichtlichen Überlieferungen Israels, München[8]1982, v.a. 361-365.

„Am intensivsten ist Israel dem Schönen auf religiösem Gebiet, im Anschauen der Offenbarung Jahwes und seines Waltens begegnet"[19], konstatiert *von Rad*, und sieht deshalb in der „Konzentration des Schönheitserlebnisses auf die Credenda"[20] auch die Besonderheit von Israels Schönheitsverständnis. In fünf Punkten fasst er seine Sicht zusammen: Das Schöne sei für Israel nichts Absolutes, Eigenständiges, sondern etwas der Welt von Gott Zugewandtes (1), damit sei es etwas Geglaubtes (2), dessen Genuss in manchen Hymnen und v.a. in prophetischen Heilsschilderungen erst in der eschatologischen Zukunft erwartet wird (3). Israel habe ferner das Schöne auch in Gottes Verborgenheit, genauer: beim Gottesknecht,[21] wahrgenommen (4).[22] Schließlich betont auch *von Rad* im Gefolge *Westermann*s den Geschehenscharakter des Schönen (5).[23] Nun wird man die Erfahrung immanenter Schönheit in Israel, u.a. im Blick auf das Hohelied, nicht so gering ansetzen können wie *von Rad* es tat (s.o.). Ähnliches muss einschränkend zum Schönen als etwas „Geglaubtem" gesagt werden, denn nicht die sinnliche Seite der Schöpfung, wohl aber ihr Geschaffensein in einer letztlich guten Ordnung gehört dabei zum Bereich der ‚Credenda' – das Schönheitsempfinden ist im Zusammenspiel beider Elemente anzusetzen.[24] So ist jedoch zumindest *von Rad*s Beobachtung weiterführend, dass Israels Wahrnehmung der Schönheit zu seinem gesamten, gläubigen Weltbild in Beziehung steht.

Im Rahmen seiner systematisch-theologischen Dissertation hat auch *M. Zeindler* Beobachtungen zum alttestamentlichen Schönheitsverständnis gemacht. So untersucht er als eine Manifestation von JHWHs Schönheit im Alten Testament das Phänomen des כְּבוֹד יְהוָה. Hierbei gelangt er allerdings zu einem etwas kargen Befund, da er, ohne die gewissermaßen traditionelle ästhetische Kategorie des Erhabenen, Majestätischen zu berücksichtigen, das ja eine durchaus deutliche Nähe zum *fascinosum et tremendum* aufweist, etwas einseitig auf eine unzweideutige, etwas harmlose Form des Schönen aus ist.

---

19 Theologie, 362.
20 Theologie, 362.
21 Diese Schlussfolgerung hängt mit *von Rad*s Auffassung zusammen, dass die Wahl einer poetischen Form mit der ästhetischen Wahrnehmung des Dargestellten zu tun hat (aaO. 365). Der Gedanke scheint verlockend, er bereitet jedoch beispielsweise bei der poetischen Form prophetischer Unheilsankündigungen nicht leicht zu lösende Probleme, vgl. hierzu etwa *Westermann*, Das Schöne, 135.
22 Diese These wendet sich gegen eine Äußerung *Westermann*s in dessen erstem Aufsatz, steht allerdings zum Wortlaut des biblischen Textes (vgl. Jes 53,2) im deutlichen Widerspruch und hat auch die nachvollziehbare Kritik *Westermann*s (Das Schöne, 121) wie *Zeindler*s (Das Schöne, 304) herausgefordert.
23 Vgl. dazu jedoch bereits o.
24 Vgl. hierzu ebd.

Tatsächlich ist der כְּבוֹד יְהוָה nicht ein Gegenstand von „Genuss"[25], sondern eher von ‚Furcht' und ‚Ehrfurcht. Dennoch ist er als eine numinose, gestalthaft-lichtförmige Erscheinungsform gerade auch von JHWHs Majestät ein wichtiger (Untersuchungs-) Gegenstand alttestamentlicher Ästhetik.[26] Den Zusammenhang von funktionaler und ästhetischer Qualität der Schöpfung arbeitet Zeindler sodann im Anschluss an *Westermann* v.a. an der Polysemie des Wortes טוב (gut *und* schön) in der Billigungsformel Gen 1,31 heraus.[27] Dieses ‚ganzheitliche' Schönheitsverständnis des Alten Testaments entziehe jedoch jedem Ästhetizismus die Legitimation.

Nach *Dyrness*' Bemerkungen zur Schönheitsauffassung Israels sei jene uns heute deshalb so fremd, weil Israel der Kunst keinen unabhängigen Status zugesteht – das Kunsthandwerk sei eher dekorativ.[28] Mit dieser Einschätzung ist bei ihm die religiöse Ikonographie Israels jedoch deutlich unterbestimmt: Fremd und anders ist dort doch vielmehr, dass das Kunsthandwerk so stark religiös konnotiert und ohne Bezug auf eine religiöse Symbolwelt nicht vorstellbar ist. *Dyrness* legt jedoch zu Recht die Betonung darauf, dass alttestamentliche Schönheitswahrnehmung meist auf einen größeren Ordnungszusammenhang bezogen ist, etwa wie der – heutzutage eben nicht mehr selbstverständliche – unlösliche Zusammenhang zwischen dem Schönen und dem Gerechten.[29] Zu recht betont er, dass nach dem AT ‚schön' eher das ist, „what we would call the ‚fitting' or the ‚proper'."[30] Dass Einzelnes für das ästhetische Erleben isoliert betrachtet

---

25 *Zeindler*, Das Schöne, 227.
26 Für die Frage nach der Schönheit JHWHs wäre zudem der nicht leicht zu bestimmende Begriff נֹעַם־יְהוָה in Ps 27,4 zu untersuchen.
27 *Zeindler*, Das Schöne, 308 u.ö.
28 *Dyrness*, Aesthetics, 430.
29 Aesthetics, 431. ‚Schön' ist im AT, so *Dyrness* treffend, nicht das, was für sich allein genommen und nach formalen Kriterien einem Schönheitsideal nahekommt; vielmehr ist etwas schön, „because it reflects in its small way the wholeness of the created order ... trees of righteousness are lovely trees. The opposite of this would be trees that bear no fruit .... rather than ugly trees" (aaO. 430).
30 Aesthetics, 430. Damit spricht auch er, ähnlich wie *von Rad*, die für alttestamentliches und auch altorientalisches Denken charakteristische unlösliche Verbindung von konkreter Sinneswahrnehmung mit übergreifenden (Ordnungs-)Vorstellungen an, sowie die Multi-Aspektivität, in der die Dinge so dargestellt werden, wie sie in mehrerlei Hinsicht und soz. „mit allen Sinnen" erfahren wurden; vgl. hierzu u.a. *O. Keel*, Die Welt der altorientalischen Bildsymbolik und das Alte Testament. Am Beispiel der Psalmen, Göttingen ⁵1996, 8f mit Hinweis auf *H. Frankfort*, Die Logik des mythischen Denkens, in: *ders. H.A. Groenewegen Frankfort/J.A. Wilson/Th. Jacobsen/W.A. Irwin*

und nicht in seinem Zusammenhang und (ggf. symbolischen) Wert gesehen werde, ist nach *Dyrness* eines der Probleme der Moderne, angesichts derer dem alttestamentlichen Schönheitsverständnis bleibende, korrektive Bedeutung zukommt.

Es kann hier nun nicht darum gehen, diese Beobachtungen im Einzelnen zu bestätigen oder zu widerlegen. Vieles, das gegenüber den bisherigen Studien kritisch angemerkt werden könnte, ist zum einen darauf zurückzuführen, dass sie richtig beobachtete Spezifika alttestamentlicher Ästhetik für den gesamten Textbereich des Alten Testaments behaupten, aber damit der Vielfalt von Konzepten des Ästhetischen in Israel nicht gerecht werden – man denke in dieser Hinsicht allein innerhalb der Ketubim an die Unterschiede zwischen dem Hohenlied,[31] den Proverbien,[32]

(Hg.), Alter Orient – Mythos und Wirklichkeit, Stuttgart/Berlin/Köln/Mainz ²1981, 9-36, hier: 9f.

31 Im Hohenlied ist fast allenthalben von der Schönheit des/r Geliebten die Rede; Schönheitsprädikationen finden sich v.a. in der Anrede als „Schönste unter den Frauen" (הַיָּפָה בַּנָּשִׁים; 1,8; 5,9; 6,1), in der Anrede „Siehe - du bist schön!" (הִנָּךְ יָפָה / הִנְּךָ יָפֶה; 1,15.16; 4,1), in der Anrede „meine Schöne" (יָפָתִי; 2,10.13) oder als Ausruf beim Anblick der Geliebten: „Wie schön du bist!" (מַה־יָּפִית; 7,2.7) – ein Befund, den *Westermann* zu recht in seine Kategorie ‚Schönheitserfahrung in der Begegnung' einordnete. Signifikant für das atl. Schönheitsempfinden sind allerdings auch die mit dieser Anrede verbundenen Vergleichsspender, die im Einzelnen v.a. *Keel* (Blicke, passim) herausgearbeitet hat. Wenn die Schönheit der Geliebten etwa daran festgemacht wird, dass ihre Augen – oder vielmehr: Blicke – wie Tauben, sind, so wird mit diesen Attributtieren der Liebesgöttin also die Sphäre der erotischen Liebe evoziert und zugleich das religiöse Symbolsystem als Bezugsgröße deutlich. Dass die Geliebte schön sei wie der Mond (Hld 6,10), lässt nicht nur dessen sinnlich wahrnehmbare, sondern auch numinose, hier nun aber durchaus positive Konnotation mitschwingen. Auch beim Vergleich mit der Klarheit der Sonne (בַּר; Hld 6,10) ist zugleich an ihren auf Transzendenz verweisenden, reinen Glanz gedacht. Auch um von menschlicher Schönheit in den höchsten Tönen zu sprechen, greift der israelitische Liebesdichter auf anschauliche Symbole des Göttlichen zurück.

32 In den Spr spiegelt sich eine sehr kritische Sicht der Schönheit: So wird in Spr 6,25 vor der trügerischen Schönheit (יֳפִי) der fremden Frau gewarnt wird. Nach Spr 11,22 ist es zu schade um die Schönheit einer Frau, wenn es ihr an Feingefühl mangelt. Und Spr 31,30 setzt auch bei einer Frau die JHWH-Furcht an vorderste Stelle, während

Qohelet³³ und den Psalmen³⁴. Zum anderen konstruieren die früheren Studien gerne über den tatsächlichen Befund hinaus *Diastasen*, wo es lediglich um *Unterschiede* geht. Als zutreffend ist jedoch festzuhalten, dass die Erfahrung des Schönen den *ganzen* Menschen miteinbezieht, so dass immer religiöse, emotionale und soziale Aspekte in diese Erfahrung mit hineinspielen – immer geht es um das Hineingenommenwerden in einen Gesamtzusammenhang, und es gibt auch keinerlei Bemühen darum, das Schöne aus diesem Zusammenhang zu isolieren, oder etwa darum, eine Theorie des Schönen zu entwickeln. Was man vielleicht für jegliches ästhetische Empfinden beobachten könnte, gilt dabei für Israel in besonderem Maße, nämlich dass es auf spezifische Weise auf ein Weltbild, eine Welt-Anschauung, und auf ein damit zusammenhängendes Wertesystem bezogen ist³⁵ – auf eine Vorstellung davon, wie eine heilvolle, gottgemäße Welt aussieht oder aussehen sollte.³⁶ Als schön wird dabei – ähnlich wie wohl oft im Alten Orient – das ‚Stimmige' empfunden, also das, was in einer ‚augenfälligen' und erfreulichen Weise eine ‚geordnete Welt'³⁷ anschaulich machte.

Anmut (חֵן) und Schönheit (יְפִי) als lügnerisch und nichtig apostrophiert werden.

33 Dabei ist etwa an Pred 5,17 ersichtlich, wie beim Prediger das ‚gute Leben' zugleich auch als ‚schön' gewertet wird. Charakteristisch ist aber v.a. Pred 3,11 („Alles hat er schön [יָפֶה] gemacht zu seiner Zeit ..."). An diesem Verständnis vom Schönen, das der (sinnlichen) Erkenntnis verschlossen bleibt, wird deutlich, wie die Rede von der Schönheit der Schöpfung nunmehr ganz von dem vom Prediger festgehaltenen Schöpfungsglauben abhängt.

34 In den Psalmen ist dabei besonders häufig von der Wertschätzung des gottesdienstlichen Lobpreises und von der Freude an ihm die Rede: Er wird etwa in Ps 147,1 ‚angenehm' (נָאוֶה) und ‚lieblich' (נָעִים) genannt; vgl. ferner Ps 33,3; 92,2. Zur Schönheitsauffassung in den Psalmen s. v.a. aber auch weiter unten.

35 Vgl. *Fischer*, Kunst, 149ff.

36 *Dyrness* bescheinigt moderner Ästhetik, gerade diesen Bezug auf ein Ganzes nicht mehr in angemessener Weise herstellen zu können, Aesthetics, 430.

37 Hier ist von ‚geordneter Welt' die Rede, um den möglicherweise irreleitenden griechischen Begriff des ‚Kosmos' an dieser Stelle zu vermeiden.

Um also die auf Israels Weltbild bezogene Auffassung vom Schönen etwas genauer zu beschreiben, ist man deshalb an Texte verwiesen, die zum einen in den Dimensionen der Vertikale (Höhe und Tiefe) und Horizontale (Peripherie), zum anderen im Blick auf das Zentrum (Tempel / Stadt) das Ganze von Israels Weltbild in den Blick nehmen.[38] Und da es die Psalmen sind, in denen sich Israels Schönheitsauffassung in großer Vielfalt, v.a. aber in seinen Bezügen auf sein ‚gläubiges Weltverständnis' spiegelt,[39] soll sich der Blick im Folgenden auf die in den Psalmen zum Ausdruck kommende Vorstellung vom Schönen richten, und zwar – wie an zwei Zentren einer Ellipse – am Beispiel von Ps 104 und von Ps 50.

I. Die Schönheit der Schöpfung – Psalm 104

Psalm 104 gilt seit Bewusstwerden der ökologischen Krise als ein, wenn nicht *der* Text des Alten Testaments, der besonders anschaulich das Gleichgewicht und die Ordnungshaftigkeit der Schöpfung als Zeugnis von Gottes Schöpfungs-ökonomie und -ökologie feiert. Damit enthält seine Ästhetik in der gegenwärtigen Zerstörung dieser Ordnung nahezu utopische Aspekte. Über den genuin weisheitlichen Zugang zu den inneren Zusammenhängen der Schöpfung, die der Psalm stets an konkret wahrnehmbaren Einzelheiten festmacht, darf jedoch nicht übersehen werden, dass das betende Ich die Schöpfung hier in Dimensionen wahr-

---

38 Zu diesem Schema, das die Dimensionen von Israels Weltbild zu beschreiben in der Lage ist, s. *B. Janowski*, Die heilige Wohnung des Höchsten. Kosmologische Implikationen der Jerusalemer Tempeltheologie in: *O. Keel/E. Zenger* (Hg.), Gottesstadt und Gottesgarten. Zu Geschichte und Theologie des Jerusalemer Tempels (QD 191), Freiburg i.Br. u.a. 2002, 24-69, hier: 36f, unter Bezug auf *F. Hartenstein*, Die Unzugänglichkeit Gottes im Heiligtum. Jesaja 6 und der Wohnort JHWHs in der Jerusalemer Kulttradition (WMANT 75), Neukirchen-Vluyn 1997, 22ff u. passim.
39 Völlig zu recht haben ja *Westermann* (Ästhetik, 279) und *von Rad* (Theologie, 361ff; vgl. ferner *Dyrness*, Aesthetics, 431) den Gottesdienst als den Ort bezeichnet, an dem Israel das Schöne besonders intensiv erlebt hat.

nimmt, die über diese konkret vor Augen stehenden Realitäten seiner Lebenswelt weit hinausgreift.[40] Zudem ist es bemerkenswert, wie er dem Psalm in seiner vorliegenden Form dem von ihm geschauten Schönen eine hymnische, poetische Gestalt verleiht.

Die exegetische Diskussion über die Einheitlichkeit des Psalms muss deshalb an dieser Stelle auf wenige Bemerkungen beschränkt bleiben. Die Einheitlichkeit des Psalms – der Gattung nach am ehesten ein beschreibender Lobpsalm bzw. „Hymnus eines einzelnen"[41] – ist in neuerer Zeit v.a. von *Spieckermann* und *Köckert* bestritten worden. Ersterer hat V.5-9 und V.19, seiner Meinung nach redaktionelle Stücke aus nachexilischer Zeit, die von „prima creatio" reden, aus einem vorexilischen Grundbestand ausgeschieden, in dem nur von „conservatio" die Rede sei, und zwar aufgrund des Wechsels zwischen finiten Verben und Partizipialstil.[42] Im Gefolge *Spieckermanns* hat *Köckert* es jüngst unternommen, „das Messer zu wetzen"[43]. Dabei läuft er v.a. gegen die von Krüger[44] und Zenger[45] vorgetragene Deutung Sturm, das lebendig machende Regenwasser von V.10f sei das „'domestizierte' Chaoswasser"[46] von V.5-9, der Chaoskampf von V.6-9 sei als in die Gegenwart reichendes Geschehen zu verstehen[47] bzw. jener sei notwendig mit der Eigenschaft JHWHs als Regenspen-

---

40 So erinnert etwa die Beschreibung des Wasserreichtums Israels – auch unter Voraussetzung der klimatischen Bedingungen jener Zeit – durchaus an die Segensschilderungen prophetischer Heilsankündigungen.
41 Vgl. etwa die noch immer einflussreiche Beschreibung bei *F. Crüsemann*, Studien zur Formgeschichte von Hymnus und Danklied in Israel (WMANT 32), Neukirchen 1969, 286f.
42 *H. Spieckermann*, Heilsgegenwart. Eine Theologie der Psalmen (FRLANT 148), Göttingen 1989, 33-43.
43 *M. Köckert*, Literargeschichtliche und religionsgeschichtliche Beobachtungen zu Ps 104, in: Schriftauslegung in der Schrift. FS O.H. Steck, hg.v. R.G. Kratz/Th. Krüger/K. Schmid (BZAW 300), Berlin/New York 2000, 259-279, hier: 260. Die gattungsgeschichtliche Voraussetzung einer ursprünglichen reinen Form spielt, wie zuvor bei *Crüsemann* und *Spieckermann*, auch hier in die literarkritischen Folgerungen mit hinein.
44 *Th. Krüger*, „Kosmo-theologie" zwischen Mythos und Erfahrung. Psalm 104 im Horizont altorientalischer und alttestamentlicher „Schöpfungs"-Konzepte, BN 68 (1993) 49-74, hier: 54.
45 *E. Zenger* in: ders./K. Löning, Als Anfang schuf Gott, Düsseldorf 1997, 59.
46 *Krüger*, „Kosmo-theologie", ebd.
47 Vgl. *Krüger*, „Kosmo-theologie", 67.

der verbunden. Tatsächlich hat V.5-9, das sich auf die anfänglichen Gründungsakte des Königsgottes JHWH und seine endgültige Vertreibung der *t*ᵉ*hôm* von der Erde bezieht,[48] bis auf den umstrittenen V.13 kaum den direkten Bezug zu V.10-18, den *Krüger* und *Zenger* voraussetzen. Allerdings hat dieser Sachverhalt in literarkritischer Hinsicht weitaus weniger Folgen, als *Köckert* möchte. Denn dass V.5-9 noch zur mythologischen Begründung von JHWHs königlicher Herrschaft gehören, und erst mit V.10 die Beschreibung seines Leben spendenden Handelns für die Erde einsetzt, ist eine wichtige strukturelle Beobachtung, die jedoch zu literarkritischen Operationen keinen Anlass gibt.[49] Dass ein Rekurs auf anfängliche Gründungsakte zuweilen auch fehlen kann und dass nicht immer auf eine Thematisierung des Ausspannens des Himmels die Schöpfung der Erde folgt,[50] kann man schlechterdings nicht zu einem Argument dafür machen, dass solcherlei hier fehl am Platze wäre. Vielmehr ist ein Rekurs auf Schöpfung und Chaosbewältigung zum einen als Legitimation des Königsgottes JHWH äußerst sinnvoll, zum anderen lassen sich für die Abfolge: *Königsinvestitur, Beschreibung von JHWHs Majestät in der*

---

48 So wird in V.8 weder ein sich Heben und Senken der Berge (so etwa *J. Jeremias*, Das Königtum Gottes in den Psalmen. Israels Begegnung mit dem kanaanäischen Mythos in den Jahwe-König-Psalmen (FRLANT 141), Göttingen 1987, hier: 46) noch ein Hinabfließen des Quellwassers in die Täler (vgl. etwa *H.-J. Kraus*, Die Psalmen, BK XIV I/II, Neukirchen-Vluyn ⁶1986, 882), sondern der Weg des Wassers der *t*ᵉ*hôm* an seinen festgesetzten Ort, in das Meer, beschrieben, vgl. bereits *C. Petersen*, Mythos im Alten Testament. Bestimmung des Mythosbegriffs und Untersuchung der mythischen Elemente in den Psalmen (BZAW 157), Berlin/New York 1982, 213.
49 So sind etwa V.3 und V.10 durch das auffällige הלך pi. verbunden und rahmen so V.5-9, ergäben aber in direkter Aufeinanderfolge eine unschöne Doppelung. Und auch V.1-4.10ff ist mit V.5-9 durch die Stichworte לבוש / לבש (V.2 / V.6), מָיִם (V.3 / V.6) und הָרִים (V.6 / V.10) eng verknüpft. – Auch V.13b oder V.24 sind nicht kurzerhand auszuscheiden (vgl. *Köckert*, Beobachtungen, 263), da sie an Scharnierstellen des Psalms Zusammenfassungen geben bzw. wichtige strukturierende Funktionen haben, die nicht vorschnell als nachträgliche, redaktionelle Eingriffe erklärt werden können. Durch das Stichwort „Obergemächer" (עֲלִיּוֹתָיו; vgl. V.3) verknüpft etwa V.13 den Abschnitt V.10-23 mit V.2-4 und ist als erste Zusammenfassung von JHWHs Werken (ähnlich wie V.24) wiederum ein Vorgriff auf V.27-30. Dabei ist es gut als stilistisches Mittel vorstellbar, dass der Psalmist die Zusammenhänge zwischen himmlischem Palast und Wasserversorgung nicht schon am Übergang von V.9 zu V.10 aufgegriffen hat.
50 Vgl. die Belege bei *Köckert*, Beobachtungen, 261.

Höhe, anfängliches Konstituierungshandeln, Chaosbewältigung auch prominente, durchaus traditionsprägende Parallelen nennen, wie etwa Ps 93,1-4.[51] *Köckert*s mechanisch wirkende Abhebung einer auf die „prima creatio" konzentrierten Partizipialschicht von einer an der „gubernatio"[52] orientierten „Du-Schicht",[53] für die er ansonsten lediglich wenig auffällige „Subjektwechsel"[54] oder (z.T. kompositionstechnisch wichtige!) „Doppelungen" anführt, kann daher nicht überzeugen.

Für die im Psalmcorpus dargestellte Schöpfungswahrnehmung ist von weit größerer Bedeutung, dass sie in einem äußeren, doxologischen Rahmen (V.1a; V.33-35) sowie in einem inneren Rahmen mit zwei Majestätsprädikationen (V.1aβb-2a; V.31f) steht und auch inhaltlich davon bestimmt wird. Bei der Theophanieschilderung des königlichen JHWH werden mit הוֹד וְהָדָר traditionelle Begriffe für die prachtvolle Investitur des Königs bzw. Königsgottes gebraucht. Die mythologisch beschriebenen numinosen Potenzen seines ‚Hofstaates' haben dabei als Wolken, Blitz und Sturm zugleich auch eine sinnliche, konkrete Außenseite, die JHWHs Majestät zu veranschaulichen vermag. Vor allem aber wird mit dem Motiv der *Bekleidung* – die ästhetische und soziale ‚Außenseite' der Person – JHWHs mit Licht[55] der schmale Grat zwischen mythologischer und

---

51 Wie deutlich sich Ps 104,1-9 strukturell und traditionsgeschichtlich an Ps 93,1-4 anlehnt, hat bereits *J. Jeremias* im Einzelnen dargelegt (Königtum Gottes, 45-50). Die so plastisch dargestellte Bedrohung der Erde durch die über sie hinweggehende *tᵉhôm* (Ps 104,6) geht dabei noch über die Dramatik etwa von Ps 93,3 hinaus (vgl. anders *Jeremias*, der in Ps 104 eine noch radikalere Umprägung des Mythos sieht; aaO. 49), stellt aber gerade durch diesen Kontrast die Souveränität des Königsgottes umso deutlicher heraus.
52 Diese Kategorien christlicher Dogmatik sind dabei für die Beschreibung des alttestamentlichen Schöpfungsglaubens nur mit großer Vorsicht zu verwenden.
53 Der feierliche hymnische Partizipialstil ist dabei für die Beschreibung des anfänglichen Schöpfungshandelns gut geeignet, ebenso wie die Du-Anrede für die Beschreibung des gegenwärtigen Schöpfungshandelns, was die vorliegende Struktur zumindest nahe legt.
54 Beobachtungen, 263.
55 Hierzu immer noch *Th. Podella*, Das Lichtkleid JHWHs. Untersuchungen zur Gestalthaftigkeit Gottes im Alten Testament und seiner altorientalischen Umwelt (FAT 15), Tübingen 1996, passim.

metaphorischer Rede beschritten – ein Beispiel dafür, wie die Schönheit und Majestät des bildlos verehrten JHWH durch metaphorische und auch mythologische Redeformen sprachlich und quasi-sinnlich ‚vor Augen geführt' wird.

Das mythologische (bzw. rituelle) Element der Bekleidung von Gottheiten (bzw. Götterstatuen) mit häufig glänzendem Material wird hier durch die Verbindung mit dem zwar nicht-gegenständlichen Licht, das selbst aber die Bedingung der Möglichkeit des Sehens ist, zu einer Metapher, die von der höchsten Form alles Sichtbaren spricht, zugleich aber die Dimension des Visuellen übersteigt. Gegenüber der „Schreckensglanz"-Motivik, die im Kontext in den Epiphaniemotiven anklingt und die bedrohliche Potenz der Majestät darstellt, liegt bei der Bekleidung mit purem Licht der Akzent viel deutlicher auf der Schönheit des Königsgottes, zumal er hier zugleich als unvergleichliche Quelle von allem Guten und des Lebens selbst in den Blick kommt.[56]

Komplementär dazu wird in der Doxologie V.31, die angesichts des Leben begrenzenden und Leben schaffenden Wirkens JHWHs (V.27-30) ausgerufen wird, seine Majestät (dort explizit mit dem Begriff כָּבוֹד) auf die in V.5-9.10-26.27-30 beschriebene Manifestation von Gottes Leben spendender Güte in der Schöpfung bezogen. JHWHs Herrlichkeit im Himmel, der einerseits Teil dieser Welt, andererseits die unzugängliche Sphäre Gottes selbst ist, was Krüger hier als „immanente Transzendenz"[57] beschrieben hat, bleibt damit Rahmen und Hintergrund der hymnischen Schöpfungsbeschreibung im Psalmcorpus und zugleich Bezugsgröße der Schönheitswahrnehmung des

---

56 Vgl. hierzu Ps 36,10. Zur Lichtsymbolik im AT und im AO vgl. v.a. *B. Janowski*, Rettungsgewißheit und Epiphanie des Heils. Das Motiv der Hilfe Gottes „am Morgen" im Alten Orient und im Alten Testament. Bd. I: Alter Orient (WMANT 59), Neukirchen-Vluyn 1989; *E. Cassin*, La splendeur divine. Introduction à l'étude de la mentalité mésopotamienne, Paris / La Haye 1968, ferner *Th. Podella*, Art. Licht, NBL 2 (1995) 633-637; *B. Langer*, „Gott als Licht" in Israel und Mesopotamien (ÖBS 7), Klosterneuburg 1989. Licht gilt dort u.a. als „Symbol der ständig Leben schaffenden und lebenserhaltenden Wirklichkeit Gottes" (*Langer*, Licht, 154); Auch unter ästhetischem Aspekt erforderte die Lichtsymbolik im AT bereits eine eigene Studie.
57 *Krüger*, Kosmo-theologie, 60ff.

Psalms. Diese ‚Transparenz der Welt auf Transzendenz' hält sich im gesamten Psalmcorpus aber auch insofern durch, als hier Gottes Handeln an der Schöpfung und die sinnenfällige Lebensfülle der Schöpfung stets aufeinander bezogen werden.

Der vom Text geführte Blick der Leser/innen schweift dabei – v.a. in der Vertikale – durch den gesamten Raum: Vom Himmel (V.1-4) zur Erde und ihren Grundfesten (V.5-6a), wieder die Berge hinauf (V.6b-8a) und die Täler (V.8b) hinab bis zum Meer (V.9), vom Bergland mit den Wildtieren (V.10-12) entlang den Quellen zum Kulturland mitsamt den Haustieren und dem Menschen wieder zum Bergland (V.14-16a), vom Himmel zum Berg- (V.21f) und Kulturland (V.23) und dann zum Meer in seiner Weite[58] (V.25f).[59] Der schweifende Blick bleibt dabei immer wieder an konkreten Einzelheiten haften, an ausgesuchten Spezies, wie dem unbezähmbaren[60] Wildesel als Repräsentant der Steppentiere (V.11), dem für seine regelmäßige Wiederkehr bekannten[61] Storch (V.17), der prächtigen Libanonzeder (V.16),[62] der Zypresse (V.17),[63] dem Steinbock und dem Klippdachs in ihren ‚ökologischen Nischen' (V.18), sowie beim Königstier, dem

---

58 In dieser Bewegung von der Wildnis zum Kulturland und dem Meer wird dann auch die horizontale Dimension bis hin zur Peripherie beschritten, wobei äußerste und innerste Bereiche (etwa die ‚Enden der Erde' und der ‚Weltenberg') ausgespart bleiben.
59 Dabei fällt das Stilmittel der Rückkehr zum Ausgangspunkt der Beobachtung auf: Von der Erde (V.5) über die Chaosmeervertreibung (V.6-9a) zurück zur Erde (V.9b); vom Bergland (V.10) über das Kulturland zurück zu den Bergen (V.18), darin: vom Brot (V.14b) über Wein und Öl zurück zum Brot (V.15b), von der Finsternis (V.20) über den Sonnenaufgang bis zum Abend (V.23), vgl. hierzu bereits *O.H. Steck*, Der Wein unter den Schöpfungsgaben. Überlegungen zu Psalm 104, in: *ders.*, Wahrnehmungen Gottes im Alten Testament. Gesammelte Studien (ThB 70), München 1978/1982, 240-261, hier: 254.
60 Vgl. Gen 16,12; Jer 2,24; Hi 11,12; 39,5.
61 Vgl. v.a. Jer 8,7.
62 Die Zeder, zu den Bäumen des ‚Gottesgartens' auf dem Libanon gezählt, gilt als prächtigster unter den Bäumen und wird gerne im Kontext von Schönheitsbeschreibungen gebraucht, vgl. Ez 31,3.7.10; ferner Ez 27,22-24 und Num 24,5f.
63 Die Zypresse ist ähnlich begehrt wie die Zeder, vgl. 1Kön 5,22.24; 6,15.34; 9,11; 2Chr 2,7; 3,5; Jes 14,8; Ez 31,8.

Löwen (V.22f),[64] und beim Leviathan (V.26)[65]. Die – dem Ursprung nach wohl listenweisheitliche – Aufzählung so verschiedenartiger Tier- und Pflanzengattungen bringt dabei die Vielgestaltigkeit von JHWHs Werken und damit Verschiedenartigkeit und Fülle als ästhetische Merkmale der Schöpfung zum Ausdruck, die dann auch in V.13 und V.24 explizit thematisiert werden, wo der Blick des Betrachters jeweils zu einer Gesamtschau anhält.

Den gesamten Psalmcorpus durchzieht der Anblick eines fruchtbaren Landes und der Sättigung aller Kreatur mit Köstlichem (vgl. V.15 und V.28): Es befindet sich eben auch „der Wein unter den Schöpfungsgaben"[66] (V.15), repräsentativ für die vielen zum Genießen bestimmten Güter.[67] Und auch der nichtmenschlichen Kreatur wird nicht nur das Lebensnotwendige, sondern Gutes im eigentlichen Sinne zuteil (V.28).[68] So kann in V.31b die Billigungsformel aus Gen 1,31 anklingen[69] – mit der Besonderheit, dass hier das betende Ich den Schöpfer nicht nur zur

---

64 Zur Bedeutung des Löwen als eines zugleich majestätischen und gefürchteten Raubtiers in Israel s. u.a. *J.G. Heintz*, Art. Löwe, NBL I (1995) 656f.

65 Das in Ps 104,26 merkwürdig domestiziert dargestellte Chaosungeheuer wird – auch durch die häufig als befremdlich angesehene gemeinsame Nennung mit den Schiffen (s. zum ikonographischen Hintergrund des Motivs auf syrophönizischen Stempelsiegeln *Chr. Uehlinger*, Leviathan und die Schiffe in Ps 104,25-26, Bib. 71 [1990] 499-526, hier: 512ff, 522ff) – zu einem Sinnbild für die Faszination, die von einer gebändigten Naturgewalt auszugehen vermag, was in Kategorien der traditionenellen Ästhetik der Erfahrung des Erhabenen nahe kommt.

66 Vgl. hierzu in *Steck*s gleichnamigem Aufsatz 260.

67 Dazu gehört etwa das kostbare Grundnahrungsmittel Öl, das als Salböl zugleich kosmetischen (V.15) Zwecken diente, vgl. etwa Ps 23,5; 45,7; 92,11; ferner Ps 141,5 und Ps 133,2, wo beim Lobpreis auf ‚das köstliche Öl, das auf den Bart Aarons herabfließt' die Unterschiede zum heutigen ästhetischen Empfinden sehr anschaulich werden. Wein und Öl gelten zusammen als „paradigmatische", köstliche Güter: So wird in Hld 4,10 die Anmut der Geliebten als „schöner als Wein und als der Geruch von Salböl" gepriesen.

68 Auch an dieser Stelle hat טוב, ähnlich wie in der Billigungsformel Gen 1,4.10.12.18.21.25.31, in Num 24,5 u.a., einen ästhetischen Beiklang (vgl. die häufige Übersetzung von טוב in LXX mit καλός), hier allerdings mehr im Sinne von ‚köstlich'.

69 Vgl. zur ästhetischen Dimension der Billigungsformel Anm. 61.

Bejahung, sondern zur Freude an der Schöpfung auffordert, die es offenbar selbst empfindet.[70] Auch wenn ein Begriff für Schönheit hier fehlt, so ist doch im ganzen Psalm die innere Beteiligung des betenden Ich an der Schönheit der Schöpfung und ein freudiges Staunen über sie spürbar.[71] Tatsächlich quillt diese Dichtung „geradezu über von einer Schönheitstrunkenheit, die keiner Steigerung mehr fähig war"[72]. Der Blick des betenden Ich dringt dabei jedoch noch hinter die bloß augenfällige Schönheit hindurch, in die Zusammenhänge von Wasserversorgung und Gedeihen bis zum anfänglichen Konstitutionshandeln Gottes (V.5-9) und zu der Einsicht, dass auch hinter dem Sterben der Geschöpfe der Wille des Schöpfers steht, da die Schöpfung nur so immer wieder erneuert werden kann (V.27-30). Die Schönheit der Welt wird also nicht nur angesichts des Erlebens von Fülle und Wohlordnung ausgesagt, sondern mit dem Wissen darum, dass auch das Sterben der Geschöpfe noch von dem Schöpfer getragen wird, der durch seine Zuwendung das Leben neu schafft.

Auch das Alte Testament kennt also – unter diesem spezifischen Vorzeichen! – den Aspekt der Zweckmäßigkeit des Schönen, das jedoch gerade nicht im Hinblick auf seine Zweckhaftigkeit in den Blick kommt, sondern über sich hinaus weist. Sinnenfällige Einzelheiten in der Schöpfung werden als Verweis auf eine umfassende gute Ordnung wahrgenommen, die im Glauben an das Königtum und die Herrlichkeit des Schöpfers gegründet ist. In der Beobachtung der funktionalen und ästhetischen Güte der Schöpfung festigt sich die Freude des betenden Ich an der Güte des Schöpfers.

Während an Ps 104 deutlich geworden ist, wie eng die Wahrnehmung der Schönheit der ganzen Schöpfung mit der Gewissheit des an ihr wirkenden Schöpfers verknüpft ist, zeigt sich u.a. an Ps 50, wie das räumliche Zentrum des

---

70 Die Aufforderung zur Freude wird sonst üblicherweise an Israel und nicht an JHWH gerichtet, vgl. etwa Ps 5,12; 35,27; 40,17, 67,5; 70,5 (ebenfalls mit שׂמח qal im Jussiv).
71 Vgl. v.a. V.24.
72 *Von Rad*, Theologie I, 363.

israelitischen Weltbildes mit einzigartigen Schönheitsprädikationen bedacht wird.

II. Die Schönheit des Zion und die Epiphanie Gottes – Ps 50

Denn der 50. Psalm beginnt mit einer Spitzenaussage zum Schönen, wenn dort nämlich in V.2 benannt wird, wo Israel das Höchstmaß an Schönheit erblickte, nämlich im Zion:

> Aus Zion, der Vollendung[73] der Schönheit,
> strahlte Gott auf.

Das vollkommen Schöne ist für Israel also keine Idee oder etwas die Erfahrungswelt schlechthin Transzendierendes, und ist auch nicht durch eine ihm inhärente Form oder Qualität schön. Vielmehr manifestiert es sich an einem konkreten Ort, nämlich dem Zion, dem Tempelberg. Doch wie ist diese Spitzenaussage zu verstehen, und welchen Hintergrund hat sie?

In der Tat ist die Schönheit des Zion, ohne dass Abhandlungen über die Jerusalemer Kulttradition diesem Umstand bislang größere Beachtung geschenkt hätten, ein nicht unwichtiges Element der Zionstradition. Bereits im Zionslied[74] Ps 48[75] steht dies Motiv[76] an vorderer Stelle:

---

73 Das Hapaxlegomenon (vgl. aber das ebenfalls von כלל I ‚vollenden, vollkommen machen' herzuleitende מִכְלוֹל Ez 23,12) מִכְלָל „könnte auch vom Aram. herkommend abgeleitet [sic] und demnach mit ‚Krone' übersetzt werden (mit den meisten Kommentatoren, gegen ... KBL 521b)" – so plädiert zumindest G. Sauer, Art. כָּלִיל THAT I (1973) 828-830, hier: 829. Von HAL wird diese Deutung allerdings nicht mehr vertreten, wofür auch die im folgenden behandelten anderen Wendungen sprechen, in denen Derivate von כלל I mit solchen von יפה verbunden sind. Dabei haben die Derivate von כלל I offenbar eine gewisse Affinität, mustergültig schönen Schmuck oder vorzügliche Bekleidung zu bezeichnen (vgl. מַכְלֻלִים in Ez 27,14 ‚Prachtgewänder' oder כליל in 1QS 4,7; 1QH 9,25).

74 Die gattungsgeschichtliche Bezeichnung „Zionspsalm" hat manche Ausleger dazu verleitet, in Ps 48 einen Hymnus *auf* den Zion zu erblicken, wie B. Duhm, Die Psalmen (KHC XIV), Tübingen 1899, 137; Kraus, Psalmen, 356 u.a. Andere dagegen sehen (etwa S. Mo-

„Aus der Schönheit Vollendung strahlt Gott auf"   117

2 Groß ist JHWH und sehr zu loben.[77]
   in der Stadt unseres Gottes,
   sein heiliger Berg, 3 schön an Höhe (יְפֵה נוֹף)[78],
   ist[79] Freude der ganzen Erde:[80]
   der Berg Zion, entlegenstes Gefilde des Zaphon,
   die Stadt des großen Königs.

---

winckel, The Psalms in Israel's Worship I, Oxford 1962, 85ff) hier v.a. den Lobpreis JHWHs. Diese falsche Alternative wird aufgehoben, wenn man auf das enge Wechselverhältnis von Gottes- und Zionslob achtgibt, das durch eine Vielzahl poetischer Mittel unterstrichen wird, wie durch die Verknüpfung von Gott und Zion durch das Stichwort עוֹלָם in V.9.15; s. hierzu weiter unten sowie *M.S. Smith*, God and Zion. Form and Meaning in Psalm 48, in: Studi epigrafici e linguistici 6 (1989) 67–78.
75 Zur Forschungsgeschichte von Ps 48 s. neben den einschlägigen Psalmenkommentaren u.a. *J. Scharbert*, Das historische Umfeld von Psalm 48, in: Ein Gott, eine Offenbarung. FS *N. Füglister*, hg.v. *F.V. Reiterer*,Würzburg 1991, 291-306, hier: 293-300.
76 Es handelt sich bei diesem seltenen Motiv zugleich um eine *concatenatio* zwischen den beiden – durch die Zionsthematik verwandten – Psalmen 48 und 50, über den weisheitlichen Ps 49 hinweg und über die Korachpsalmengruppe (Ps 42-49; 84-85; 85-87) hinaus zum ersten der Asafpsalmen (Ps 50. 73-83).
77 Zur ,gerundivischen' Übersetzung des Ptz. pu. s. die Diskussion bei *M.L. Barré*, The seven Epithets of Zion in Ps 48,2-3, Bib 69 (1988) 557-563, hier: 558.
78 Die Bedeutung von נוֹף ist nicht vollends sicher. *Barré* erblickt hierin – als Gottesstadt im Süden und als Gegenüber zum Zaphon im Norden – das ägyptische ,Memphis' (Epithets, 560f). Das *nomen proprium* נֹף allerdings wird nie mit *mater lectionis* geschrieben (vgl. Jes 19,13; Jer 2,16; 44,1; 46,14.19; Ez 30,13.16) und hat nirgends eine vergleichbare symbolische Bedeutung wie der Zaphon. Gegenüber der Deutung als Ptz.q.akt. der Wurzel ,נוּף' (so u.a. *Kraus*, Psalmen, 509) ist der bereits von KBL 604 unterbreitete Vorschlag, hier ein Hapaxlegomenon (vgl. mheb. נוֹף) als nomen regens einer Constructus-Verbindung mit יְפֵה zu sehen, immer noch am plausibelsten.
79 *M.L. Barré* (Epithets, ebd.) u.a. (vgl. etwa *P. Auffret*, Dans la ville de notre Dieu. Étude structurelle du Psaume 48, Science et esprit 42 [1990] 305-324, hier: 306.308) entscheiden sich zu einer Übersetzung als einer reinen Reihung von Epitheta ohne Nominalsatz, die allerdings ohne greifbare Aussage bleibt.
80 *Scharbert* (Umfeld,) übersetzt אֶרֶץ hier mit ,Land' und versucht, den Vers mit historischen Gegebenheiten in Verbindung zu bringen; dabei übersicht er jedoch völlig die kosmographisch-symbolische Bedeutung des ,Weltenbergs' Zion.

Auf dem Hintergrund des im übrigen Psalm recht genau formulierten Verhältnisses zwischen JHWH und dem Zion wird die Bedeutung der Epitheta deutlicher: Gott wird auf Zion gelobt (V.2), er ist auf Zion als Zuflucht bekannt (V.4), seine Taten werden auf Zion sichtbar (V.9), und das feierliche Umschreiten des Zion führt zur Vergewisserung: JHWH ist unser Gott (V.13-15). Der Zion ist also das auf vielfältige Weise konkret erfahrbare, realsymbolische Sinnbild für JHWHs Rettungstaten. Der universale Lobpreis JHWHs (vgl. V.11: עַל־קַצְוֵי־אֶרֶץ) auf dem Zion bekräftigt daher des Gottesberges universale Bedeutung (vgl. V.3). Und wie der Rechtsspruch JHWHs für den Zion Grund zum Jubel ist (V.12), so wird der schön emporragende Zion selbst zur Freude für die ganze Erde (מְשׂוֹשׂ כָּל־הָאָרֶץ; V.3)[81]. So macht die enge Beziehung zwischen Gott und Zion auch die Schönheit dieses Berges aus.

Wie es zu der bei allen Völkern bekannten Schönheit Jerusalems kam, wird detailliert im allegoriehaften Geschichtsrückblick Ez 16 thematisiert:[82] Hier wird Schritt um Schritt beschrieben, wie JHWH selbst als ihr ‚Ehemann' das einstige ‚Findelkind' Jerusalem zu einer Schönheit macht.[83]

---

81 Dabei ist wiederum zu notieren, wie Schönheitserfahrung und Freude eng miteinander verknüpft sind.

82 *B. Gosse* hat vermutet, dass die Orakel gegen Tyrus in Ez 27 und Ez 28 sowie gegen Ägypten (Ez 31) ursprünglich gegen Jerusalem gerichtet gewesen seien, da die Verbindung von Schönheit, Hochmut und Fall nur so erklärbar sei; *ders.*, La beauté qui égare Israel. L'emploi des racines *yph*; *ypy*; *yp'h* dans le livre d'Ezechiel, BN 46 (1989) 13-16. Das kann jedoch nicht überzeugen, da der Topos von der vollkommenen Schönheit ursprünglich nicht notwendig auf den Zusammenhang von Hochmut und Fall Jerusalems beschränkt gewesen sein muss.

83 In V.9-12 wird sehr konkret die Waschung, Salbung, Bekleidung mit feinen Gewändern / Schuhen sowie das Anlegen von Schmuck (Spangen, Kette, Nasenring / Ohrringe, Kranz) beschrieben, wie es wohl bei der festlichen Bekleidung von Frauen, etwa für den Hochzeitstag oder zu anderen festlichen Zeremonien üblich war, vgl. dazu im Einzelnen *W. Zimmerli*, Der Prophet Ezechiel (BK XIII/1.2), Neukirchen-Vluyn ²1979, 352; vgl. ferner Esth 2,12ff mit der Schilderung der einjährigen (!) Schönheitspflege mit Balsam, Myrrhe u.a., die für die Königinnenanwärterinnen veranschlagt wird, bevor einer von ihnen das königliche Diadem aufgesetzt, und sie zur Königin erkoren wird.

13 Und du legtest Gold- und Silberschmuck an,
und dein Gewand war Byssus[84], feines Gewebe[85] und Buntwirkerei.
Du aßest[86] Weizengrieß und Honig und Öl.
Und du wurdest sehr, sehr schön (וַתִּיפִי בִּמְאֹד מְאֹד)
und geeignet zum Königtum.

14 Und dein Ansehen ging hinaus unter die Völker durch deine Schönheit (בְּיָפְיֵךְ),
denn sie war vollkommen (כָּלִיל) durch meine Pracht,
die ich auf dich gelegt hatte, Raunung des Herrn JHWH.

15 Da vertrautest du auf deine Schönheit (בְיָפְיֵךְ)
und hurtest wegen deines Namens
und gossest deine Hurereien aus über jeden, der vorbeikam:
Ihm wurde sie zuteil.[87]

...

25 An jeder Straßenecke bautest du deine Höhe.
Und du machtest deine Schönheit (אֶת־יָפְיֵךְ) zu einem Greuel,
machtest deine Beine breit für jeden, der vorbeikam,
und machtest deine Hurerei groß.

JHWH verleiht Jerusalem mit großer Sorgfalt eine unvergleichliche Pracht; das Vertrauen auf diese Pracht allerdings ist der erste Schritt zur Abwendung von JHWH, hin zu anderen Göttern bzw., um im Bild des Textes zu bleiben, zu anderen Liebhabern.[88] Die Schönheit der Stadt hängt von JHWH ab, kann eigenmächtig missbraucht und ihr auch wieder genommen werden. Der Topos der Schönheit des Zion verbindet sich also offensichtlich gerne mit der Personalisierung der Stadt Jerusalem.

---

84 Mit Qere; eine Art feinen Leinstoffes aus Ägypten.
85 Da Seide erst in hellenistisch-römischer Zeit aus China importiert wurde, wird es sich hierbei um einen anderen feinen Kleiderstoff handeln (vgl. HAL 609 u. *W. Zimmerli*, Ezechiel, 335).
86 Mit Qere.
87 Die Frage nach der Zugehörigkeit von V.13-15.25 zum ursprünglichen Bestand – Zimmerli etwa sieht in V.13.14 spätere Nachbearbeitungen, vgl. *ders.*, Ezechiel, 352 – kann hier außer Acht bleiben.
88 In großer motivlicher Nähe zu Ez 16 wird der ‚Tochter Zion' auch in Jer 4,30 angesagt, dass sie sich nunmehr vergeblich schön macht, da ihre einstigen Liebhaber sie jetzt zu vernichten trachten.

Mit ähnlichen Worten wie in Ez 16 wird auch in Ez 27,3 (כְּלִילַת יֹפִי; vgl. Ez 27,11: כְּלִיל יָפְיֵךְ) die Schönheit von Tyrus beschrieben,[89] und parallel hierzu wird in Ez 28,1-19 der König von Tyrus im Spottlied über seinen Fall כְּלִיל יֹפִי genannt (V.12) – im Rückblick auf die Zeit vor dem Fall, in der er noch in ‚Eden' (vgl. V.13) weilte.[90] Der Topos von der vollendeten Schönheit scheint in die Darstellung der Vertreibung des Urmenschen von Ez 28 offenbar als ein Element von Paradiesvorstellungen hineingekommen zu sein, und ähnliches ist auch für die Jerusalemer Kulttradition[91] zu vermuten, in der Paradies- und Weltenbergvorstellungen bekanntlich mit dem Tempel bzw. dem Zion verknüpft worden sind. Hierfür spricht auch, dass in Ps 48,2f (s.o.) die Verbindung von ‚vollkommener Schönheit' und dem ‚Weltenberg Zaphon' noch greifbar vorhanden ist.

Das Motiv von der Schönheit des Zion ist allerdings nicht unabdingbar an Formulierungen mit Derivaten von יפה und כלל gebunden; der Sache nach ist sie auch in Jer 6,2 zu erkennen, wo die בַּת־צִיּוֹן als die ‚Liebliche' angesprochen wird:

Die Liebliche (הַנָּוָה) und die Verzärtelte (הַמְעֻנָּגָה)
vernichte ich (דָּמִיתִי)[92] – die Tochter Zion.

---

89 S. zu Ez 27 den Beitrag von Susanne Gillmayr-Bucher in diesem Band.
90 *E. Noort* hat überzeugend dargelegt, dass die Beziehungen zwischen den ‚Paradiesvorstellungen' von Gen 2-3 und Ez 28 in MT nicht auf ‚Schriftkenntnis', sondern auf gemeinsamer Kenntnis der gleichen Tradition beruhen (*ders.*, Gan-Eden in the context of the mythology of the Hebrew Bible, in: *G.P. Luttikhuizen*, Paradise interpreted. Representations of biblical paradise in Judaism and Christianity (Themes in biblical narrative. Jewish and christian traditions 2), Leiden 1999, 21-36, hier: 22-26.
91 Stellvertretend für die zahllose exegetische Literatur zum Thema sei hier auf *Janowski*, Die heilige Wohnung des Höchsten 36, 50ff (mit der dort angegebenen Literatur) sowie insgesamt auf *O. Keel/E. Zenger* (Hg.), Gottesstadt und Gottesgarten. Zu Geschichte und Theologie des Jerusalemer Tempels (QD 191), Freiburg i.Br. u.a. 2002 verwiesen. S. hierzu auch weiter unten zu Klgl 2,15.
92 Der Text des Verses wird allerdings (u.a. weil LXX mit καὶ ἀφαιρεθήσεται τὸ ὕψος σου θύγατερ Σιων – „und dein Stolz wird dir genommen werden" eine völlig andere Lesart bietet) häufig als korrupt angesehen. So wird unter Eindruck des Kontextes נָאָה statt נָוָה (‚Weideland') gelesen und דָּמִיתִי nicht als qal von דמה III (‚vernich-

Auch hier begünstigt die Personifizierung Jerusalems als ‚Tochter Zion' den Gebrauch von Schönheitsprädikationen für die Stadt.[93] Näher am Sprachgebrauch der Psalmen und bei Ezechiel ist jedoch die Formulierung in Klgl 2,15, einer Klage über den Spott, der die in Trümmern liegende Stadt mit der einst von ihr ausgesagten Herrlichkeit konfrontiert:

> Es klatschen über sie alle, die vorübergehen, in die Hände,[94]
> sie pfeifen[95] und schütteln den Kopf über die Tochter Jerusalem:
> „Ist dies die Stadt, von der man gesagt haben soll:
> ‚Vollendung an Schönheit (כְּלִילַת יֹפִי),
> eine Wonne der ganzen Erde (מָשׂוֹשׂ לְכָל־הָאָרֶץ)'?"

Die Übereinstimmung der Formulierung von V.15b mit Worten aus Ps 48,3 (מָשׂוֹשׂ לְכָל־הָאָרֶץ; vgl. auch כְּלִילַת יֹפִי in Ez 27,3) gibt Anlass zur Vermutung, dass es sich hierbei um die bewusste Aufnahme einer geprägten Wendung aus der Tradition, möglicherweise sogar um eine Anspielung auf Ps 48,3 selbst handelt.[96] Bereits im ersten Vers von Klgl 2 wird die Zerstörung Jerusalems als ‚Fall' der ‚Pracht' (תִּפְאֶרֶת) Israels, nämlich der בַּת־צִיּוֹן, vom Himmel auf die Erde gedeutet. Und wenn also in Klgl 2 das Motiv des Himmelssturzes anklingt, „wie es in Ez 28 und Jes 14

---

ten' – so HAL 216 s.v.), sondern (unter Eingriff in den MT) als pi. von רמה I interpretiert. So gelangt man zur Übersetzung: „Ich dachte an Jerusalem als Weideland und als Verzärteltes", kann jedoch auch nicht erklären, wie ein zur Weide gewordenes Jerusalem noch als „verwöhnt" angesehen werden kann. Zur Diskussion und zur vorgeschlagenen Übersetzung vgl. auch W. McKane, A Critical and Exegetical Commentary on Jeremiah (ICC), Edinburgh 1986, 139-141.
93 Andererseits wird die um ihrer Schönheit willen Geliebte im Hld mit prächtigen Städten verglichen, darunter auch dem ‚lieblichen Jerusalem' (vgl. Hld 6,4)
94 Zum Händeklatschen als Geste des Spottes vgl. Hi 27,23; Ez 25,6; Nah 3,19.
95 Vgl. Hi 27,23; 1Kön 9,8.
96 Die Vermutung, dass Klgl 2 „insgesamt die Bildwelt von Ps 48 vor Augen gehabt hat" äußert auch Zenger in: ders./F.-L. Hossfeld, Die Psalmen. Psalm 1-50 (NEB 29), Würzburg 1993, 295.

zum Ausdruck kommt"[97], ist dies auf dem Hintergrund des beschriebenen Traditionskomplexes kaum verwunderlich: Wer wie der als ‚Urmensch' gezeichnete König von Tyrus von Ez 28 und wie die ‚Tochter Zion' im Paradies, in kosmisch-symbolischer Höhe angesiedelt wird, wird auch als ‚Vollendung an Schönheit' gefeiert; das jedoch verhindert noch keineswegs ihren Fall von der kosmischen Höhe herab samt Verlust ihrer Schönheit.[98]

Der Fall Jerusalems bedeutete aber nicht das Ende der Rede von der Schönheit des Zion. Denn im Heilswort Jes 62,3, in der Jerusalem als königliche Insignie JHWHs beschrieben wird, klingt dies Motiv wieder an:

> Und du wirst eine prachtvolle Krone (עֲטֶרֶת תִּפְאֶרֶת) sein
> in der Hand JHWHs,
> und ein königliches Diadem[99] in der Hand deines Gottes.

Hier, wo das ‚Aufgehen' (יצא) der für alle Völker und ihre Könige sichtbaren Gerechtigkeit Zions gleich einem Lichtglanz (נֹגַהּ) beschrieben wird (V.1f), wird das in die neue Heilswirklichkeit geführte Jerusalem als schöner Schmuck des Königsgottes JHWH, als unübersehbares Zeichen des Königtums JHWHs beschrieben, das an sich selbst prächtig ist. Auch hier ist es JHWHs rettendes, gerechtes Han-

---

97 *Chr. Frevel*, Zerbrochene Zier. Tempel und Tempelzerstörung in den Klageliedern, in: *O. Keel/E. Zenger* (Hg.), Gottesstadt und Gottesgarten. Zu Geschichte und Theologie des Jerusalemer Tempels (QD 191), Freiburg i.Br. u.a. 2002, 99-153, hier: 105; s. hier auch zum Kontext. Vermutlich ist es – noch über die Bedeutung des Zion als des Himmel und Erde verbindenden Gottesberges hinaus, wie *Frevel* (ebd.) vermutet – auch die Personalisierung der Bat Zion, die hier die Übernahme des „Himmelssturz"-Motivs in Anlehnung an Ez 28 sowie Jes 14 begünstigt hat.

98 Auch im Vergleich des Pharao mit dem ‚Weltenbaum', der alles überragenden Libanonzeder, von Ez 31 ist die Verbindung von Paradiesvorstellungen mit der Rede von äußerster Schönheit keineswegs zufällig: In immer neuen Anläufen (vgl. V.3.7.9) wird des Baumes Schönheit als unvergleichlich, ja sogar die Bäume des Gottesgartens bzw. Edens übertreffend (V.8f) gefeiert, vgl. hierzu im Einzelnen wiederum *Noort*, Gan-Eden, 34f.

99 Mit Qere.

deln[100] und sein enges, liebevolles Verhältnis zu Jerusalem,[101] durch die es erneut seine Schönheit erhält.
Mit diesen Einsichten kehren wir zum Ausgangspunkt unserer traditionsgeschichtlichen Untersuchung, zu Ps 50,2 zurück. In welchem Zusammenhang kommt nun in diesem Psalm das Motiv vom Zion als ‚Vollendung der Schönheit' zu stehen? Der unmittelbare Kontext ist die Theophanieschilderung V.1-6, die zugleich als Einleitung der Gottesrede V.7-23 fungiert:

1 Ein Psalm; von Asaf.
Gott, Gott, JHWH, hat geredet und hat die Erde gerufen,
vom Ausgang der Sonne bis zu ihrem Eingang.[102]
2 Aus Zion, der Schönheit Vollendung,
strahlte Gott auf.
3 „Unser Gott komme und sei nicht stumm."
Feuer frisst vor ihm her, und um ihn herum stürmt es gewaltig.
4 Er ruft den Himmel oben, und die Erde,
sein Volk zu richten.
5 „Versammelt mir meine Treuen,
die meinen Bund schließen beim Opfer."
6 Und der Himmel verkündete seine Gerechtigkeit –
ja, Gott ist Richter.

Dabei kann dieser Abschnitt wie folgt strukturiert werden:

1b Ruf (קרא) Gottes an die Erde (אֶרֶץ) (SK)
  2ab *Theophanieschilderung: Aufglänzen Gottes vom Zion*
    3a wörtliche Rede (Gemeinde): Bitte um Gottes Kommen
  3b *Theophanieschilderung: Feuer und Sturm*
    4 Ruf (קרא) Gottes an Himmel (שָׁמַיִם) / Erde (אֶרֶץ)
      zum Richten (דין)
    5a wörtliche Rede (Gott): Versammlung der Gemeinde
  6a Gerechtigkeitskunde des Himmels (שָׁמַיִם) (SK)
6b Richtertum Gottes (שפט)

---

100 Vgl. die Parallelisierung von צְדָקָה und יְשׁוּעָה in V.1.
101 Wiederum kaum zufällig klingen bei der Freude Gottes an Jerusalem „wie des Bräutigams an der Braut" (V.4f) auch wieder die Bilder der Liebesbeziehung JHWHs zu seiner ‚Frau' Jerusalem an (vgl. o. zu Ez 16).
102 V.1b ist nicht zeitlich, sondern räumlich zu verstehen: Anschließend an V.1b wird der gesamte Erdkreis bis zu den äußersten Enden der Erde angesprochen, bevor dann in V.2 die Epiphanie JHWH im Zentrum des Erdkreises lokalisiert wird.

Die Struktur von V.1-6 ist also nicht so heterogen, wie die häufige Annahme der Uneinheitlichkeit dieses Abschnittes vielleicht vermuten lässt.[103] V.1 bildet mit V.6 den Rahmen des Theophanieberichts (Merismus von אֶרֶץ in V.1b und שָׁמַיִם in V.6a; vergangenheitliche Perspektive).[104] Die beiden wörtlichen Reden der Gemeinde und Gottes selbst (V.3a.5a) sind mit der Theophanieschilderung (V.2ab.3b) verschränkt.[105] V.4 vereinigt in sich mehrere Schlüsselwörter des Abschnitts (v.a. aus dem Rahmen V.1.6) und bildet so das Zentrum des Theophanieberichts, was den Bezug auf Dtn 4,29; 30,19 31,28; 32,1; sowie auf Jes 1,2 umso deutlicher macht. Gattung und Sitz im Leben von Ps 50[106] wurden von der Forschung ausgiebig diskutiert.[107] Die Vorschläge reichen von der prophetischen Gerichtsrede[108] über die Predigt[109] bis zum Festpsalm am ‚Bundeser-

---

103   Vgl. etwa *H. Gunkel*, Die Psalmen (HK II/2), Göttingen ⁶1986, 219; *Kraus*, Psalmen, 370 u.a.

104   Das *wayyiqtol* in V.1b und V.6a ist hier (zumal nach SK) in diesem nachexilischen poetischen Text durchaus als Narrativ, also vergangenheitlich aufzufassen und der MT auch in V.6a der futurischen Variante der LXX vorzuziehen (anders u.a. *Kraus*, Psalmen, 370). V.4 (PK) fällt dabei nicht aus dem Rahmen, da er aus der Perspektive eines soeben geschehenden, dramatischen Ablaufs spricht.

105   Daher ist die häufige Einschätzung von V.3a als Glosse (*Duhm*, Psalmen, 205) oder Redaktion (*F.-L. Hossfeld*, Ps 50 und die Verkündigung des Gottesrechts, in: Ein Gott, eine Offenbarung. FS *N. Füglister*, hg.v. *F.V. Reiterer*, Würzburg 1991, 83-101, hier: 83) unnötig.

106   Die Frage der Einheitlichkeit des gesamten Psalms (– *K. Seybold* etwa nimmt die Korrektur eines „nach der Rib-Rede strukturierten ‚Gerichtspsalm'" durch V.8-13.14f.23) zu einem „von einer ‚Todafrömmigkeit' (Gese) getragene(n) Individualpsalm" an; *ders.*, Die Psalmen [HAT I/15], Tübingen 1996, 205 –) soll hier außer Betracht bleiben; zur Diskussion vgl. u.a. *J.S. Fodor*, Psalm 95 und die verwandten Psalmen 81 und 50. Eine exegetische Studie (Schriftenreihe THEOS 32), Hamburg 1999, 142ff.

107   S. hierzu u.a. *H. Gese*, Psalm 50 und das alttestamentliche Gesetzesverständnis, in: Alttestamentliche Studien, Tübingen 1991, 149-169, hier: 156; *Kraus*, Psalmen, 372-374.375f; *S.B. Reid*, Psalm 50. Prophetic speech and God's performative utterances, in: Prophets and paradigms. Essays in honor of *G.M. Tucker*, ed.by *S.B. Reid* (JSOT.S 229), Sheffield 1996, 217-230, hier: 218-222.

108   Vgl. hierzu *M. Mannati*, Le Psaume 50 – est-il un rîb? Sem 23 (1973) 27-50, 27ff.

109   *E. Gerstenberger*, „Höre, mein Volk, lass mich reden!" (Ps 50,7), BiKi 56 (2001) 21–25, hier: 24f.

neuerungsfest'.¹¹⁰ Der Rekonstruktion dieses Sitzes im Leben¹¹¹ allerdings ist mit Skepsis zu begegnen; eher wird man seinen Gebrauch im öffentlichen, möglicherweise gottesdienstlichen Vortrag als einer Lehrrede sehen, in die Elemente des ‚prophetischen' *rîb* sowie der kultischen Tora aufgenommen und in weisheitlicher Form verarbeitet worden sind, was aufs Ganze gesehen eine nachexilische Ansetzung des Psalms wahrscheinlich macht.¹¹² Ergebnis ist eine, wenn man so will, ‚Zionstheophanie', bei der als entsprechende ‚Zionstora' der rechte Gottesdienst proklamiert (V.7-15) und eine Aktualisierung der Dekalogüberlieferung für das Alltagsethos (V.16-21) ausgerufen wird. Schwer zu beantworten ist die Frage, ob תּוֹדָה in V.14 nur metaphorisch als Dank oder doch im konkreten Sinne als Dank*opfer*¹¹³ zu verstehen ist.¹¹⁴ Der Grundgedanke des gesamten Abschnitts V.8-15 ist jedoch, dass JHWH nichts gegeben werden

---

110 Vgl. z.B. *N. Ridderbos*, Die Theophanie in Ps L 1-6, OTS 16 (1969), 213-226, hier: 223-225.
111 Der Bezug zu dem nur aus Dtn 31,9-13 und Neh 8,8-13 erschlossenen, hypothetischen Fest (vgl. hierzu *Hossfeld*, Verkündigung, 88) ist denkbar gering, da hier auch lediglich auf zentrale Texte der Sinai- bzw. Horeboffenbarung angespielt wird, aber kein Bezug zu einer *Pentateuch-Lesung* erkennbar ist.
112 Vgl. ähnlich bereits *Gunkel*, HK II/2, 218 sowie *Hossfeld*, Verkündigung, 88; *Fodor*, Psalm 95, 208-211, s. dort auch zur Diskussion.
113 So v.a. *Gese*, Ps 50, 155; *Hossfeld*, Verkündigung, 93-96.
114 Die *crux* ist das Verständnis von V.9, der bei oberflächlicher Betrachtung zur Praxis am zweiten Tempel in deutlichem Widerspruch zu stehen scheint, da schwerlich andere Tierarten von dieser Aussage ausgenommen sind. Dann wiederum läge die Beurteilung von V.8 als Glosse nahe, die den Psalm mit dem Tempelkult in einen notdürftigen Einklang bringen soll, so dass dann auch für die Deutung von V.14 auf ein Todaopfer kein Spielraum bliebe. Nun ist jedoch der Terminus לקח in V.9 kein Begriff, der mit JHWH als Subjekt im Zusammenhang der Annahme oder Nicht-Annahme von Opfern sehr geläufig wäre, wie etwa ‚Wohlgefallen haben' (רצה), (gnädig) ansehen (נבט; שעה) oder riechen (ריח) u.a., lediglich Lev 7,34 zeigt die Möglichkeit einer solchen Verwendung auf. Daher geht es hier wohl doch nicht um die Verwerfung des Opfers, sondern darum, dass JHWH selbst sich von der menschlichen Initiative zur Opferhandlung strikt absetzt. Das wiederum steht mit der Kritik von V.12f an einem verzeichneten, so wohl kaum existenten Opferverständnis in völligem Einklang, wonach der Mensch JHWH etwas aus seiner Habe darbrächte, das jener zuvor nicht besäße, dessen er aber – etwa als Speise – bedürfte.

kann, was ihm nicht schon gehörte,[115] was auch in der Tora von V.14, JHWH in der Not anzurufen und für zu erfahrene Rettung zu danken, zum Ausdruck kommt. In der *conditio* des latent in Not befindlichen Menschen bleibt jenem realistischerweise nichts, was er Gott anzubieten hätte – ja, etwas Besseres kann er offenbar nicht geben, als sich ihm in Notsituationen anzuvertrauen und sein Opfer daraufhin allein aus Dank darzubringen.[116]

Für das Verständnis von JHWHs Richten (vgl. in V.4b.6b) ist die Gottesrede V.7-21 dabei von einiger Bedeutung: Zunächst erfolgt sein Richten nicht notwendig in Form eines Gerichts*verfahrens* und beinhaltet auch keinen Urteilsspruch, sondern ergeht in Form der Gottesrede. Andererseits ist sein Richten hier nicht einlinig als ein für alle Beteiligten unmittelbar heilvolles ‚Retten' zu verstehen. Denn bereits die Theophanieschilderung V.1-6 deutet den Ernst der Situation an, und die in V.16-21 an die Übertreter ergehende Zurechtweisung ist durchaus als eine letzte Warnung (vgl. V.22) zu verstehen.[117] Doch dass Gott redet und nicht schweigt (vgl. V.3. und V.21) *ist* bereits sein Richten, das die Wiederherstellung der gerechten Ordnung bewirkt, ohne dass es überhaupt zu Verurteilung und Bestrafung der ‚Übeltäter' kommt. Es wird vielmehr an ihre Einsicht appelliert, indem ihnen anhand des für den Alltag aktualisierten Dekalogs ihr böses Handeln vor Augen gestellt wird – die Zionstora ist damit in der Substanz mit der Sinaitora identisch.[118]

In diesem Zusammenhang ist es also offenbar das von der Gemeinde ersehnte Erscheinen bzw. Aufstrahlen JHWHs (V.2) zur Wiederherstellung der gerechten Weltordnung,

---

115 Hiergegen wird im Zusammenhang der Opferproblematik Gottes Besitzverhältnis über alles Lebendige angeführt (V.10-13).

116 Hier ist die Tora JHWHs, das ‚Gesetz' – um mit *K. Barth* zu reden – „Gestalt des Evangeliums": JHWH Richten (V.4.6) ergeht in Form der Tora, und ihr formaler Imperativ ist dem Inhalt nach reinste Frohbotschaft.

117 Die bei der Botschaft der klassischen Propheten diskutierte Alternative: ‚Warnung' bzw. ‚Mahnung' *oder* ‚Gericht' würde bei diesem Verständnis von *Gericht als* durch Gott selbst ergehende letzte *Warnung* bei weitem zu kurz greifen.

118 Vgl. anders *Gese*, der Ps 50 in Konkurrenz zur Sinaioffenbarung sieht (Psalm 50, 155). Dabei ist vorausgesetzt, dass die Treue zur Sinaioffenbarung im rückwärtsgewandten Zitieren der Tradition bestünde. Doch wird die Sinai- bzw. Horeboffenbarung in einer für ein jeweiliges „Heute" geltenden Form vergegenwärtigt, was hier auch am präsentischen Verständnis des Bundesschlusses (Gleichzeitigkeit des Ptz. q. akt. כרת von in V.5) deutlich wird (vgl. bereits das dtn./ dtr. Konzept des ‚Heute', v.a. Dtn 4,4; 5,3; 6,4; 11,2 u.v.m.).

die den Zion als Ort vollkommener Schönheit qualifiziert. Dabei umfasst das Verb יפע hi. in V.2[119] – viel mehr noch als יצא und זרח, die deutlicher mit konkreten physischen Lichtquellen, etwa dem Aufgehen der Sonne verbunden sind,[120] das Aufleuchten von Licht oder Glanz überhaupt,[121] wobei zumeist auch der Aspekt des Erscheinens „eines bisher Verborgenen oder Unsichtbaren"[122] mitzudenken ist. Das wiederum verleiht diesem Verb, zumal, wie hier, bei JHWH als Subjekt, eine ausgesprochene Eignung als Offenbarungsterminus. Das Erscheinen Gottes selbst wird also – wiederum ähnlich wie in Ps 104,2a – zugleich auch mit ästhetischen Kategorien geschildert: An seiner lichthaften Theophanie in Ps 50,2b ist etwas, das die metaphorische Beschreibung als eine Art Lichterscheinung nahe legt – und zwar nicht nur, weil es sich bei der Lichtmetaphorik um eine geprägte Motivik von Theophanieschilderungen handelt, oder weil Licht im Alten Testament und im Alten Orient ohnehin meist Wahrheit, Leben und Gerechtigkeit symbolisiert.[123] Denn dass JHWH / Gott selbst aufstrahlt, als sei er reinstes Licht, sagt zum einen über JHWH aus, dass er selbst Quelle und Garant von Ge-

---

119 In Theophanieschilderungen findet man יפע hi. lediglich noch in Dtn 33,2.
120 So gehören die Verben יצא und זרח – anders als יפע hi. – in die Diskussion um solare Eigenschaften JHWHs hinein, vgl. hierzu u.a. *B. Janowski*, JHWH und der Sonnengott. Aspekte der Solarisierung JHWHs in vorexilischer Zeit, in: *J. Mehlhausen* (Hg.), Pluralismus und Identität (Veröffentlichungen der Wissenschaftlichen Gesellschaft für Theologie 8), Gütersloh 1995, 214-241, hier: 231. Allerdings können die Begriffe זרח und יפע hi. (wie in Dtn 33,2) gemeinsam auftauchen und sind nicht selten (im Parallelismus u.ä.) aufeinander bezogen.
121 Dennoch kommt die Gerechtigkeits- und Rettungsthematik auch bei יפע hi. durchaus zum Tragen, wie an Ps 94,1 (Anrufung des אֵל־נְקָמוֹת) oder bereits an Dtn 33,2 (zumindest in der Deutung des Qere mit Bezug auf JHWHs Sinaitora) oder auch in Ps 80,2 (Aufstrahlen JHWHs als des Kerubenthroners) zu sehen ist (jedes Mal mit JHWH als Subjekt des ‚Aufstrahlens').
122 *Chr. Barth*, Art. יפע, ThWAT III (1982) 790-795.
123 S. hierzu (neben der in Anm. 56 u. 57 genannten Literatur) v.a. *W. Fauth*, Helios Megistos. Zur synkretistischen Theologie der Spätantike (Religions in the Graeco-Roman World 125), Leiden 1995, 189ff.

rechtigkeit und Leben ist, aber eben auch, dass seine heraufkommende Gegenwart von einer auch ästhetischen Qualität ist, die eine Erfahrung von Schönheit in reinster Form mit sich bringt, die sich auf den Zion überträgt.[124] Die Schönheitsprädikation selbst also gilt dem Zion, der auch in nachexilischer Zeit als Ort der Selbsterschließung JHWHs für Israel das höchst vorstellbare Schöne symbolisiert. Der Zion zieht in der Funktion, wahrnehmbarer Manifestationsort Gottes zu sein, das Prädikat an sich, von vollendeter Schönheit zu sein – nebenbei eine Monozentrik, die durchaus konträr etwa zu postmodernen polyzentrischen Präferenzen liegt. Ps 50 zeigt aber auch, dass das Stichwort ‚Heilsgegenwart' allein die Dimensionen dieser Schönheitserfahrung noch nicht erfasst. Zion ist ja gerade der Ort, an dem Ungerechtigkeit nicht ausgeblendet wird, sondern wo der Prozess der Durchsetzung der gerechten Ordnung JHWHs gegen die Ungerechtigkeit und gegen das Böse in Gang kommt. Schönheit ist hier also die Außenseite des richtenden und zurechtbringenden Redens, Urteilens und Handelns Gottes.

III. Schluss

Damit hat sich an den ausgewählten Texte auch exemplarisch gezeigt, wie in Israel die unlösliche Beziehung des ‚Schönen' zum ‚Ethischen' und zum ‚Wahren' bestimmt wird. Anders, als im abendländischen Sinne das ‚Wahre, Schöne, Gute' zusammen gehören und zugleich auch deutlich von einander abgegrenzt wurden, sind in Israel Gerechtigkeit (צֶדֶק), Verlässlichkeit (אֱמֶת) und Schönheit (יֳפִי) unauflöslich aufeinander bezogen. Vor allem aber wäre es für Israel unmöglich, seine Vorstellung vom Schönen vom Garanten der Gerechtigkeit selbst, JHWH, zu lösen. Und zumindest in dieser Hinsicht mögen diese Ausführungen es

---

[124] Dabei lädt die Ähnlichkeit der Wurzeln יפע und יפה ohnehin zu Wortspielen ein – nicht nur in Ps 50,2, sondern auch in Ez 28,7.17, wo mit den Begriffen יִפְעָה und יֳפִי auch auf inhaltliche Bezüge zwischen Schönheit und ‚Aufglänzen' verwiesen wird.

ein wenig deutlicher gemacht haben, was *für Israel* das Schöne war.

Stefan Heuser

„Gib deinem Diener ein hörendes Herz ..."

Ästhetik und Ethik im Alten Testament

„Von nichts wimmelt unsere Zeit so sehr als von Aesthetikern."[1] – Ein oft zitiertes Urteil *J. Paul*s, das auch gegenwärtig zutrifft. Seit den achtziger Jahren des letzten Jahrhunderts wird der Ästhetikbegriff auf immer neue, meist ökonomisierte Lebensbereiche ausgeweitet.[2] Mit einigem Recht spricht daher *W. Welsch* von einem „Ästhetik-Boom"[3]. Auch an theologischen Beiträgen zu diesem „Boom" mangelt es nicht. Sie treten neben einen reichen Schatz von grundlegenden Werken zur theologischen Ästhetik und zur ästhetischen Theologie.[4]

I. Der Gang der Untersuchung

Der folgende Beitrag versucht, die theologische Reflexion über Ästhetik auf ein bestimmbares ästhetisches Phänomen zu begrenzen. Er fragt, wie die *Erneuerung von Wahrnehmung* zustandekommt. Es wird gezeigt, inwiefern in der kritischen Situation, in der sich eine neue Wahrnehmung ereignet, eine an der Kategorie des Neuen orientierte, theologisch zu reflektierende Ethik ins Spiel kommt. Wir werden erörtern, wie eine Ethik der *guten Werke* mit einer Äs-

---

1 *J. Paul*, Vorschule der Ästhetik, hg.v. *N. Miller/W. Henckmann*, Hamburg 1990, 22.
2 Vgl. hierzu *L. Ferry*, Der Mensch als Ästhet. Die Erfindung des Geschmacks im Zeitalter der Demokratie, Stuttgart e.a. 1992.
3 *W. Welsch*, Ästhetik und Anästhetik, in: Ästhetik im Widerstreit. Interventionen zum Werk von *J.-F. Lyotard*, hg.v. *W. Welsch* und *Chr. Pries*, Weinheim 1991, 67-87, hier: 70.
4 Vgl. hierzu die Einleitung dieses Bandes sowie die Bibliographie im Anhang.

thetik der neuen Wahrnehmung einsetzt. Die klassische und zuletzt vor allem von *E. Wolf* umfassend bearbeitete Frage, welche Ethik mit der nova creatura verbunden ist[5], wird vor allem mit Blick auf Motive der Ästhetik ausgewählter alttestamentlicher Schriften reflektiert.

Im Zuge dieser Erörterung wird es eine Frage sein, was geschieht, wenn Menschen durch ihre allgemeine Wahrnehmung hindurch zu einer neuen Wahrnehmung kommen, wenn sie neu sehen und neu hören lernen. Eine Antwort auf diese Frage birgt eine theologische Bestimmung der Wahrnehmung in sich, deren Konturen wir im Gespräch mit ästhetischer Phänomenologie, systematischen Überlegungen und alttestamentlichen Zeugnissen gewinnen werden. Methodisch werden wir dem dadurch entsprechen, dass wir zwischen Beschreibungen ästhetischer Phänomene (vor allem *Petrarcas*), systematischer Ästhetikreflexion (vor allem *Adornos*) und Zeugnissen der alttestamentlichen Ästhetik (vor allem der Psalmen) argumentativ hin- und herschreiten. Die Bitte des Salomo von 1Kön 3: „Gib deinem Diener ein hörendes Herz ..." steht erkenntnisleitend voran. *G. von Rad* hat in dieser Bitte einen Schlüssel zum Verständnis der Ästhetik des Alten Testaments gesehen. Sinngemäß hätte Salomo von JHWH damit erbeten, „daß ihm die Welt nicht stumm bleibe, sondern ihm vernehmbar werde"[6]. Wir werden den Implikationen dieser Bitte für die Ästhetik folgen und gleichzeitig fragen, welche Ethik mit dieser Ästhetik verbunden ist.

Einige Vorentscheidungen für unser weiteres Vorgehen sind damit bereits gefallen: Wir verstehen „Ästhetik" hier nicht als „Kunstästhetik", sondern in einem weiteren Sinn als „Gestaltästhetik"[7]. Als solche entfalten wir „Ästhetik" dann der Wortbedeutung gemäß als Reflexion und Verstän-

---

5 Vgl. *E. Wolf*, Sozialethik. Theologische Grundfragen, hg.v. *Th. Strohm*, Göttingen ³1988.
6 *G. von Rad*, Weisheit in Israel, Neukirchen 1970, 377.
7 Ich verwende das Wort „Gestalt" in Anlehnung an den Gebrauch, wie ihn beispielsweise *H. Vogel* als Bezeichnung für alles hörbare und sichtbare „Werk" für eine evangelische Ästhetik der Geschöpflichkeit von Welt und Kunst fruchtbar gemacht hat: Vgl. *H. Vogel*, Der Christ und das Schöne (*H. Vogel* Gesammelte Werke Bd. 9), Stuttgart 1983.

digung über Phänomene menschlicher „Wahrnehmung" der Gestalten der Welt.[8] Die theologische Bestimmung der Wahrnehmung ergibt sich aus unserer Reflexion über das Verhältnis von Ethik und Ästhetik im Lichte ausgewählter Texte des Alten Testaments. Diese Auswahl folgt nicht aus historischen Fragestellungen, sondern richtet sich nach der Frage, wie die Wahrnehmung der Gestalten und das Tun des Guten systematisch aufeinander bezogen sind. Wir werden die Texte also nicht diachron, sondern synchron lesen. Worin sind Ethik und Ästhetik in einigen paradigmatischen Texten des Alten Testaments, die wir mit ausgewählten philosophischen und systematisch-theologischen Reflexionen über Ästhetik und Ethik ins Gespräch bringen werden, verbunden – und welche „Typen" von Ästhetik und Ethik haben in den Texten Ausdruck gefunden, die in besonderer Weise jenen Zusammenhang thematisieren?

II. Erneuerung der Wahrnehmung am Ursprung der Ethik

Adorno hat darauf hingewiesen, dass die Wahrnehmung desto mehr schrumpft, je mehr sie ins Unbestimmte erweitert wird.[9] Wir werden der Frage nachgehen, wie Menschen unter den vielfältigen und unbestimmten Eindrücken, die sie von den Gestalten der Welt erhalten, zu einem bestimmten Hören und Sehen kommen. Die ästhetische Reflexion soll klären, wie die Wahrnehmung zur theologischen Bestimmung kommt: wie die Welt als Schöpfung, der Mensch als Kind Gottes und Gott als Schöpfer, Erlöser und Versöhner wahrgenommen werden.
Mit jener „Bestimmung" der Wahrnehmung ist daher keine Begrenzung oder Verengung, sondern eine differente und grundlegend neue Wahrnehmung im Kontext göttlicher

---

8 Vgl. hierzu *M. Seel*, Ästhetik des Erscheinens, München/Wien 2000, vor allem 49ff. Vgl. auch *B. Scheer*s Definition der Ästhetik als Wahrnehmungslehre, in: *B. Scheer*, Einführung in die philosophische Ästhetik, Darmstadt 1997, 1.
9 Vgl. *Th.W. Adorno*, Ästhetische Theorie (*Th.W. Adorno* Gesammelte Schriften Bd. 7), hg.v. *G. Adorno/R. Tiedemann*, Frankfurt a.M. 1970 sowie *ders.*, Minima Moralia. Reflexionen aus dem beschädigten Leben, Frankfurt a.M. 1969.

Verheißungen und menschlicher Hoffnungen gemeint.[10] Der Ästhetik alttestamentlicher Schriften geht es nicht darum, wie unsere „Welt" als Wahrnehmungshorizont mit den Gestalten der Welt zu verschmelzen sei.[11] Eine Grundfrage jener Ästhetik ist vielmehr, was unsere Wahrnehmung in kritische Differenz zu sich selbst und zu den Gestalten der Welt geraten lässt und Neues zu entdecken verhilft. Wir finden ähnliche Fragen auch in der philosophischen Ästhetik reflektiert, etwa bei *Th.W. Adorno*. Von ihm können wir uns auf die Spur einer kritischen Ästhetik bringen lassen. Seine negative Ästhetik leistet aber mehr: Sie ebnet den Weg für die Erkenntnis, dass es im Alten Testament um die Fülle der Ästhetik geht – um die Erfüllung menschlicher Wahrnehmung im geschöpflichen Leben mit Gott.[12] „Kritische Wahrnehmung" heißt dann nicht, die Welt pessimistisch zu negieren, sondern zunächst, sie realistisch wahrzunehmen. Bei *Adorno* gehört zu dieser Wahrnehmung auch die Sehnsucht nach einer anderen Welt. Diese „Welt" aber muss anders als bei *Adorno* nicht unbestimmt, nicht im theologischen Sinne wortlos bleiben. Auf sie scheint von den alttestamentlichen Texten her das Licht hoffnungsvoller Verheißungen.

1. Ethik und Ästhetik in Israels Doxologie

Im Kontext der Verheißungen, welche die alttestamentlichen Texte reflektieren, hat *G. von Rad* die Wahrnehmungskraft und den Wirklichkeitssinn des Volkes Israel in der Dialektik von „Anfechtung und Trost" beschrieben.[13]

---

10 Vgl. zur Erläuterung des Begriffs „Bestimmung" im Kontext des Alten Testaments: *H.W. Wolff*, Anthropologie des Alten Testaments, München ³1977, 321-330.
11 Vgl. *H.-G. Gadamer*, Wahrheit und Methode. 1. Grundzüge einer philosophischen Hermeneutik, *H.-G. Gadamer*. Gesammelte Werke Bd.1, ⁶1990, 311f.
12 Vgl. *H.G. Ulrich*, Einführung: Die „Freiheit der Kinder Gottes" – Freiheit in der Geschöpflichkeit. Zur Tradition evangelischer Ethik, in: *ders.*, Freiheit im Leben mit Gott. Texte zur Tradition evangelischer Ethik, ThB 86, Gütersloh 1993, 9-40.
13 *G. von Rad*, Theologie des Alten Testaments, Bd. 1, Die Theologie der geschichtlichen Überlieferungen Israels, München ¹⁰1992,

Sie steht im Zusammenhang mit der auf eine gemeinschaftliche Praxis bezogenen, politischen Frage, wie ein mit einem spezifischen Lebenszusammenhang verbundenes Tun mit einer neuen Wahrnehmung verknüpft ist. Man wird auch in dieser Allgemeinheit sagen dürfen, dass das Alte Testament keine freischwebende Ästhetik hat. Seine Schriften versuchen vielmehr, die Ästhetik im Bezug auf eine Ethik des Lebens mit JHWH zu verstehen. Alttestamentlichen Zeugnissen wie den Psalmen gemäß hat Israel diese Bestimmung der Ethik doxologisch in Klage und Dank vollzogen.[14] Von Rad zufolge steht die Ästhetik des Alten Testaments daher auch im Zusammenhang der doxologischen Ethik Israels.[15] Diese Verortung von Ethik und Ästhetik im Gotteslob wirft eine Vielzahl von Fragen auf. Sie führt unter anderem zu der Frage, welche Konsequenzen es für die ästhetische Theoriebildung hat, dass die Erneuerung der Wahrnehmung im Alten Testament mit der Erwählung und Erhaltung einer spezifischen Gemeinschaft, dem Volk Gottes, und seiner doxologischen Praxis verbunden ist. Unsere Erörterung der alttestamentlichen Ästhetik wird nicht daran vorbeigehen können, dass sich diese doxologische Praxis den Texten gemäß in Form der Gebete, des Gottesdienstes und des Lebens im Lebensraum der Gebote JHWHs vollzogen hat. Die enge Verbundenheit von Ethik und Ästhetik lässt sich etwa an Ps 4,7 studieren: Die ethische Frage Israels lautet nicht etwa: „Was sollen wir Gutes tun?", sondern zunächst: „Wer läßt Gutes uns sehen?!" (V.7a).[16] Doch noch im gleichen Vers wird diese Frage, welche immerhin die Einsicht festhält, dass „das Gute" außerhalb menschlicher Verfügbarkeit liegt, als mo-

---

395ff. Vgl. auch *G. von Rad*s Interpretation der Weigerung Israels, der „religiösen Provokation des Menschen durch die Welt" zu erliegen, in: Weisheit in Israel, Neukirchen 1970, 204f.
14 Vgl. *B. Janowski*, Konfliktgespräche mit Gott. Eine Anthropologie der Psalmen, Neukirchen-Vluyn 2003.
15 Vgl. *G. von Rad*, Theologie I, 375ff.
16 Hier wie im Folgenden verwenden wir die Übersetzung *M. Bubers*. Anders als beispielsweise *Luther* hält *Buber* seine Zuordnung hebräischer Wörter zu entsprechenden deutschen Wörtern stringent durch, so dass wir anhand seiner Übersetzung auf der Spur von Leitwörtern und möglichst dicht am Hebräischen bleiben können.

ralistisch entlarvt: In ihrer freischwebenden Allgemeinheit bleibt sie im Rahmen antiker Überlegungen zum Verhältnis von „dem Guten" und „der Lebensführung" und lässt die konkreten Formen, die das Leben mit JHWH bereithält, außer Acht. Eine solche Form ist die Bitte V.7b, mit der sich die Beter an den Gott wenden, dessen Namen sie kennen und auf dessen heilvolles Eingreifen sie vertrauen: „Bannergleich heb über uns das Licht deines Antlitzes, DU!" Anhand von dieser Psalmbitte lässt sich studieren, wie die ethische Frage transformiert und zu einer Frage des erwartungsvollen Lebens mit JHWH gemacht wird. Nicht die Handlungsmöglichkeiten und Pflichten der Menschen stehen im Blickpunkt dieser Ethik, sondern die Anrufung JHWHs. Zugleich konstituiert die Psalmbitte eine andere Ästhetik: Nicht die Möglichkeiten menschlicher Wahrnehmung erscheinen in dieser Ästhetik als wesentlich, sondern das Wahrgenommenwerden im Licht des göttlichen Antlitzes. Ps 4,7 verbindet Ethik und Ästhetik in einer Praxis, in der es weniger um die Handlungsmöglichkeiten moralischer Subjekte als um die Lebensformen geht, welche sich mit der hoffnungsvollen Erwartung des kommenden Gottes verbinden. Der Psalm wehrt damit der in der Neuzeit üblichen Ethisierung des Ästhetischen.

2. Gegen die Ethisierung des Ästhetischen

Von *Schleiermacher*s (Kunst-)Ästhetik bis hin zu *Gadamer* können wir studieren, wie Ästhetik „als eine von der *Ethik ausfließende Disciplin*" [17] verhandelt wird. Die Neuzeit hat – trotz *Kant* – ihre Ästhetik weitgehend ethisiert. Im Gespräch mit Zeugnissen alttestamentlicher Gestaltästhetik, das wir im Laufe dieser Untersuchung immer wieder aufnehmen werden, wird hingegen deutlich, dass die Ethik des Lebens mit JHWH aus einer erneuerten Wahrnehmung freigesetzt wird, die in einem fremden Ethos gründet: Die Erneuerung der Wahrnehmung liegt hier gerade nicht in den

---

17 F.D.E. *Schleiermacher*, Vorlesungen über die Aesthetik, Aus Schleiermacher's handschriftlichem Nachlasse und aus nachgeschriebenen Heften, hg.v. *C. Lommatzsch*, Nachdr. d. Ausg. Berlin 1842, Berlin/New York 1974, 23.

Handlungsmöglichkeiten des Menschen begründet, sondern bleibt an das schöpferische Wirken JHWHs gebunden.[18] Die Verbindung von Ethik und Ästhetik, die viele Schriften des Alten Testaments in den Blick rücken, ist daher nicht im Sinne der „ästhetischen Lebensform" *Kierkegaards* zu verstehen, deren Ethik in der Kontemplation dessen aufgeht, was möglich ist.[19] Das Alte Testament lässt fragen, wie Wahrnehmung und Tun zusammenwirken und wie das rechte Tun an eine bestimmte Wahrnehmung gebunden bleibt.

Mit der Ästhetik als Reflexion über Wahrnehmung ist eine Ethik verbunden, die nicht nur im Nachdenken über normen- und prinzipiengeleitetes Handeln sowie in Fragen der Lebensgestaltung und ihrer Begründung aufgeht. Die Ästhetik des Alten Testaments hat es mit Entdeckungs- und Transfigurationszusammenhängen zu tun, deren Verknüpfung mit bestimmten Lebensformen ethisch reflektiert werden kann.[20]

Vor allem die weisheitlichen Schriften des Alten Testaments, anhand derer *G. von Rad* sein Urteil über die Ästhetik Israels gewinnt (vgl. Hi 38f sowie die Psalmen 18, 50 und 119), setzen sich damit auseinander, welcher Ästhetik Menschen folgen und welche Ethik damit einsetzt. Das vielgestaltige Ethos, von dem wir im Alten Testament hören, etwa das Ethos des Gerechten, des Frommen oder des

---

18 Vgl. hierzu *G. von Rad*s Nachzeichnung der Genese der Weisheit Israels aus der differenzierten Wahrnehmung seiner Lebensräume: Weisheit, 364ff.
19 Vgl. hierzu *S. Kierkegaard*, Entweder / Oder, Zweiter Teil, in: *S. Kierkegaard*, Gesammelte Werke, 2. und 3. Abteilung, Düsseldorf 1957, 1-378.
20 Vgl. zu den wissenschaftstheoretischen Voraussetzungen dieser Unterscheidung *G. Sauter*, Grundzüge einer Wissenschaftstheorie der Theologie, in: *ders.* u.a. (Hg.), Wissenschaftstheoretische Kritik der Theologie. Die Theologie und die neuere wissenschaftstheoretische Diskussion. Materialien – Analysen – Entwürfe, München 1973, 211-332, hier vor allem 308ff. Vgl. als ausgeführtes Beispiel *D. Ritschl*s Überlegungen zum Verhältnis von theologischer Gesamtstory zur Ethik, in: Zur Logik der Theologie. Kurze Darstellung der Zusammenhänge theologischer Grundgedanken, München 1984, 286ff.

Propheten, ist jeweils mit einer neuen Wahrnehmung verbunden, die auf das erneuernde Handeln Gottes verweist.[21] Dies ist Grund genug, das Untersuchungsfeld zum Thema „Ästhetik und Ethik im Alten Testament" auf jene Erneuerungsvorgänge einzuschränken, die wir als Entdeckungszusammenhänge bedenken. Drei Aspekte eröffnen sich in diesem Zusammenhang: eine neue Wahrnehmung der Welt, ein neues Hören auf Gott und eine neue Aufmerksamkeit auf den Menschen.

III. Die Welt neu sehen lernen

Um den Zusammenhang von Ästhetik und Ethik im Alten Testament aus unserer heutigen Perspektive genauer zu verstehen, werden wir in den folgenden Kapiteln immer wieder zwischen der philosophischen Ästhetik und dem Alten Testament hin- und hergehen. Dadurch sollen die Konturen der theologischen Ästhetik Israels deutlicher hervortreten. Wir beginnen mit einer klassischen Beschreibung des ästhetischen Phänomens, an der sich die anthropologischen Hintergründe der Erneuerung der Wahrnehmung aufweisen lassen, wie wir sie auch im Alten Testament wiederfinden:

1. Petrarcas Erschrecken

„Den höchsten Berg dieser Gegend, den man nicht zu Unrecht Ventosus, „den Windigen" nennt, habe ich am heutigen Tag bestiegen, allein vom Drang beseelt, diesen außergewöhnlich hohen Ort zu sehen."[22] Mit diesen Zeilen beginnt der Mensch der abendländischen Literatur, sich ohne Gott in der Welt umzusehen. Die Welt und ihre Dinge sieht und beschreibt er nicht mehr selbstverständlich als eingefügt in eine Heilsgeschichte. Dem Drängen des Ber-

---

21 Vgl. hierzu auch *G. Scholem*s Typologie jüdischer Frömmigkeit: Drei Typen jüdischer Frömmigkeit, in: *ders.*, Judaica 4, hg.v. *R. Tiedemann*, Frankfurt a.M. 1984, 262-286.
22 *F. Petrarca*, Die Besteigung des Mont Ventoux, Familiarium rerum libri IV,1, Lateinisch / Deutsch, hg. u. übers.v. *K. Steinmann*, Stuttgart 1995, 5.

ges, gesehen zu werden, hält *F. Petrarca* kein Gebot Gottes entgegen, noch verortet er es in einer Geschichte, die er mit seinem Gott hat. Er will einfach nur von dem Berg herabschauen, ein Drang, der ihn „beseelt" und dem er sich ausliefert.[23] So ist *Petrarca*s Schilderung seiner Besteigung des Mont Ventoux aus dem Jahr 1336 immer wieder als ein Gleichnis der Moderne und ihrer Ästhetik gelesen worden.[24]
Für unsere Reflexionsaufgabe hält *Petrarca*s Erzählung eine andere Pointe bereit: Sein Erschrecken darüber, dass er Gott über die Wahrnehmung der Natur aus den Augen verloren hat – ein Erschrecken, das einer Ästhetik wie derjenigen Schleiermachers und mit ihr vielleicht sogar jeder

---

23 Zur Erinnerung: Je höher *Petrarca* auf den 2000 Meter hohen Berg in der Provence steigt, desto mehr wird die Schilderung der Bergbesteigung zum Gleichnis für den Aufstieg zum seligen Leben. Auf dem Gipfel angelangt, staunend über die Schönheit des Ausblicks, kommt er auf den Gedanken, die Bekenntnisse Augustins aufzuschlagen, die er immer bei sich trägt. Sein Blick fällt zufällig auf folgende Stelle im zehnten Buch: „Und es gehen die Menschen hin, zu bewundern die Höhen der Berge und die gewaltigen Fluten des Meeres und das Fließen der breitesten Ströme und des Ozeans Umlauf und die Kreisbahnen der Gestirne – und verlassen dabei sich selbst." Petrarca erschrickt und ist „zornig auf mich selber, daß ich jetzt noch Irdisches bewunderte" (*Petrarca*, Besteigung, 25). Mit aufgewühltem Herzen, in Betrachtungen der dem Menschen von Gott verliehenen Seele versunken, steigt er wieder ab in die Herberge, wo er seine Erzählung sogleich zu Papier bringt.
24 Vgl. beispielsweise *H. Blumenberg*, Der Prozeß der theoretischen Neugierde, Frankfurt a.M. ²1980, 142ff. Der Text sei zudem ein „Zeugnis einer Epochenschwelle in der Geschichte der ästhetischen Erfahrung" (*K. Stierle*, Petrarcas Landschaften. Zur Geschichte ästhetischer Landschaftserfahrung, Krefeld 1979, 11). Es ist viel darüber diskutiert worden, wie diese Erzählung historisch zu bewerten ist, welche Linien zu *Dante* und *Boccaccio* zu ziehen sind; cf. hierzu die noch immer aufschlussreichen Überlegungen von *J. Burckhardt*, Die Kultur der Renaissance in Italien, Bd.5, hg.v. *W. Kaegi*, Basel 1930, in welchem Bezug die einleitenden Zeilen auf die aristotelische Ästhetik einer „Liebe zum Sehen ohne Bezug auf den Nutzen" (*Aristoteles*, Met. 1, 1 980 a22) stehen, wie sie sich auf Augustins Memoria-Lehre beziehen (vgl. hierzu *J. Ritter*, Subjektivität. Sechs Aufsätze, Frankfurt a.M. 1974], welche ästhetische Theorie *Petrarca*s Schilderungen insgesamt nahelegen und welche Geschichts-, Kultur- und Natur-Hermeneutik daraus folgt.

auf den Begriff der Unmittelbarkeit konzentrierten Wahrnehmungslehre fremd ist. Verbindet es sich doch mit der Lektüre der Bekenntnisse *Augustins*, mit denen *Petracra* in eine neue Wahrnehmung hineingerät, die dem Vorbild *Augustins* gemäß das Gebet als Praxis freisetzt.
Petrarca hatte sich dem Andringen der Welt in ihrer schönsten Gestalt hingegeben, ein Motiv, das auch die weisheitliche Literatur des Alten Testaments reflektiert. *Von Rad* beschreibt dieses Andringen als ambivalente „Zukehr der Umwelt zum Menschen hin"[25]. Die Zukehr verläuft insofern nicht harmonisch, als sich die Erfahrung der Umwelt zwischen Mensch und Gott schiebt. Sie lenkt die Aufmerksamkeit des Menschen von Gott ab. *Petrarca* erschrickt über diese Ablenkung, als er sich mit *Augustins* Bekenntnissen in einer anderen Story wiederfindet: der Geschichte eines Menschen, der seine Wahrnehmung ins Gebet hineinnimmt und so in sein Leben mit Gott.
Sein Erschrecken ist eine Form der Anfechtung, welcher der Trost der Gebetspraxis entgegentritt. Die Anfechtung ereilt ihn als Einsicht, dass seine Liebe zur Schönheit der Welt größer war als seine Liebe zu Gott. *Petrarca* nimmt das Schöne neu wahr und nimmt diese Wahrnehmung im Gebet in ein trostvolles Leben mit Gott hinein. Er lernt neu, mit der Welt als Schöpfung, nicht bloß als „Landschaft" oder „Umwelt" zu leben. Anfechtung und Trost als Merkmale des Wirklichkeitssinns Israels sind damit auch in *Petrarca*s Ästhetik zu finden – allerdings, wie wir sehen werden, mit bedenkenswert anderem Akzent.
Es ist hinzuzufügen, dass wir *Petrarca*s Erschrecken nicht emanzipatorisch als Schock eines mittelalterlichen Menschen über die Freiheit verstehen, die ihm sein Ausgang aus der Bevormundung durch die Religion eröffnet. Nach dieser Lesart ginge die Erzählung geradezu für eine kritische Ästhetik verloren. Am Beispiel *Petrarca*s kann die Ästhetik zeigen, wie der emanzipatorische Glanz einer solchen Freiheit verdeckt, in welche neue Dunkelheit sich der Mensch hier „hineinbefreit". *Petrarca* wird nicht von der Religion befreit, sondern davon, sich in den Gestalten der Welt einzurichten und sie als „das Schöne" zu fixieren. Er hätte

---

25   G. von Rad, Weisheit, 384.

dieser Lesart gemäß keinen Rückfall in eine dumpfe Religiosität erlitten und erzählt. Vielmehr könnten wir seine Erzählung als scharfe Metaphysikkritik lesen, die uns an den Punkt führt, an dem auch Ps 19, wie noch zu zeigen sein wird, die Erneuerung der Ästhetik aufsucht: dem Einstimmen in eine andere Wirklichkeit, die den Menschen davor bewahrt, dem Andrängen der Weltgestalten zu erliegen und sie absolut zu setzen.

Mit *Augustin*s Bekenntnissen setzt *Petrarca*s alte Wahrnehmung aus. Er öffnet sich einer neuen Wahrnehmung, die ihn in der Wirklichkeit, in dem, was auf ihn eindringt, neu fragen lässt, was im Lichte der Verheißungen Gottes wahrgenommen werden kann.

Das Erschrecken *Petrarca*s liegt in der dunklen Ahnung begründet, dass jede ästhetische Erfahrung, sofern sie nicht nach oben hin, von Gott her, begrenzt bleibt, auch nach unten hin in abgründiger Weise offen wird. *Petrarca* lässt uns von *dem* Menschen sprechen, der ohne das Hören auf die Sprache Gottes der andrängenden Natur anheimfällt und gerade so, gefangen in der Betrachtung ihrer Schönheit, unfrei bleibt. Eine Anthropologie des unfreien, der Versöhnung bedürftigen Menschen kommt in den Blick. An diese Anthropologie knüpft sich eine Ästhetik, in der es um die Befreiung des Menschen zur Wahrnehmung der Wahrheit über sich und über die Welt mitten in seiner und ihrer widerspenstigen Wirklichkeit geht.

In *Petrarca*s stilisierter Erzählung finden wir den Menschen, der in den Gestalten aufzugehen und in ihrer Schönheit zu versinken droht, statt ihnen – zumindest – ein (kritisches) Gegenüber zu bleiben. Der Geistesblitz, der *Petrarca Augustin*s Bekenntnisse in den Sinn brachte, ist kein Rückfall in eine mittelalterliche Weltverneinung. Vielmehr befreit er die Wahrnehmung davor, in dem Andrängen der Gestalten der Welt verloren zu gehen und er befreit dazu, neu auf die Wahrheit ihrer Schönheit zu achten. Wie wurde der Gipfel zum Wendepunkt? Wie kam es, dass *Petrarca* die Schönheit der Gestalten neu sehen lernte? Wie kam es, dass jene neue Wahrnehmung in ein bestimmtes Tun umschlug?

2. Die Befreiung zu einer neuen Wahrnehmung

Anhand der Frage nach der Befreiung des Menschen zu einer neuen Wahrnehmung wird deutlich, dass bei unseren Überlegungen in enger Verknüpfung mit der Ästhetik stets die Ethik mit im Spiel ist.[26] Es ist eine ethische Frage, wie Menschen dazu kommen, sich in der Welt umzusehen, ohne sich ihrer ästhetischen Erfahrung auszuliefern und unter dem Zugriff der Gestalten sowohl sich als auch die Welt zu verlieren – eine Ethik, die eng mit der erneuerten Wahrnehmung verknüpft ist. *Petrarca*s Erschrecken gründet in der unerträglichen Ästhetik einer Welt, die kein Gegenüber mehr hat, eine verabsolutierte Welt, mit der Menschen verschmelzen. Die fesselnde Schönheit der Welt ist theologisch stumm. Sie sagt von sich aus kein Wort der begründeten Hoffnung auf das wirklich Neue, das in sie hineinkommt.[27] Sie ist als Schönheit ja geradezu Ausdruck einer Fülle, die sich selbst genügt und die den Betrachter zum Verharren aufruft. Mit einer solchen „fundamentalästhetischen" Wahrnehmung endet die Ethik. Eine Wahrnehmung der Schönheit, die in den Bann zieht, ist abgründig. Sie lässt

---

26 Vgl. unter den zahlreichen neueren Versuchen, das Verhältnis von Ästhetik und Ethik zu bestimmen: *M. Düwell*, Ästhetische Erfahrung und Moral. Zur Bedeutung des Ästhetischen für die Handlungsspielräume des Menschen, Alber Thesen Bd.4, Freiburg/München 1999; *J. Früchtl*, Ästhetische Erfahrung und moralisches Urteil. Eine Rehabilitierung, Frankfurt a.M. 1996; *M. Seel*, Ethisch-ästhetische Studien, Frankfurt a.M. 1996; *W. Welsch*, Ästhet/hik. Ethische Implikationen und Konsequenzen der Ästhetik, in: *Chr. Wulf/D. Kamper/U. Gumbrecht* (Hg.), Ethik der Ästhetik, Berlin 1994, 3-22; *J.-P. Wils*, Ästhetische Güte. Philosophisch-theologische Studien zu Mythos und Leiblichkeit im Verhältnis von Ethik und Ästhetik, München 1990. Vgl. vor allem auch die aristotelischen Ansätze, welche die Ästhetik als Teil einer Ethik des guten Lebens zu bestimmen suchen: Zu nennen wären hier beispielsweise *Ch. Taylor*, Quellen des Selbst, Frankfurt a.M. 1994 und *M.C. Nussbaum*, Love's Knowledge. Essays on Philosophy and Literature, Oxford 1990.
27 Vgl. zum Begriff der „begründeten Hoffnung" im Unterschied zur Hoffnung auf Ideale oder Utopien: *G. Sauter*, Begründete Hoffnung, Erwägungen zum Begriff und Verständnis der Hoffnung heute, in: *ders.*, Erwartung und Erfahrung. Predigten, Vorträge und Aufsätze, München 1972, 69-107.

nichts Neues und Anderes mehr erwarten und bejaht nur die Gestalten, mit denen sie vergeht.

Wie kam *Petrarca* im Bann dieser Ästhetik dazu, über seine größere Liebe zur Schönheit der Weltgestalten als zu Gott zu erschrecken? Seine Wahrnehmung wurde in einer Weise erneuert, die sich berichten und verstehen, aber nicht überblicken lässt. Die Erneuerung kommt von außen in die Welt. Sie sperrt sich daher gegenüber Plausibilisierungsversuchen. Auch *Petrarca* kam sie nicht als Möglichkeit in den Sinn, bevor sie ihn ereilte. Die Ästhetik dieser Szene ist auf das Erschrecken zugespitzt, auf eine extern konstituierte Verwandlung der Wahrnehmung, mit der sogleich ein bestimmtes Tun einsetzt. Sie steht insofern außerhalb jedes Tun-Ergehens-Zusammenhangs. *Petrarca* bringt uns hier auf die Spur einer Ästhetik, die einem Erwachen gleicht und die wir in den Psalmen wiederfinden.

Doch mit dem Erzählelement der von ihm stets mitgeführten und regelmäßig studierten „Bekenntnisse" *Augustins* zeigt *Petrarca* an, dass sich jene Erneuerung der Wahrnehmung über eine Praxis des Lesens und des Betens ereignet. Sie bleibt keine „reine" Entdeckung, sondern wird in einem Entdeckungszusammenhang reflektiert, der eine bestimmte Praxis einschließt. *Petrarca*s neue Wahrnehmung ist tatsächlich neu. Sie ist eine Wendung auf seinem Lebensweg. Aber sie ist kein Urknall. Die Wirklichkeit, die *Petrarca* neu sehen lernt, ist schon da. Die neue Wahrnehmung bricht herein in ein Leben, zu dem eine bestimmte Praxis gehört, deren Paradigma das Gebet ist. Die Anrufung Gottes lässt davon absehen, die Wahrnehmungseindrücke ihrer Wirkmächtigkeit gemäß zu einem Bild von der Welt und von sich selbst zusammenzufügen. Sie zieht vielmehr die Gestalten der Welt hinein in eine von der Verheißung des kommenden Gottes geformte Wahrnehmung. Im Gebet lernt *Petrarca* die Welt neu sehen. Sein Versinken im Eindruck der Weltgestalten schlägt um in seine Bergung bei Gott im Gebet.

IV. Auf Gott neu hören lernen

Im folgenden wollen wir der Ästhetik, die wir in der Erzählung *Petrarcas* reflektiert finden, mit Ps 1 ein Zeugnis alttestamentlicher Ästhetik gegenüberstellen. Dies soll uns den Charakter der Verbindung von Ethik und Ästhetik im Alten Testament exemplarisch verdeutlichen.

1. Die Ästhetik des Lesens und Hörens der Tora

Lesen wir die Besteigung des Mont Ventoux als Geschichte von einer Befreiung der Wahrnehmung aus ihrer völligen Verstrickung in die Weltgestalten, so erzählt Psalm 1 eine komplementäre Story: Die in diesem Psalm glücklich gepriesene, typisierte Gestalt des צַדִּיק bewegt sich im unablässigen „Murmeln" über der Tora in der ganzen Fülle einer Welt, in der Menschen außerhalb dieser Praxis des Lesens und Hörens auf das Gebot JHWHs nicht zu Hause sind: „O Glück des Mannes, der nicht ging im Rat der Frevler, den Weg der Sünder nicht beschritt, am Sitz der Dreisten nicht saß, sondern Lust hat an SEINER Weisung, über seiner Weisung murmelt tages und nachts!" (Ps 1,1f).

In der exemplarischen Ästhetik des צַדִּיק wird gänzlich davon abgesehen, sich von den Eindrücken der Welt bestimmen zu lassen. Sie geht im gleichzeitigen Lesen und Hören der Tora auf. Aus jener neuen Wahrnehmung, in die *Petrarca* hineinbefreit wird, fällt der צַדִּיק gar nicht erst heraus. An diese minimalistische Ästhetik, die ganz aus der Welt heraus- und zu Gott hinschaut, knüpft sich ein erfülltes Leben mit der göttlichen Weisung: „Was alles er tut, es gelingt" (Ps 1,3). Die Minimalästhetik gebiert eine Maximalethik. Der Typos des צַדִּיק ist demnach gar nicht untätig, weil er „nur" liest, sondern in höchstem Maß aktiv, indem er sich im lauten Lesen der Tora den Willen Gottes selbst hörbar zuspricht und sich auf diese Weise ganz für den Willen Gottes öffnet. Der צַדִּיק bleibt im Hören auf die Tora aufmerksam auf den Weg, der ihm bestimmt ist. Immer wieder neu fragt er danach und vernimmt, wohin er gehört. Freilich ist hiermit keine Maximalmoral gemeint im Sinne einer perfekten Lebensführung. Das zeigt sich schon daran, dass der צַדִּיק, wie ihn Psalm 1 vor Augen stellt, ein Typos ist, nicht eine reale Person. Sein stilisiertes Gegenüber wäre der Typos eines Moralisten, der stets alle Normen und Regeln im Blick hält und nichts und niemanden aus seiner Wahrnehmung herausfallen lassen darf. Psalm 1 reflektiert vielmehr, dass Menschen vollendete Moralisten sein können, die alle Windungen ihres Lebensweges ihrem eigenen Urteil und dem ihrer Mitmenschen gemäß meistern – und gleichwohl damit auf dem falschen Weg sind. Das Gelingen, das Ps 1,3 meint, ist kein moralisches. Es meint nicht die gelungene Lebensführung, mit der ein Mensch zufrieden und selbstbewusst vor den anderen Menschen dastehen könnte. Was der צַדִּיק tut, gelingt nicht nach menschlichem Urteil über gut und schlecht, sondern bleibt in der Erwartung des Urteils Gottes.

Der צַדִּיק von Psalm 1 lässt sich mit der Figur des Hiob vergleichen, der sich seinen drei Freunden gegenüber nicht darauf einlässt, über Gründe für sein Leid zu räsonieren, sondern Gott gegenüber darauf beharrt, dass ihm ein gnädiges Urteil und ein gutes Leben zustehen (vgl. z.B. Hi 16,19-21). Diese Ethik ist nicht einfach nur kontrafaktisch. Sie fragt vielmehr über die Sehnsucht nach einer anderen Wirklichkeit hinaus nach dem gnädigen Willen Gottes und bleibt in der bestimmten Hoffnung auf die unversehrte Welt, die neue Schöpfung, wie sie in der Tora als geoffenbarter Wille JHWHs enthalten ist.

Während Petrarca davor bewahrt wird, sich ohne Gott in der Welt umzusehen, birgt sich der צַדִּיק ganz in Gottes Willen, indem er einstimmt in das, was ihm in der Tora gesagt ist. Während Petrarca in unhintergehbarer, geheimnisvoller Weise gerufen wird, zum Hören kommt und damit in eine andere Ethik hineingerät, bleibt der צַדִּיק beim Hören und stimmt in ein neues Ethos ein, das menschliche Möglichkeiten der Lebensführung überwindet: Die Ethik, mit der wir es in Psalm 1 zu tun haben, reflektiert das Ethos *Gottes*.

Was der Psalmist, so *M. Buber*, „von der Lebensführung des Mannes meint, von dem er spricht, kann durch ethische Werte nicht erfaßt werden, und was er von seinem Glück meint, ist in einer anderen Sphäre behaust als in der Zufriedenheit eines Menschen mit sich selbst. Beides, diese Lebensführung und dieses Glück, transzendiert seinem Wesen nach sowohl das Ethos wie das Selbstbewußtsein. Beides ist nur von dem Umgang eines Menschen mit Gott, dem Grundthema des Psalmenbuchs, aus zu verstehen."[28] Der typische צַדִּיק verwechselt nicht jenes „Gelingen" allen seinen Tuns mit „Wohlergehen", aber er koppelt das Wohlergehen nicht vom Tun des Willens Gottes ab.

2. Auf dem Weg der Gerechtigkeit JHWHs

Worin liegt der Unterschied im Verhältnis von Ästhetik und Ethik bei *Petrarca* und bei Ps 1? Zunächst gilt Ps 1 zufolge, dass sich Menschen in jener typologisierten Lebensform des Gerechten nicht einrichten können. Sie wird nicht zur Moral. Wie sie in diese Lebensform hineingerufen werden, können sie aus ihr auch herausfallen. Ihre Permanenz erhält diese Lebensform aus der bleibenden Erwählung Israels durch JHWH, an die sie gebunden ist. Der צַדִּיק ist als Lebensform schon da, bevor Menschen in sie einstimmen. Im Unterschied zu dem צַדִּיק versucht *Petrarcra*, etwas von der befreienden neuen Wahrnehmung zu bewahren und macht die neue Wahrnehmung zum Gegenstand seiner Selbsterkenntnis. Wie sein theologischer Lehrer *Augustin* verfolgt *Petrarca* in der Hinwendung zu seinem Schöpfer ein Wahrnehmungsziel. *Petrarca* sucht Selbsterkenntnis – allerdings, indem er die ästhetische Ursituation der Anfechtung verlässt. Er und der צַדִּיק unterliegen im Hinblick auf die Erneuerung der Wahrnehmung demselben Phänomen. Doch die Fäden der augustinisch-abendländischen Verbindung von Ästhetik und Ethik und derjenigen von Ps 1 laufen auseinander, insofern erstere aus dem Erneuerungsvorgang heraustritt und das „Neue" als Erweiterung menschlicher Möglichkeiten versteht. Schon bei *Petrarca* finden wir somit die neuzeitliche Ethisierung der Ästhetik angelegt. Dem צַדִּיק hingegen wird die aus der Wahrnehmung gewonnene Ethik nicht zum Projekt seiner Lebensgestaltung. Er hört nicht auf das Wort Gottes, um ein besserer Mensch zu werden, sondern weil sich im Hören der Tora sein Leben erfüllt. Der „Sinn", das „Telos" jenes Hörens und Tuns ist

---

28 *M. Buber*, Recht und Unrecht: Deutung einiger Psalmen, Gerlingen ²1994, 56f.

nicht außerhalb des Hörens und Tuns des Gotteswillens zu finden, sondern nur darinnen. Das Bestimmtwerden vom Gotteswillen und das Bleiben im Hören lassen sich nicht in eine moralische Haltung oder in ein Ethikprogramm transformieren. Entsprechend ist Ps 1 anders als die Besteigung des Mont Ventoux nicht als Weg eines Menschen zur besseren Erkenntnis seiner selbst im Lichte der Erkenntnis Gottes stilisiert, sondern als Doxologie ausgeführt.

Gemeinsam haben der צַדִּיק und Petrarca, dass sie auf ein Ethos angewiesen bleiben, welches ihnen mit einer erneuerten Wahrnehmung geschenkt wird. Der צַדִּיק aber lebt ganz in der Erwartung Gottes und legt sich daraus keine Moral zurecht. Gottes Ethos wird kein Teil seiner Wahrnehmungs- und Handlungsoptionen, während bei Petrarca die neue, geschenkte Wahrnehmung eine eigene Moral begründet. Der Vergleich zwischen beiden typisierten Gestalten erschließt für uns, dass die neue Wahrnehmung in einem fremden Ethos gründet, das sich nicht zu einer autonomen Moral oder einem besseren Ethos machen lässt.

Die Lebensform des צַדִּיק besteht, wie *Buber* sagt, in der Transzendierung des menschlichen Ethos und wird – anders als bei *Petrarca* – nicht zu seiner Begründung herangezogen. Damit ist auch die „Ästhetik" auf JHWHs Kennen (יָדַע) des Weges des Gerechten bezogen. Es geht in ihr weniger um die Selbstwahrnehmung, sondern um das Wahrgenommenwerden im Leben mit Gott.[29] *Buber* schreibt, dass das hebräische Verb יָדַע „in seiner sinnlichen Urbedeutung zum Unterschied von den abendländischen Sprachen nicht der Sphäre der Betrachtung, sondern der des Kontakts angehört"[30]. Die Wahrnehmung Gottes und Gottes

---

29 Hiervon ist m. E. die Frage einer rezeptionsästhetischen Lektüre der Psalmen zu unterscheiden, in der es darum geht, „wie und warum wir beim Lesen der Psalmen unsere Grenzen ständig überschreiten". (*D. Erbele-Küster*, Lesen als Akt des Betens. Eine Rezeptionsästhetik der Psalmen, WMANT 87, Neukirchen-Vluyn 2001, 49.) *Erbele-Küster*s Frage führt zu einer „literarischen Anthropologie der Psalmen" (50).
30 *Buber*, Recht und Unrecht, 58.

Wahrnehmung, von denen in Ps 1 die Rede ist, lassen den Menschen nicht bleiben, wie er ist, sondern lassen ihn den צַדִּיק, den Menschen auf dem Weg der Gerechtigkeit Gottes sein. Nicht der Gerechte kennt seinen Weg, sondern Gott kennt den Weg des Gerechten: „Der Weg, der Lebensweg dieser Menschen ist so beschaffen, daß sie in jedem seiner Stadien den göttlichen Kontakt neu erfahren."[31] Das Ethos, das mit dieser Wahrnehmung immer wieder neu beginnt, ist das Ethos Gottes, in das Menschen im Hören auf die Tora einstimmen.

Die Art und Weise, wie in Ps 1 anhand der Figur des צַדִּיק Ästhetik und Ethik zusammengehalten werden, ist ein wichtiges und immer wiederkehrendes Kennzeichen für das Verhältnis jener Begriffe im Alten Testament. In der Ästhetik des Alten Testaments geht es immer wieder um das (gottesdienstliche) Leben mit JHWH, wie es in seinem Gebot Raum gewinnt.[32] Daher ist die Ästhetik als Transformationsprozess eng mit der Praxis der JHWH-Gemeinde verbunden, deren vielfältige Formen auf ein vorausgehendes Handeln Gottes bezogen bleiben.

V. In der Erwartung des Schönen bleiben

Mit seinem Typos des Gerechten vermittelt uns Ps 1 im Vergleich zu *Petrarca*s Erzählung aber auch, dass die menschliche Wahrnehmung in einer ganz bestimmten Weise unfrei ist – eine Erkenntnis, deren theologische Tiefenschärfe nicht der Wahrnehmung selbst entnommen werden kann. Dies zeigt sich in besonderer Weise an der Wahrnehmung des Schönen. Die Erfahrung der vom Schönen geradezu gefesselten Wahrnehmung, die immer wieder neu befreit wird, bleibt ohne theologischen Verständigungszusammenhang stumm. Hier gilt, dass das Schöne im Leben mit JHWH entdeckt wird. Es ist nicht von der Welt, sondern es kommt in die Welt. Hinter seine Ankunft in der

---

31 *Buber*, Recht und Unrecht, 59.
32 Vgl. *G. von Rad*, Theologie, 208.

wahrnehmbaren Welt kann niemand zurückgehen.[33] Es bleibt Ereignis.
Dies bleibt nicht ohne Folgen für die Rolle der Kunst. An ihr lässt sich beispielhaft für die ganze Ästhetik studieren, wie es um die Wahrnehmungskraft des Menschen steht. Welche Aufgabe fällt ihr zu, wenn das Schöne dem Zeugnis des Alten Testaments gemäß eschatologischen Charakter hat? Was geschieht, wenn die Kunst nicht mehr in der Erwartung des Schönen bleibt, sondern das Schöne selbst in die Welt bringen möchte? Im folgenden werden wir uns von Nietzsches Verständnis der dionysischen Kunst herausfordern lassen, um die eschatologische Pointe der alttestamentlichen Ästhetik herauszuarbeiten.

1. Die dionysische Herausforderung

Folgen wir *Nietzsche*, so ist der Widerfahrnischarakter des unbestimmbaren und schrecklich Schönen, der Zauber des Grausens, nichts weniger als der Quellgrund der ästhetischen Lust.[34] Die Ankunft des Schönen in der Welt bleibt tatsächlich unvordenklich. Darauf hatte schon *Aristoteles* mit seiner Unterscheidung von zweckgerichtetem und sinnerfülltem Handeln am Beispiel des Kitharaspielers hingewiesen.[35]
Es kommt demnach wirklich darauf an, in welches Wort die Wahrnehmung des Schönen gefasst ist. Die theologische Bestimmung und Deutlichkeit des Schönen bleiben an die sprachlich konstituierte Praxis jüdischer und christlicher Gemeinden gebunden. Die ästhetische Theorie kann daher im Anschluss an das Alte Testament anders als zum Beispiel *Hegel*s Kunstästhetik nicht beanspruchen, das ästhetische Phänomen zu überblicken. Insofern reflektiert die alttestamentliche Ästhetik, was es heißt, das Schöne zu er-

---

[33] Dies scheint mir der negativ-theologische Kern einer ästhetischen Theorie des Erscheinens zu sein, wie sie *Seel* vorträgt. Vgl. *M. Seel*, Ästhetik, 49ff.
[34] Vgl. *F. Nietzsche*, Die Geburt der Tragödie oder Griechentum und Pessimismus, in: *F. Nietzsche*, Werke in drei Bänden, hg.v. *K. Schlechta*, Bd.1, München 1966, 7-134.
[35] Vgl. *Aristoteles*, Nik. Ethik I, 1098a.

warten, es zu entdecken und in der Erwartung zu bleiben, dass es in die Welt kommt.

Als *Petrarca* sich dem Schönen hingab, hat er dessen „Anruf" nicht vernommen. In der Verschmelzung seiner Wahrnehmung mit dem Schönen wurde er taub für das, was ihm das Schöne zurief. Seine Erzählung weist darauf hin, was es heißt, in der Erwartung des Schönen zu bleiben, anstatt dem Schönen, das sich aufdrängt, anheimzufallen. Offenbar können Menschen das Schöne nicht unmittelbar wahrnehmen, ohne ihm zu erliegen. Im Rauschen der Erscheinungen werden sie taub für das, was ihnen die Augen und Ohren öffnen könnte.

*Petrarca*s Erzählung reflektiert, dass das Eintauchen in die Schönheit des Scheins die Sehnsucht nach der Versöhnung der Welt und des Menschen schmerzvoll wach hält, aber nicht stillt. Unter der Schönheit öffnet sich ein Abgrund. Das Schöne, das sich verströmt, muss theologisch vermittelt werden. Es gehört in eine Geschichte hinein, die das Schöne mit der Erfüllung des Schönen zusammenspricht. Ohne Hilfe von außen ist die Kunst mit dieser Vermittlungsaufgabe überfordert. Denn auch der Künstler hat an der Versöhnungsbedürftigkeit teil und kann sich nicht zum Ursprungsort einer versöhnten Wirklichkeit, allenfalls zum Produzenten einer Welt des schönen Scheins machen. Der Künstler ist daher als „Zeuge" gefragt, der nicht nur das verdoppelt, was in der Schönheit selbst angelegt ist, sondern bezeugt, was den schönen Dingen nicht abgelauscht werden kann: Die Versöhnung, die über der Welt aufgerichtet ist. Bleibt die Kunst in der Erwartung des Schönen, das in die Welt kommt oder versucht sie, die Schönheit selbst zu vollbringen? Es ist eine spannungsreiche theologische Frage an die Kunst, ob sie das Schöne noch *Gottes* sein lässt – etwa, indem sie den Platz des Schönen frei hält für die Ankunft seiner schöpferischen Schönheit.

Im Gefolge dieser Bestimmung ihres Gegenstand ist für die theologische Ästhetik überhaupt erst zu ermessen, wie sie von jener Kunst herausgefordert wird, die Nietzsche die „dionysische" nennt. Schweigt die dionysische Kunst doch weder vom ewigen Leben noch von der ins Leid verschlungenen Natur, sondern lässt sie gerade an Phänomenen zu Wort kommen, an denen auch der Logos Gottes ansetzt. Sie tritt auf diese Weise in echte, kaum zu unterschätzende Konkurrenz zu dem Wort, in das die theologische Ästhetik die Dinge und ihre Natur fasst. *Nietzsche* schreibt, dass uns in der dionysischen Kunst die Natur, in die Schmerzen und Schönheit verwoben sind, mit ihrer wahren Stimme anspricht und sagt: „'Seid wie ich bin! Unter dem unaufhörlichen Wechsel der Erscheinungen die ewig schöpferische, ewig zum Dasein zwingende, an diesem Erscheinungswechsel sich ewig befriedigende Urmutter!'"[36] Insofern diese Ästhetik nicht mehr in der Erwartung des Schönen bleibt, sondern es selbst ins Werk setzen will, ist sie die eigentliche Gegnerin der theologischen Ästhetik. Man wird die kritische Frage wachhalten müssen, ob sich die Theologie im gegenwärtigen Ästhetik-Boom ihrer dionysischen Widersacherin stets in ausreichendem Maße bewusst ist.

2. JHWH und Dionysos

Den Zeugnissen der alttestamentlichen Ästhetik lässt sich entnehmen, wie Israel diese Widersacherin gestellt hat. Wir sehen das beispielsweise an den weisheitlichen Dichtungen Prov 8 und Hi 28, welche das von der Schöpfung ausgehende Versöhnungsangebot vor dem Hintergrund des JHWH-Glaubens kritisch reflektieren. Die weisheitlichen Überlieferungen lehnen es strikt ab, die Natur zu mythisieren oder zu vergöttlichen, ohne aber ihren geheimnisvollen Anspruch auf den Menschen auszublenden.[37] Sie kreisen um das dunkle Phänomen, dass die Schönheit der Gestalten eine Versöhnung verspricht, die sie lebendig halten, aber nicht herbeiführen. Die Gestalten der Welt sprechen im Hinblick auf die Versöhnung der Welt und der Menschen keine deutliche Sprache, denn sie bezeugen nicht von sich aus die Heilstaten JHWHs. Sie tun nicht die von JHWH verheißene Versöhnung kund, in deren Erwartung Menschen bleiben und durch die sie Welt und Menschen neu entdecken. Allenfalls eine „bestimmte Unbestimmtheit" sei

---

36   *F. Nietzsche*, Tragödie, Aph.16, 93.
37   Vgl. hierzu *G. von Rad*, Weisheit, 189ff.

der Erfahrung der Welt zuzugestehen, so *H. Blumenberg*.[38] Die Grundfrage der weisheitlichen Ästhetik ist daher, in welchem Entdeckungszusammenhang Menschen darauf hören, was ihnen diese Schönheit zuraunt.
Die theologisch-ästhetische Erkenntnis, also wahrhaftes Verstehen der andringenden Gestalten im Kontext der Versöhnungsverheißung, die über ihnen aufgerichtet ist, ist daher auch nicht im Absehen von der Wirklichkeit der Weltgestalten zu haben. Ein Erwachen zur wahren ästhetischen Erkenntnis gibt es weder durch den Rückgriff auf eine „Welt der Ideen" noch durch den Zugriff auf eine besondere „Gnosis", noch durch den Vorgriff auf ein „Ende der Geschichte". Anders als durch die Gestalten hindurch sowie im Leben mit und unter den Gestalten hörte Israel nicht von der Versöhnung JHWHs. Seine Versöhnungstaten kommen in die „Welt", sie bleiben nicht hinter oder über ihr. Generell lässt sich für diese Ästhetik sagen, dass die Gestalten jenseits ihrer Hineinnahme in die Versöhnungsökonomie Gottes, etwa durch eine utopische Emanzipation von den umfassenden und widersprüchlichen Ansprüchen Gottes und der Welt, aus dem Blick geraten – und mit den Gestalten der, der sie geschaffen hat, erhält und vollendet. Wann immer die Ästhetik nicht mehr wahrnimmt und wahrzunehmen hilft, dass sie es bei Gott und der Schönheit der Gestalten mit widerstreitenden Ansprüchen auf Versöhnung zu tun hat, gerät sie in Gefahr, in Parodie und Cliché zu erstarren.[39]
Im Verbot der Fremdgötterverehrung, dem Bilderverbot und in der Auseinandersetzung mit dem Baalskult nimmt das Alte Testament diesen Widerstreit sehr ernst.[40] JHWHs Verheißungen und Gebote setzen da an, wo Menschen die Gestalten der Welt als letzte Wirklichkeit begreifen und ihnen so anheimzufallen drohen. In den weisheitlichen Texten ist der Anspruch der Gestalten auf den Menschen nicht

---

38 Vgl. *H. Blumenberg*, Die Lesbarkeit der Welt, Frankfurt a.M. 1981, 16.
39 Vgl. zu diesen Reflexionen *Th.W. Adorno*, Ästhetische Theorie (*Th.W. Adorno* Gesammelte Schriften Bd. 7), hg.v. *G. Adorno* und *R. Tiedemann*, Frankfurt a.M. 1970.
40 Vgl. *von Rad*, Theologie I, 216-232.

weniger stark. Immer aber wird deutlich, dass nicht die Welt und ihre Gestalten der „Ort der Merksamkeit" (Hi 28,20) sind. Weisheit und Einsicht werden hingegen im Leben mit JHWH gefunden (V.28).

VI. Eine theologische Bestimmung der Ästhetik

Wir sahen, dass die alttestamentliche Ästhetik eine Antwort auf die Frage aus *Petrarcas* Erzählung hat, was Menschen davor bewahrt, dem Drängen überwältigender Schönheit aufzusitzen und sich in der Liebe zu den Gestalten zu verlieren. Im Anschluss an Hiob können wir hinzufügen, dass es gleichermaßen die Frage ist, was Menschen davon abhält, sich im Leid zu verlieren, das die Welt ihnen bereitet. Zeugnisse alttestamentlicher Ästhetik antworten auf diese Fragen mit einer theologisch Bestimmung der Ästhetik, die einen lebensförmigen Zusammenhang von ästhetischer Wahrnehmung und Ethik in der gemeinschaftlichen Praxis des Hörens auf JHWHs Gebot wachruft. Indem sie Ethik und Ästhetik gleichermaßen vom Handeln JHWHs her bestimmt sein lassen, vermeiden die entsprechenden Texte des Alten Testaments eine vorschnelle Ethisierung der Ästhetik. Sie vermeiden aber auch den anderen Weg, den die philosophische Ästhetik angesichts des Andringens der Schönheit und des Leides gegangen ist: den Weg der Trennung von Ästhetik und Ethik um der Freiheit des Ethischen willen. Vor dem Hintergrund dieses Weges werden wir die Konturen der alttestamentlichen Verbindung von Ästhetik und Ethik im Ethos JHWHs noch deutlicher nachzeichnen.

1. Kants Trennung von Ästhetik und Ethik

Mit der theologischen Verbindung von Ästhetik und Ethik im externen Ethos JHWHs beschreitet das Alte Testament einen dezidiert anderen Weg als *Kant*, auch wenn es seine Kritik an der Ethisierung des Ästhetischen bestätigt. *Kant* trennt in der Kritik der Urteilskraft Ästhetik und Ethik voneinander, indem er die ästhetische Erfahrung allein dem Gefühl zuordnet. Das Gefühl hat für *Kant* lediglich rein subjektiven und daher für die moralische Urteilsbildung unerheblichen Erkenntniswert. In der Ethik geht es aber für *Kant* um begriffliche Erkenntnis.[41] Die Ästhetik tritt bei *Kant* und der ihm folgenden Denkschule neben den theoretischen und praktischen Gebrauch der Vernunft in der Philosophie. Sie nimmt also keinen Anteil an den Verstehensprozessen, die für die Ethik relevant sind. Unter diesen Voraussetzungen erscheint es als zwingend, die Ästhetik aus der Ethik auszuschließen.

Mit der *Begrenzung* der Ästhetik auf Geschmacksurteile geht aber der Bezug der Erkenntnis auf die menschliche Lebenswelt verloren.[42] Ethisch relevant ist dann nur noch das Vermögen der auf das Allgemeine bezogenen praktischen Vernunft. Um der universalen Geltung der Ethik willen opfert *Kant* die Ästhetik. Ästhetik ist *Kant* zufolge bloß eine selbstbezügliche Reflexion der Erfahrung des Schönen, in dessen Medium sie bleibt. Ist sie dann aber mehr als eine Ästhetik für Ästheten, gleichsam eine „reine Ästhetik"? Wie kommt die neue Wahrnehmung ins Spiel der ästhetischen Reflexion? Wie kann von dem Neuen geredet werden, das die Ästhetik sogar noch in ihrem ureigensten Bereich, im Modus des Schönen, herausfordert und zur Bestimmung ruft – gleichwie sich *Petrarca* beim Anblick des Schönen zu den Bekenntnissen Augustins kehrte? Die alttestamentliche Ästhetik reflektiert jene seltsame „Kehre", in der Menschen aus der Vereinigung mit dem Schönen herausgeführt werden, indem sie auf die Wahrheit stoßen, die neu ist, weil sie JHWHs Wahrheit bleibt.

---

41 Vgl. die Einleitung zu *I. Kant*, Kritik der Urteilskraft, in: *ders.*, Werke Bd. 5, Kritik der Urteilskraft und Schriften zur Naturphilosophie, hg.v. *W. Weischedel*, Darmstadt 1983, 233-620, hier: 242ff. Von der oben vorgetragenen Kantkritik auszunehmen ist *Kant*s für die Kunstästhetik wegweisende Einsicht, dass das Nachdenken über *Kunst* nicht in Moral- oder Erkenntnistheorie aufgehen kann.
42 Im Gefolge *Kant*s beschreibt heute etwa *Chr. Menke* Ästhetik als allgemeine Theorie der Sinnlichkeit, die er auf „die ästhetische Selbstreflexion im Erfassen und Darstellen des Schönen bezieht"; *Chr. Menke*, Wahrnehmung, Tätigkeit, Selbstreflexion: Zur Genese und Dialektik der Ästhetik, in: *A. Kern/R. Sonderegger* (Hg.), Falsche Gegensätze. Zeitgenössische Positionen zur philosophischen Ästhetik, Frankfurt a.M. 2002, 19-48, hier: 47.

2. Adornos Sehnsucht nach dem Anderen

Es scheint mir der Kern von *Adornos* ästhetischer Theorie zu sein, dass sie beschreibt, wie Menschen inmitten des Tosens der Gestalten und im Ansturm ihrer Schönheit auf deren Anderes treffen. Er schreibt: „Die ästhetische Erfahrung ist die von etwas, was der Geist weder von der Welt noch von sich selbst schon hätte, Möglichkeit, verhießen von ihrer Unmöglichkeit."[43] Die philosophische Reflexion kann diese ästhetische Erfahrung als negative Spur des Absoluten deuten, ohne sie positiv in einen Begriff fassen zu können oder zu müssen. Die ästhetische Erfahrung wird auf diese Weise negativ bestimmt von dem her, worauf der ästhetische Schein *nicht* hinweist: von der Wahrheit. Das Kunstwerk etwa widerspreche der Realität, „indem es zu einer sui generis wird"[44].

An der Begrenzung der Ästhetik wird damit bei *Adorno* negativ, als Schatten sichtbar, dass die Weltgestalten nicht beanspruchen können, die letzte Wirklichkeit zu sein. Im Medium der Ästhetik zeigt sich das Absolute als etwas, das noch nicht in „der Welt" ist und auch nicht aus deren Möglichkeiten schöpft. *Diese* Bestimmung der Ästhetik kann daher nicht „begründet" werden. Sie begründet selbst etwas: Eine Erwartung des Schönen, in der Menschen stehen und deren Entdeckungszusammenhang „moralische Impulse" freisetzt.[45]

Folgen wir *Adorno*, so mündet die negative Beschreibung jener Erwartung in Kritik. Sie mündet nicht in eine Theorie, etwa eine Theorie des Schönen. Sie bleibt kritische Diagnose und lässt sich nicht theologisch integrieren, etwa, indem sie in eine von hoffnungsvoller Erwartung bestimmte Wahrnehmung transformiert würde. *Adornos* Ästhetik schafft damit Platz dafür, dass die Wahrheitsfrage gleichermaßen hörbar und unbeantwortet bleibt. Sie lässt den

---

43 *Adorno*, Ästhetische Theorie, 204f.
44 *Adorno*, Ästhetische Theorie, 414.
45 Vgl. hierzu die Beiträge in: G. Schweppenhäuser/M. Wischke (Hg.), Impuls und Negativität. Ethik und Ästhetik bei Adorno, AS N.F. 229, Hamburg/Berlin 1995.

Platz für die Wahrheit frei.⁴⁶ In ähnlicher Weise hat *E. Jüngel* von theologischer Seite, allerdings mehr im Anschluss an den idealistischen Utopisten *Bloch* als an den kritischen Utopisten *Adorno*, den Vorschein des Wahren im Schönen als „elementare Unterbrechung unseres Wirklichkeitszusammenhanges"⁴⁷ beschrieben.

Das theologische Nachdenken findet sich aber im Nachvollzug des Alten Testaments in einer mehr als kritischen und mehr als utopischen Geschichte wieder. Adornos beschädigte Welt wird hier hineingenommen in eine heilvolle Schöpfungs- und Versöhnungsgeschichte. Sie bleibt nicht allein mit ihrer Sehnsucht nach Versöhnung.

In den alttestamentlichen Schriften wird immer wieder eine Wahrnehmung reflektiert, die an die hoffnungsvollen Erwartungen im Leben mit JHWH gebunden ist. Indem Israel mit dieser Erwartung durch die Welt geht, wird es dazu befreit, die Wirklichkeit in ihrer ganzen Fülle als Schöpfung zu entdecken. Israel nimmt im Kontext der Verheißungen neu wahr, *was in Wahrheit und in der Wahrheit ist*, im Unterschied zu dem, was sich bloß aufdrängt. Diese Befreiung von alten Wahrnehmungsschemata wird im Leben mit der Verheißung JHWHs eröffnet und schlägt in ein Handeln aus der Wahrnehmung der Fülle der guten Gaben JHWHs um. Die Erwartung des rettend und erneuernd eingreifenden Gottes lässt sich nicht aus der Negation der Weltwirklich-

---

46 Die Frage nach dem Verhältnis von Schönheit und Wahrheit haben Philosophie und Theologie immer wieder als zentral für die Ästhetik erkannt. Sie kam auf die Tagesordnung, als die Ästhetik im 18. Jahrhundert zu einer Bewegung wurde, die (so die einflussreiche Interpretation *J. Ritters*) der Philosophie mit einem eigenen Wahrheitsanspruch gegenübertrat. Im 20. Jahrhundert spitzt *Heidegger* diesen Anspruch zu, indem er das Kunstwerk als ins Werk gesetzte Wahrheit bestimmt. In ihm werde das Seiende sich selber gegenwärtig. Noch in der Wendung auf das Werk des Menschen vernehmen wir hier einen Nachhall der schöpfungstheologischen, von der mittelalterlichen Tradition im Anschluss an das Denken *Augustins* und des *Pseudo-Dionysius Areopagita* klassisch zum Ausdruck gebrachten Definition des Schönen als gleichzeitiges Erscheinen von forma und splendor, Gestalt und Glanz.
47 *E. Jüngel*, „Auch das Schöne muß sterben" – Schönheit im Lichte der Wahrheit. Theologische Bemerkungen zum ästhetischen Verhältnis, in: ZThK 81 (1984), 106-126, hier: 121f.

keit entwickeln und geht nicht in Utopie auf, sie ist auch nicht „ein Zustand der Gespanntheit nach vorn"[48]. Vielmehr ist sie „vor allem ein Zustand der Hingabe und des Vertrauens, was natürlich nie ins Leere hinaus geleistet werden kann, sondern ein Gegenüber erfordert, das zum Vertrauen ruft"[49]. Dem „Anderen", für dessen Erscheinen *Adornos* Wahrnehmungslehre Raum gibt, gilt im Alten Testament die Verheißung der neuen Kreatur, dem neuen Himmel und der neuen Erde. Wer in diese Verheißung einstimmt, der nimmt das Ja Gottes zu seiner Schöpfung in der Welt neu wahr. Der Weg, den wir bezüglich des Verhältnisses von Ästhetik und Ethik von *Petrarca* bis *Adorno* zurückgelegt haben, findet sich in seiner ganzen Dramatik wieder in einer Heilsgeschichte, die wir im Alten Testament in nuce in Psalm 19 reflektiert finden.

3. Die Schönheit der Schöpfung in der Tora: Psalm 19

Psalm 19 macht die theologische Bestimmung der Ästhetik, nach der wir fragten, in für das Alte Testament exemplarischer Weise am Wort JHWHs fest. Ohne JHWHs Weisungswort (Tora), das zu ihnen tritt, überziehen die Gestalten der Welt den Menschen mit einem „Raunen", das wortlos bleibt und ihn bedrängt, sich etwas zu ihnen einfallen zu lassen. Die Verse 2-7 schildern dies als die ästhetische Ursituation schlechthin. Die Gestalten der Welt drängen darauf, gedeutet und besprochen zu werden und senden damit auf der Wellenlänge des Menschen, der in der Welt stets sehnsüchtig nach Ansprache lauscht: „Kein Sprechen ists, keine Rede, unhörbar bleibt ihre Stimme, – über alles Erdreich fährt ihr Schwall, an das Ende der Welt ihr Geraun" (Ps 19,4f).
Die theologische Tradition[50] hat im Nachdenken über jene Bestimmung der Ästhetik immer wieder nach dem schöpfe-

---

48 *W. Zimmerli*, Der Mensch und seine Hoffnung im Alten Testament, Göttingen 1968, 18.
49 *W. Zimmerli*, Mensch, 18.
50 Der Begriff „theologische Tradition" versucht hier den Platz freizuhalten dafür, was im Hinblick auf eine vom Wort Gottes her bestimmte Ästhetik an Gemeinsamem und Trennendem bei Juden und

rischen Wort Gottes gefragt, das zu den Gestalten tritt und den Menschen mit ihnen versöhnt, weil es ihn lehrt, *richtig* hinzuschauen. – Eine Weisung, unter der die Gestalten sich nicht selbst affirmieren oder sich preisen lassen, sondern zum Lobpreis dessen kommen, der sie gestaltet hat. Psalm 19,8f zufolge kommt das Wort des Schöpfers als Weisung (Tora) in die Welt, welche die Seele wiederbringt, die Einfältigen weise macht, das Herz erfreut und die Augen erleuchtet.[51]
In dem, was dem Menschen angesichts der Gestalten der Welt alles einfällt, ist die ganze Problematik des homo religiosus beschlossen, der die Sprache der Welt und nicht die Sprache Gottes spricht. Eine Befreiung der Ästhetik und mit ihr eine Befreiung davon, die Gestalten anstelle ihres Schöpfers zu preisen, kommt nicht aus der Welt, sondern in die Welt. Die Ethik, die wir hier andeuten, ist daher eine eschatologische. In ihr geht es um das Ethos Gottes.
Wo hätte *Petrarca* den Mont Ventoux als einen Ort der Verheißung desjenigen Gottes sehen gelernt, der seinen Willen vom Berg Sinai herab verkünden ließ? Wo ist davon zu hören, dass Menschen nicht auf dem Berg der Verklärung bleiben können, sondern zurückkehren müssen, um die Geschichte ihres Lebens mit Gott zu erzählen? Wo wird das Geraun der Schöpfung als Lobgesang des Schöpfers hörbar? Wie wird aus der Affirmation der Gestalten eine Preisung ihres Gestalters? Für *Petrarca* wie für Psalm 19 nicht anders als durch das Ereignis einer neuen Wahrnehmung inmitten des Raunens der Schöpfung.
Leuchtet in Psalm 19,2-7 die Sonne die Schöpfung aus und erfreut sich selbst, so ist es in V.8-15 die Tora Gottes, die

---

Christen entdeckt werden kann. Dieser Entdeckungszusammenhang droht von der Wortkombination „jüdisch-christlich" verdeckt zu werden. Die Lücke, die der Bindestrich zwischen „jüdisch" und „christlich" streicht, wäre um der gemeinsamen neuen Wahrnehmung willen freizulassen. Vgl. hierzu *J.-F. Lyotard*, Von einem Bindestrich, in: *ders./E. Gruber*, Ein Bindestrich: zwischen „Jüdischem" und „Christlichem", übers.v. *E. Gruber*, Düsseldorf/Bonn 1995, 27-51.
51 Vgl. hierzu die Parallele in Mt 5,3.

das Herz erfreut (V.9).[52] Gottes Weisung wird in bewusster Parallelität (V.9b) als Sonne beschrieben, die im Herzen aufgeht. Der Beter bekennt damit, dass erst die Tora die rechte Wahrnehmung der Schöpfung eröffnet.[53] Die Anrede, die von der Schöpfung ergeht, erzählt den כְּבוֹד־אֵל, die Ehre Gottes, ohne dass sie gehört wird (V.4)[54]: Das Hören bleibt an die Tora und die Praxis derer gebunden, die sie gemeinsam lesen und hören.[55] Psalm 19 setzt daher die Auslegungspraxis, das gemeinsame Lesen und Hören der Tora als Vorgang der Neuschöpfung voraus: Zunächst, indem die ganze Welt in der Tora als Schöpfung Gottes überhaupt erkannt wird. Sodann, indem auch der Mensch als Geschöpf offenbar wird, dessen Ethik in das neuschaffende Handeln Gottes eingebettet bleibt. Im Einstimmen in die Tora kommen Wort und Gestalt zur neuen Schöpfung zusammen.

Mit der theologischen Bestimmung der Ästhetik setzt daher eine vom Leben mit Gott bestimmte Ethik ein. In dieser Ethik geht es nicht allein um eine „negative" Freiheit des Menschen, wie sie in der Tradition kritischer Philosophie in den Blick gerückt wird. Die alttestamentlichen Schriften zeigen nicht nur, *wovon* Menschen frei werden, sondern auch, *worin* sie frei sind: in den Erfahrungszusammenhängen des schöpferischen Handelns Gottes, das mit der Erwählung Israels einsetzt. In diesem Leben mit JHWH gründet eine neue Ästhetik der Achtsamkeit: Menschen werden von der Sorge um sich selbst dazu befreit, den anderen Menschen wahrzunehmen.

---

52 Vgl. hierzu die Argumente für die Einheit von Psalm 19, wie sie *H. Gese* (Die Einheit von Psalm 19, in: *ders.*, Alttestamentliche Studien, Tübingen 1991, 139-148) vorträgt.
53 Vgl. *A. Grund*, Die Tora JHWHs ist vollkommen. Psalm 19 als Dokument jüdischen Glaubens, in: Leqach (2003), 7-32.
54 Entsprechend lässt Jes 6,3 den כְּבוֹד Gottes nicht aus der Schöpfung, sondern aus dem Mund der Serafim wahrnehmen.
55 Vgl. hierzu *O. Bayer*, Schöpfung als Anrede. Zu einer Hermeneutik der Schöpfung, Tübingen ²1990, 9ff.

VII. Aufmerksam werden auf den anderen Menschen

In einer von „der Tora", der Weisung JHWHs, bestimmten Ethik geht es darum, wie der Mensch verändert und befreit wird zu einer neuen Wahrnehmung, mit der ihm allererst in den Blick kommt, was im Leben mit Gott zu tun ist. Die ästhetische Theoriebildung findet sich hier eingebunden in einer Anthropologie des erlösungsbedürftigen Menschen, wie wir sie im Alten Testament in vielerlei Formen tradiert finden. *Adornos* „Reflexionen aus dem beschädigten Leben"[56] vergleichbar, jedoch eingefügt in eine deutliche Versöhnungsverheißung, reflektiert Ps 19 eine Sehnsucht des Menschen nach Versöhnung, die am Grunde jeder Ästhetik schlummert – eine Sehnsucht, die Menschen wie *Petrarca* Ausschau halten und ihre Ohren spitzen lässt, die aber von den Gestalten der Schönheit nicht gestillt wird, sondern sich an ihnen nur noch mehr und immer neu entzündet.

Geht die Ethik mit einer an die göttliche Weisung gebundenen Befreiung der Ästhetik einher, dann gründet sie selbst in einem befreienden Handeln. Eine solche Ethik steht mit der Ästhetik in einem Entdeckungszusammenhang. Dieser Zusammenhang lässt sich nicht als eine Lehre entfalten, die das befreiende Handeln Gottes am Menschen als Korrelat seiner Sehnsucht überblicken oder gar als Begründungsmodus für ethisches Handeln reflektieren könnte.[57] Theologisch zu bedenken wäre, was es heißt, die Vielgestaltigkeit jenes Handelns, wie sie in den Schriften des Alten Testaments bezeugt wird, wahrzunehmen und in der Erwartung der bekannten und überraschenden Weisen, in denen Gott in die Welt kommt, zu bleiben. Israel hat dies im Kontext

---

56 *Th.W. Adorno*, Minima Moralia, Reflexionen aus dem beschädigten Leben, Frankfurt a.M. 1969.
57 Von hier aus ergibt sich Kritik an jeder auf einen abstrakten Freiheitsbegriff zugespitzten Rechtfertigungslehre, welche das Handeln Gottes zur Legitimationsinstanz einer Freiheit zum Leben ohne Gott macht: Zur Kritik vgl. *D. Bonhoeffer*s Ausführungen zur „billigen Gnade" in: Nachfolge (Dietrich Bonhoeffer Werke Bd.4), hg.v. *M. Kuske* und *I. Tödt*, Gütersloh 1992, vor allem 29ff. Vgl. auch *G. Sauter*, Zur Einführung, in: *ders.* (Hg.), Rechtfertigung als Grundbegriff evangelischer Theologie, München 1989, 9-29.

der Gebote reflektiert. Es hat die Gebote als Gegebenheiten verstanden, innerhalb derer Menschen in dieser Erwartung bleiben und aufmerksam auf die anderen Menschen werden.

1. Ethik und Ästhetik der Gebote

Im Alten Testament ist das Leben mit den Geboten JHWHs in seinen Grundzügen als Gelegenheit gekennzeichnet, in der Erwartung seines Handelns bleiben zu können.[58] Israel kann sich dem Handeln Gottes im Leben mit seinen Geboten anvertrauen – es muss nicht nach Gott als Legitimationsinstanz menschlichen Handelns fragen und eigene Programme der Lebensgestaltung entwerfen. Die Gebote werden von Israel als „heilsame ordnende Gabe"[59] verstanden. Sie sind die Form, in der es mit dem Willen Gottes leben kann. Im Zusammenhang mit den alttestamentlichen Gebotsreihen, angefangen vom Dekalog über Dtn 27,15ff und Lev 19 bis hin zum „Hohelied der Gerechtigkeit" in Ez 18 hat *G. von Rad* daher von den Geboten als „Lebensraum" gesprochen.[60] Insofern Israel einfach tut, was geboten ist, findet es sich im Leben mit Gott wieder. *A.J. Heschel* hat diese Verbindung von Gebot, Erkennen und Leben mit Gott aus jüdischer Sicht in philosophischer Sprache folgendermaßen formuliert: „Unsere Gotteserkenntnis ist nicht das triumphale Ergebnis unseres Ansturms auf die Rätsel des Universums, auch nicht ein Geschenk, das wir als Gegengabe für ein sacrificium intellectus erhalten. Unser Verstehen kommt durch die Mizwa (das fromme Tun) zustande. Indem wir als Juden leben, erlangen wir unseren Glauben als Juden. Wir glauben nicht an Taten, wir glauben durch Taten."[61] Das Tun dessen, was Menschen Not tut, hängt an der Aufmerksamkeit auf das, was Menschen von Gott her in Form der Gebote zukommt. In diesem Sinne

---

58 Vgl. *W. Zimmerli*, Grundriß der alttestamentlichen Theologie, ThW 3,1, Stuttgart e.a. [5]1985, 120ff.
59 *G. von Rad*, Theologie I, 386.
60 *G. von Rad*, Theologie I, 208.
61 *A.J. Heschel*, Der Mensch fragt nach Gott. Untersuchungen zum Gebet und zur Symbolik, Neukirchen-Vluyn 1982, 75.

wacht der Dekalog „in allen seinen Geboten ganz elementar über dem Menschsein des Menschen"[62].

Am Beispiel des צַדִּיק in Ps 1 sahen wir, dass Menschen Ethik lernen, indem sie lernen, die Wirklichkeit neu wahrzunehmen und aufmerksam zu bleiben auf das, was zu tun ist. Dieses Tun, das einstimmt in das Ethos des Gottes, der seinen Menschen beisteht, wird im Alten Testament immer wieder vom Recht des Anderen her bestimmt. An die Ästhetik der neuen Wahrnehmung schließt sich die Frage der Ethik an, wie Menschen aufmerksam auf den jeweils anderen Menschen bleiben. Die Ästhetik des Erwachens zur Wirklichkeit setzt eine Ethik des Erwachens zur Menschlichkeit frei,[63] die bei Vater und Mutter beginnt (Lev 19,2) und auch dem Armen und den Fremdling umfasst (Lev 19,10). Israel setzte seine Hoffnung darauf, dass sich Menschen im Ethos Gottes begegnen. Bei aller Verschiedenheit der Menschen Israels untereinander eint sie doch die gemeinsame Erwartung des kommenden und Gerechtigkeit bringenden Gottes. Das Gemeinsame wird nicht in geteilten Eigenschaften oder Ideen gesucht, sondern im gemeinsamen Einstimmen in das Gesetz JHWHs. In der gemeinsamen Erwartung der Heilserweisungen JHWHs, die z.B. in den beiden Dekalogversionen Ex 20 und Dtn 5 oder im „Liebesgebot" Lev 19,18 mit der Nennung des Gottesnamens erinnernd aufgerufen werden, wird der andere Mensch als der Nächste erkannt: „Halte lieb deinen Genossen, dir gleich. ICH bins." (Lev 19,18).[64]

---

62 *G. von Rad*, Theologie I, 209.
63 Vgl. hierzu die Ethik von *E. Lévinas*, der einen „Humanismus des anderen Menschen" im Anschluss an das Alte Testament entwickelt hat; vgl. *E. Lévinas*, Humanismus des anderen Menschen, übers. u. eingel. von *L. Wenzler*, Hamburg 1989. *Lévinas* bringt diese Verknüpfung von Ästhetik und Ethik an anderer Stelle auf die Formel vom „Erwachen zur Menschlichkeit" (*E. Lévinas*, Philosophie, Gerechtigkeit und Liebe, in: *ders.*, Zwischen uns. Versuche über das Denken an den Anderen, übers.v. *F. Miething*, München/Wien 1995, 132-153, hier: 142.
64 Vgl. zur Interpretation des Liebesgebots im Anschluss an *Bubers* Übersetzung von כָּמוֹךָ mit „Er ist wie du" *A. Schüle*, „Denn er ist wie Du". Zu Übersetzung und Verständnis des alttestamentlichen Liebesgebots Lev 19,18, ZAW 113 (2001), 515-534.

Entsprechend zeigt Ez 18, wie die Beziehungen zwischen den Menschen untereinander sowie zwischen Gott und Mensch auseinanderfallen, wenn sich Menschen aus dem mit den Geboten gegebenen Lebenszusammenhang der Gerechtigkeit Gottes herausgeben.[65] Ps 82 geht noch weiter: „Alle Gründe des Erdreichs wanken" (V.5), wo keine Gerechtigkeit mehr geübt wird. Die Ungerechten werden in Psalm 82 vor allem dadurch charakterisiert, dass sie den anderen Menschen nicht wahrnehmen: „Sie erkennen nicht, habens nicht acht."[66] Daher erfüllen sie ihre Aufgabe nicht, für die Schwachen und Niedrigen einzutreten: „Für den Schwachen, die Waise rechtet, bewahrheitet den Gebeugten, den Armen, den Schwachen, Dürftigen lasset entrinnen, rettet aus der Hand der Frevler" (V.3f).

Mit den hebräischen Wörtern für „erkennen" (יָדַע) und „acht haben" (בִּין) belegt Ps 82,5 die unauflösliche Verknüpfung von Ästhetik und Ethik im Alten Testament: יָדַע und בִּין haben gleichzeitig eine ästhetische und eine ethische Semantik. Weil die Ungerechten die anderen Menschen in ihrer Not nicht „erkennen", haben sie keine Ethik des Erbarmens. Und weil sie nicht „acht haben" (der Wortbedeutung von בִּין nach auch: weil sie nicht „unterscheiden"), kennen Sie keine Ethik der Gerechtigkeit. Die Menschen, die der Barmherzigkeit in besonderer Weise bedürfen, bleiben für sie anonym und indifferent. Sie nehmen diese in ihrer ganz spezifischen Not nicht wahr. Erbarmen und Gerechtigkeit sind gleichermaßen ausgeschaltet, wo jede Achtsamkeit für die anderen Menschen fehlt. Diese Achtsamkeit folgt daraus, dass Menschen in die Weisung des durch sein Gericht hindurch barmherzigen Gottes einstimmen und in dieser Homologie entdecken, dass „Richten ... ein Rechten für die Schwachen sein"[67] muss. Psalm 82 beschreibt jedoch eine Welt im Ausnahmezustand ohne

---

65 Vgl. zur Verbindung von Ez 18 und Lev 19,18 *H.-P. Mathys*, Liebe deinen Nächsten wie dich selbst. Untersuchungen zum alttestamentlichen Gebot der Nächstenliebe (Lev 19,18), OBO 71, Freiburg (Schweiz)/Göttingen 1986, 160ff.
66 Vgl. zu der Wortkombination auch Ps 92,7.
67 Vgl. hierzu *M. Buber*, Recht und Unrecht, 30.

Recht, vergleichbar der Welt *Kafkas*.[68] Daher setzt der Psalmist in V.8, den *Buber* den „eigentlichen Psalm" nennt[69], seine Hoffnung ganz auf die rettende Gerechtigkeit JHWHs.[70]

Die alttestamentlichen Gebote, wie sie im Dekalog eine exemplarische Form gefunden haben, sind darauf angelegt, dass sich ihre Adressaten in der Erwählung durch JHWH der Gemeinschaft mit Gott und der anderen Menschen versichern dürfen[71] und sie wollen verhindern, dass Menschen in die Situation des Beters von Ps 82,8 geraten, wo nur noch Gott allein für Gerechtigkeit sorgen kann.

Die Lebensform, die mit dem Tun der Gebote in die Welt kommt, ist von Barmherzigkeit gekennzeichnet.[72] Barmherzig sind gemäß alttestamentlicher Gebotsreihen sowie prophetischer Kritik jene Menschen, die auf ihren Nächsten acht haben. Für dieses Miteinander von Achtsamkeit und Barmherzigkeit steht im Alten Testament der Typos des צַדִּיק ein, wie er uns in wirkmächtiger Verkörperung und in Verbindung mit der Weisheitstradition in der Figur des Königs Salomo begegnet. In seiner Bitte um ein „hörendes Herz" verbindet sich die weisheitliche Ästhetik mit der Ethik als Unterscheidungskunst, wie beide im Leben in der Gerechtigkeitsökonomie und im Erkennen JHWHs geübt werden: „... gib deinem Diener ein hörendes Herz, dein Volk zu richten, den Unterschied von Gut und Bös zu un-

---

68 Vgl. *F. Kafka*, Der Prozess, hg.v. *M. Brod*, Frankfurt a.M. 1995, 182-183.
69 Vgl. *M. Buber*, Recht und Unrecht, 32.
70 Vgl. zum Begriff der „rettenden Gerechtigkeit" *B. Janowski*, JHWH der Richter – ein rettender Gott. Psalm 7 und das Motiv des Gottesgerichts, in: *ders.*, Die rettende Gerechtigkeit, Beiträge zur Theologie des Alten Testaments Bd. 2, Neukirchen-Vluyn 1999, 92-124.
71 Vgl. *W.H. Schmidt*, in Zusammenarbeit mit *H. Delkurt* und *A. Graupner*, Die zehn Gebote im Rahmen alttestamentlicher Ethik, EdF 281, Darmstadt 1993, 21.
72 Vgl. *E. Otto*, Gerechtigkeit und Erbarmen im Recht des Alten Testaments und seiner christlichen Rezeption, in: *J. Assmann/B. Janowski/M. Welker* (Hg.), Gerechtigkeit. Richten und Retten in der abendländischen Tradition und ihren altorientalischen Ursprüngen, München 1998, 79-95.

terscheiden ..." (1Kön 3,9).[73] Die Ethik, von der wir hier hören, kommt im Tun der Gebote durch die Wahrnehmung der Welt als gute Schöpfung Gottes und der Menschen als seine Geschöpfe zur Bestimmung.[74] Ethik und Ästhetik sind im Alten Testament durch ihren Bezug auf das Leben mit den Geboten als Erfahrungsraum des schöpferischen Handelns Gottes verbunden.

VIII. Ästhetik und Ethik in der Erwartung Gottes

Jene Wahrnehmung, von der im vorigen Abschnitt die Rede war, bleibt dem Zeugnis des Alten Testaments gemäß an Gottes befreiendes Handeln gebunden. Ästhetik und Ethik des Alten Testaments bleiben in der Erwartung des heilschaffenden Handelns Gottes. Die Texte, von denen wir ausgingen, schwingen sich nicht dazu auf, das Verhältnis von Gottes befreiendem Handeln und menschlichem Tun zu überblicken. Auch die großen Geschichtswerke reflektieren den Zusammenhang von Tun und Ergehen *assertorisch* und lassen sich nicht dazu hinreißen, Gott in die Karten zu blicken.[75] Ihr Bekenntnis zu Gottes Gegenwart bleibt in der Erwartung, dass ihnen der auf vielerlei Weise offenbare und verborgene Gott begegnet. Es ist keine Rede *über* Gott, sondern *von* dem Gott, von dem Israel bekennen konnte, dass er sich noch zu denen herabneigt, die angesichts ihres Erlösers sagen: „Nicht Gestalt hatte er, nicht Glanz, daß wir ihn angesehen hätten, nicht Aussehn, daß wir sein begehrt hätten" (Jes 53,2).

---

73 Vgl. *G. von Rad*, Weisheit, 377 sowie *B. Janowski*, Konfliktgespräche, 169.
74 Vgl. *E. Zenger*, „Gib deinem Knecht ein hörendes Herz!" Von der messianischen Kraft des rechten Hörens, in: *Th. Vogel* (Hg.), Über das Hören. Einem Phänomen auf der Spur, Tübingen ²1998, 27-43.
75 Vgl. zum Charakter der assertorischen Rede *G. Sauter*, Theologie als Beschreibung des Redens von Gott. Die verfängliche Frage nach dem Gegenstand der Theologie, in: Grundlagen der Theologie – ein Diskurs, *W. Pannenberg/G. Sauter* e.a. (Hg.), Stuttgart e.a. 1974, 42-57, hier: 51.

1. Ästhetik und Ethik des Lobpreises

G. von Rad hat in diesem Zeugnis von dem Heilshandeln des deus absconditus ein Strukturmerkmal des dichterischen Lobpreises der Schönheit im Alten Testament gesehen: „Dieses tapfere Mitgehen auf den Wegen der göttlichen Verborgenheit, auf denen Israel auch in der tiefsten Entäußerung des Waltens Gottes noch Herrlichkeiten wahrzunehmen vermochte, das ist gewiß das Bemerkenswerteste an den alttestamentlichen Schönheitsaussagen."[76] Vor dem Hintergrund des wortlosen Raunens der Gestalten der Welt wird zu einem Schlüsselsatz für den Zusammenhang von Ästhetik und Ethik im Alten Testament, dass der Erlöser „ohne Gestalt und Aussehn" kommt. Die ästhetische Ursituation, das „Faktum", hinter das Ethik und Ästhetik nicht zurückgehen können, besteht demnach darin, dass das deutliche und deutende Wort JHWHs, die erlösende Weisung, nicht in der Welt zu Hause ist und dingfest gemacht werden kann, sondern dass es in die Welt kommt. JHWHs Weisung bleibt etwas, das sich hineinsenkt und hineinspricht in die gestalthafte Welt und der Ästhetik ihren Ort in der Erwartung, im hoffnungsvollen und im Zeugnis vorheriger Wortereignisse begründeten Hören und Sehen zuweist. Gleichwohl geht sie nicht im reinen Widerfahrnis auf, sondern verheißt sich einer bestimmten Übung, einer Praxis des Bezeugens und des Hörens:
Zuerst sind hier die Schriftlesung und -auslegung als eine Praxis der neuen Ästhetik zu nennen. Sie stellt eine Gelegenheit dar, bei der Menschen sich in die Erwartung dessen einüben, der keine Gestalt noch Hoheit hat und der ein „anderes", ein neuschöpferisches Wort in die Welt spricht. Die Schöpfung ist in der Schrift noch einmal vorhanden. Nicht die Schrift ist in der Welt, sondern die Welt ist in der Schrift: Israel hat daher festgehalten, dass der Schauplatz der Ästhetik nicht die „Welt" ist, sondern die Schrift. Dabei ist der für den jüdischen wie für den christlichen Gottesdienst gesondert zu reflektierende Aspekt ausschlaggebend, dass die Befreiung zur neuen Ästhetik mit dem gottesdienstlichen Hören und dem Leben in den Gemeinden an

---

76 G. *von Rad*, Theologie I, 379.

spezifische Lebensformen gebunden ist.⁷⁷ Die biblischen Schriften induzieren Lebensweisen, die es zulassen, mit diesen vielfältigen Texten, mit ihren Geboten, Gebeten und Erzählungen zu leben und in der Erwartung der Fülle des göttlichen, schöpferischen Wortes zu bleiben. Zu diesen Lebensweisen gehören nicht zuletzt die Werke der Barmherzigkeit, die Menschen im Tun der Gebote geschehen lassen. Israel hat daran festgehalten, dass die Wahrnehmung ohne JHWHs Wort in der Bekräftigung der Gestalten und ihrer Schönheit gefangen bleibt. Derjenige, der die Wahrnehmung befreit, tritt als Nicht-Gestalt und unansehlich mitten unter diejenigen, die sich von den Gestalten gefangennehmen lassen. Wir können damit als ein zentrales Motiv der alttestamentlichen Ästhetik festhalten, dass die neue Ästhetik, die Ästhetik Gottes, verborgen und verschmäht in die Welt kommt. Wo nicht ein fremdes Wort den Gestalten gegenübertritt, sie zurechtrückt und beschlagnahmt, beschlagnahmen diese Gestalten die Wahrnehmung und die Phantasie. Die Erneuerung der Wahrnehmung ereignet sich damit durch das Wegsehen und Weghören hindurch. Sie macht sich an der Verachtung fest, von der sie befreit: „Gewiß, du bist eine Gottheit, die sich verbirgt, Jisraels Gott, Befreier!" (Jes 45,15). Die Verborgenheit JHWHs hat Israel nicht dazu gereizt, gedanklich in die unbekannten Dimensionen seines Gottes eindringen und ihn immer mehr entbergen zu wollen: „Wenn sie aber zu euch sprechen: – Beforscht die Elben und die Wisserischen! – Die zirpenden, die murmelnden?! – Soll nicht ein Volk seine Götter beforschen? – Für die Lebenden die Toten?!" (Jes 8,19) so ist dem entgegenzuhalten: „Zur Weisung hin! Zur Bezeugung hin!" (Jes 8,20a). Wer sich nicht auf die Tora ausrichtet, fällt aus der rechten Wahrnehmung heraus, für den scheint kein „Morgenrot" (Jes 8,20b). Israel hat sich in den verschiedenen Traditionen und Epochen seiner Theologie

---

77 Vgl. hierzu die talmudische „Hermeneutik" in der Beschreibung von *E. Lévinas*: Jenseits des Buchstabens. Band 1: Talmud Lesungen, übers.v. *F. Miething*, Frankfurt a.M. 1996, 7-18 entwickelt. Vgl. zur gottesdienstlichen Verankerung der christlichen Ethik: *B. Wannenwetsch*, Gottesdienst als Lebensform – Ethik für Christenbürger, Stuttgart/Berlin/Köln 1997.

immer wieder daran erinnert, dass es sich seinen gleichermaßen bekannten und verborgenen Gott nicht zurechtlegen und Gottes Dunkel nicht ästhetisch ausleuchten darf. Vielmehr begründete JHWHs Verborgenheit Israels Erwartung der neuen und erneuernden Heilserweisungen seines als Befreier bekannten Gottes – gerade auch da, wo die prophetische Kritik Israel zum Zeichen rechter Hoffnung gegenübertritt: „Die Bezeugung ist einzuschnüren, die Weisung ist zu versiegeln in meinen Lehrlingen. Harren will ich auf IHN, der sein Antlitz dem Hause Jaakobs verbirgt, auf ihn will ich hoffen" (Jes 8,16f). Israel setzte seine Hoffnung nicht auf einen Gott, der sich für die eigene Sache vereinnahmen ließ oder bloß eine ins Unendliche gesteigerte Ausgabe von Israel selbst war. Die Befreiung, die Jes 45,15 in den Blick rückt, ist in aller Konkretheit der Rettungstaten Gottes zutiefst eine Befreiung von der Hoffnung auf einen selbstgemachten Gott, der zur Erfüllung eigener Hoffnungen da ist: der falsche „Deus Spes" im Unterschied zum wahren „Deus Spei"[78]. Die Hoffnung auf JHWHs Befreiungshandeln befreit Israel davon, seine Hoffnung auf Wunschbilder zu setzen und seine ethische Phantasie im Nachdenken über das Menschenmögliche zu erschöpfen. Im Lobpreis des verborgenen Gottes eröffnet sich eine realistische Sicht auf die Wirklichkeit. Er wird von der Verheißung begleitet, dass es gerade der verborgene Gott ist, der sich Israel rettend zuwendet. Daher ist die Doxologie, in der Ethik und Ästhetik beschlossen sind, Israels theologische Antwort auf die Verborgenheit Gottes. Die Spekulation über Gottes Wesen und Motive gehört nicht dazu. In der Doxologie blieb Israel in der Hoffnung auf die Befreiung zum Leben mit dem Gebot und zur Wahrnehmung der neuen Schöpfung.

2. Ästhetik und Ethik des Gebets

Die Reflexion von Ästhetik und Ethik im Alten Testament erschließt damit nicht nur die ästhetische Ursituation und ihre im Ethos Gottes begründete Überwindung, sondern auch die exemplarische Lebensform derer, die sich in das

---

78 Vgl. *W. Zimmerli*, Mensch, 178.

Hören und Sprechen des Wortes Gottes einüben: Das Gebet.[79] Wir kehren in unserer Erörterung daher wieder zur Beobachtung *von Rad*s zurück, dass Israel den Zusammenhang von Ethik und Ästhetik in der Doxologie findet. Im Gebet, in Dank, Lob, Klage und Bitte, kommt die Verheißung der Heilstaten JHWHs hörbar und sagbar in die Welt. Im Nachbeten von Psalm 19 wird das befreiende Wort gesprochen und gehört, das die Gestalten in das Leben mit Gottes neuer Schöpfung hineinnimmt und sie zum Tun der Werke der Barmherzigkeit befreit.

Indem der Beter von den Gestalten absieht und auf Gott blickt, bleibt er in der Erwartung, dass sich Gott offenbart und sein Wort in die Welt kommt. Der Beter wird frei dazu, in den Gestalten ihren Schöpfer zu preisen. Im Lobpreis bleiben Menschen angesichts des Andrangs und Anspruchs der Gestalten in der Ökonomie Gottes geborgen, halten an seinen Verheißungen fest und tun die Werke seiner Gerechtigkeit: „Aber freuen werden sich alle, die sich an dir bergen, in die Zeit hin werden sie jubeln, da du sie überschirmst, sich entzücken an dir, die deinen Namen lieben. Denn du bists, der segnet den Bewährten, DU, wie mit einem Schilddach krönst Du ihn mit Gnade." (Ps 5,12f). Selbst noch der einsame Ruf des Beters von Ps 22,2 „Mein Gott, mein Gott, warum hast du mich verlassen?" wird so zu einem Gotteslob, dem Lob dessen, dem die Klage bleibt und dem sie im gottesdienstlichen Gebet zur Doxologie wird.[80] Indem er an den Gott appelliert, dessen Beistandsverheißungen und -bezeugungen er kennt (V.5f), nimmt der Beter die Klage mit in den Gottesdienst: „Und hier, im Gottesdienst, kann die Klage zum Lied, kann sie zum Gedicht werden mit einer Struktur, die das Gefälle zum Lob

---

79 Vgl. *G. Sauter*, Das Gebet als Wurzel des Redens von Gott, in: GuL 1 (1986), 21-38.
80 Vgl. *A. Deissler*, „Mein Gott, warum hast du mich verlassen ...!" (Ps 22,2). Das Reden zu Gott und von Gott in den Psalmen – am Beispiel von Psalm 22, in: *H. Merklein/E. Zenger* (Hg.), „Ich will euer Gott werden". Beispiele biblischen Redens von Gott (SBS 100), Stuttgart 1981, 97-121. Vgl. auch *O. Bayer*, Zur Theologie der Klage, in: Klage, JBTh 16, Neukirchen-Vluyn 2001, 289-301.

hin erhält."[81] Noch in der Klage bleibt der Beter in der gottesdienstlichen Gemeinschaft Israels in der Erwartung des versöhnenden Handelns Gottes, anstatt sich einer undeutlichen Sehnsucht und selbstgestrickten Versöhnungsvorstellungen auszuliefern.[82]
Dies impliziert zwei Bewegungen, die jene Ethik der neuen Ästhetik kennzeichnen: Das Tun steht im Zeichen der „Umkehr" bzw. „Rückkehr" oder „Bergung" und des „Bleibens" bzw. „Einhaltens" oder „Bewahrens". Dem Gebet als „Ort" der Befreiung der Ästhetik entspricht eine *topologische* Ethik. Die Grundfrage der alttestamentlichen Ethik ist dann nicht, wie Menschen die Gebote erfüllen sollen oder können. Die Frage ist vielmehr, worin, in welcher heilvollen Verheißungsgeschichte, ihr Leben Erfüllung findet.[83] Die Befreiung zur neuen Ästhetik geht mit einem Ortswechsel einher. Der Lebensweg des Beters kehrt sich um. Im Gebet und im Tun der Gebote bleibt er in der Erwartung der Heilserweisungen Gottes.
Ps 5,8 beschreibt diese Ethik sehr eindrucksvoll: „Ich aber, durch die Fülle deiner Huld komme ich in dein Haus, werfe mich hin zu deiner Heiligtumshalle in deiner Furcht". Ps 19 spricht von der „Umkehr" in V.8 mit dem Verb שׁוּב. Für Bleiben, bzw. Bewahren" verwendet er in V.12 das Verb שָׁמַר. Ähnliche Leitworte und -motive klingen in vielen Psalmen an, als Beispiel seien hier nur Ps 1, 5, 23, 73 und 126 genannt: Im Blick ist hier der Mensch, der seine Bergung am Ort des Gebetes und darin des Hörens auf die Weisung Gottes sucht (Ps 5,12). Dieser Mensch bittet darum, im Leben mit seinem Schöpfer, bei aller Gefahr, aus diesem Leben herauszufallen, auf dem für ihn vorgesehenen Weg zu bleiben: „Du, leite mich in deiner Wahrhaf-

---

81 *C. Westermann*, Das Schöne im Alten Testament, in: *H. Donner/R. Hanhart/R. Smend*, Beiträge zur Alttestamentlichen Theologie, FS W. Zimmerli, Göttingen 1977, 479-497, hier: 497.
82 Vgl. zum „ekklesiologischen Bezug des Gebetes" *H. Graf Reventlow*, Gebet im Alten Testament, Stuttgart e.a. 1986, 315.
83 In diesem Sinne schreibt *G. von Rad*, dass die Gebote „Zeichen" an den Rändern eines „Lebenskreises" sind, „die der zu achten hat, der Jahwe angehört" (Theologie I, 208). Der Bund mit JHWH geht den Geboten voraus, deren Erfüllbarkeit gar nicht in Frage gestellt wurde (Theologie I, 209).

tigkeit um meiner Verleumder willen, mache gerad vor mir deinen Weg!" (Ps 5,9, vgl. auch Ps 1,6). Es geht nicht um die Erkenntnis und das Gehen des eigenen Weges, sondern um das Geleitetwerden auf dem Weg, den Gott für den Menschen bereitet hat.

Der Ausgang des Menschen von seiner selbstverschuldeten Unmündigkeit, welchen die emanzipatorische Ästhetik zum Ziel hat, vollzieht sich den Psalmen gemäß an keinem anderen Ort als in der Umkehr zu Gott, im Hören und im Tun seiner Weisung: „Seine Weisung ist schlicht, die Seele wiederbringend ..." (Ps 19,8). „Die Seele mir bringt er zurück, er leitet mich in wahrhaftigen Gleisen um seines Namens willen ... ich kehre zurück zu DEINEM Haus für die Länge der Tage" (Ps 23,3 und 6). „Doch wie ich plante dies zu erkennen, Pein war es in meinen Augen, bis ich an Gottes Heiligtume kam, auf jener Späte konnte ich nun achten" (Ps 73,16f).

In diesen Textbeispielen hören wir, wie die Geschichte des Beters eine andere wird und mit ihr seine Wahrnehmung. Er begibt sich an einen Ort, an dem er sich ganz von Gottes Handeln bestimmen lässt. Das Gebet ist damit nicht bloß eine Haltung, die der Beter Gott gegenüber einnehmen würde, sondern wird zu seiner unhintergehbaren Lebensform, in der seine Wahrnehmung erneuert wird.

Am „Ort" des Gebetes, im Hören auf Gottes Willen, im Geschehenlassen seines neuschöpferischen Handelns und im Tun der Gebote werden gleichzeitig die Ästhetik und die Ethik erneuert. Im Lichte des Alten Testaments sind Ethik und Ästhetik daher in einem Erneuerungszusammenhang verbunden, der in dem Ethos Gottes gründet.

Ausgewählte Literatur

1. Philosophische Ästhetik

Adorno, Th.W., Ästhetische Theorie, hg.v. *G. Adorno* und *R. Tiedemann* (stw 2), Frankfurt a.M. 1973
Baumgarten, A.G., Aesthetica, Frankfurt a.d.O. 1750/58 (ND Hildesheim 1961)
Blumenberg, H., Die Lesbarkeit der Welt, Frankfurt a.m. 1981
Böhme, G., Aisthetik. Vorlesungen über Ästhetik als allgemeine Wahrnehmungslehre, Stuttgart 2001
Düwell, M., Ästhetische Erfahrung und Moral. Zur Bedeutung des Ästhetischen für die Handlungsspielräume des Menschen (Alber Thesen Bd.4), Freiburg / München 1999
Ferry, L., Der Mensch als Ästhet. Die Erfindung des Geschmacks im Zeitalter der Demokratie, Stuttgart e.a. 1992
Früchtl, J., Ästhetische Erfahrung und moralisches Urteil. Eine Rehabilitierung, Frankfurt a.M 1996
Menke, Chr., Wahrnehmung, Tätigkeit, Selbstreflexion: Zur Genese und Dialektik der Ästhetik, in: Falsche Gegensätze. Zeitgenössische Positionen zur philosophischen Ästhetik, *A. Kern* und *R. Sonderegger* (Hg.), Frankfurt a.d.O. 2002, 19-48
Nida-Rümelin, J. (Hg.), Ästhetik und Kunstphilosophie. Von der Antike bis zur Gegenwart in Einzeldarstellungen (Kröners Taschenausgabe 375), Stuttgart 1998
Paul, J., Vorschule der Ästhetik, Nach d. Ausg. von *N. Miller, W. Henckmann* (Hg.), Hamburg 1990
Picht, G., Kunst und Mythos, Stuttgart [2]1987
Recki, B., Art. Ästhetik. I. Philosophisch, RGG[4], Bd. I, Tübingen 1998, 851
Scheer, B., Einführung in die philosophische Ästhetik, Darmstadt 1997
Schneider, N., Geschichte der Ästhetik von der Aufklärung bis zur Postmoderne. Eine paradigmatische Einführung (Universal-Bibliothek 9457), Stuttgart [2]1997
Schoberth, W., Das Jenseits der Kunst. Beiträge zu einer wissenssoziologischen Rekonstruktion der ästhetischen Theorie Theodor W. Adornos (EHS 20; 245), Frankfurt a.M. 1988
Seel, M., Ethisch-ästhetische Studien, Frankfurt a.M. 1996
Seel, M., Ästhetik des Erscheinens, München / Wien 2000
Tatarkiewicz, W., Geschichte der Ästhetik Bd 1-3, Basel 1979-1987

Vogel, Th. (Hg.), Über das Hören. Einem Phänomen auf der Spur, Tübingen ²1998
von Kutschera, F., Ästhetik, Berlin 1988
Welsch, W., Ästhetik und Anästhetik, in: *W. Welsch / Chr. Pries* (Hg.), Ästhetik im Widerstreit. Interventionen zum Werk von *J.-F. Lyotard*, Weinheim 1991, 67-87
Welsch, W., Ästhet/hik. Ethische Implikationen und Konsequenzen der Ästhetik, in: *Chr. Wulf / D. Kamper / U. Gumbrecht* (Hg.), Ethik der Ästhetik, Berlin 1994, 3-22
Welsch, W., Ästhetisches Denken, Stuttgart ⁴1995
Wils, J.-P., Ästhetische Güte. Philosophisch-theologische Studien zu Mythos und Leiblichkeit im Verhältnis von Ethik und Ästhetik, München 1990

2. Literaturwissenschaftliche Ästhetik

Eco, U., Das offene Kunstwerk, Frankfurt a.M. 1977
Gethmann-Siefert, A., Einführung in die Ästhetik, München 1995
Ingarden, R., Vom Erkennen des literarischen Kunstwerks, Tübingen 1968
Iser, W., Der implizite Leser, München, 1972
–, Der Akt des Lesens, München 1976
Zima, P., Literarische Ästhetik. Methoden und Modelle der Literaturwissenschaft (UTB für Wissenschaft 1590; Literaturwissenschaft), Tübingen 1995
Jauß, H.R., Ästhetische Erfahrung und literarische Hermeneutik (stw 955), Frankfurt a.M. 1991
Warning, R., Rezeptionsästhetik. Theorie und Praxis, München ⁴1994

3. Theologische Ästhetik

von Balthasar, H.U., Herrlichkeit. Eine theologische Ästhetik, Einsiedeln Bd. I-III 1961-1969
Bohren, R., Daß Gott schön werde. Praktische Theologie als theologische Ästhetik, München 1975
Brown, F.B., Religious Aesthetics. A Theological Study of Making and Meaning, Princeton / NJ 1989
Fischer, R., Die Kunst des Bibellesens. Theologische Ästhetik am Beispiel des Schriftverständnisses (Beiträge zur theologischen Urteilsbildung 1), Frankfurt a.M. / Wien u.a. 1996
Fürst, W. (Hg.), Pastoralästhetik. Die Kunst der Wahrnehmung und Gestaltung in Glaube und Kirche (QD 199), Freiburg / Basel / Wien 2002
Grözinger, A., Praktische Theologie als Kunst der Wahrnehmung, Gütersloh 1995

Ausgewählte Literatur 173

–, Praktische Theologie und Ästhetik. Ein Beitrag zur Grundlegung der praktischen Theologie, München 1987
Huizing, K., Der erlesene Mensch. Eine literarische Anthropologie (Ästhetische Theologie 1), Stuttgart 2000
–, Der inszenierte Mensch. Eine Medienanthropologie (Ästhetische Theologie 2), Stuttgart 2002
Jüngel, E., „Auch das Schöne muß sterben" – Schönheit im Lichte der Wahrheit. Theologische Bemerkungen zum ästhetischen Verhältnis, in: ZThK 81 (1984) 106-126
Körtner, U.H.J., Der inspirierte Leser. Zentrale Aspekte biblischer Hermeneutik, Göttingen 1994
Korczak, D. / Rosenau, H. (Hg.), Rummel, Ritus, Religion. Ästhetik und Religion im gesellschaftlichen Alltag, Neukirchen-Vluyn 2003
Lesch, W. (Hg.), Theologie und ästhetische Erfahrung. Beiträge zur Begegnung von Religion und Kunst, Darmstadt 1994
Picht, G., Kunst und Mythos, Stuttgart ²1987
Schleiermacher, F.D.E., Vorlesungen über die Aesthetik, Aus Schleiermacher's handschriftlichem Nachlasse und aus nachgeschriebenen Heften, C. Lommatzsch (Hg.), Nachdr. d. Ausg. Berlin 1842, Berlin / New York 1974
Schoberth, W., Art. Ästhetik. II. Theologisch, RGG⁴, 852
–, Geschöpflichkeit in der Dialektik der Aufklärung. Zur Logik der Schöpfungstheologie bei Friedrich Christoph Oetinger und Johann Georg Hamann (Evangelium und Ethik 3), Neukirchen-Vluyn 1994
Sherry, P., Spirit and beauty. An Introduction to Theological Aesthetics, Oxford 1992
Timm, H., Das ästhetische Jahrzehnt. Zur Postmodernisierung der Religion, Gütersloh 1990
Vogel, H., Der Christ und das Schöne (*H. Vogel* Gesammelte Werke Bd. 9), Stuttgart 1983
Wohlmuth, J., Schönheit / Herrlichkeit (Neues Handbuch theologischer Grundbegriffe 5 (1991) 17-25
Zeindler, M., Gott und das Schöne. Studien zur Theologie der Schönheit (Forschungen zur systematischen und ökumenischen Theologie 68), Göttingen 1993

4. Altes Testament und Ästhetik

a) Allgemeines
Auvenshine, D.G., The Theological Significance of Beauty in the Old Testament, Diss. Southwestern Baptist Theol. Seminary 1991
Beyse, K.M., Art. נאה, u.a., ThWAT V (1986) 117-119
Cassin, E., La splendeur divine. Introduction à l'étude de la mentalité mésopotamienne, Paris / La Haye 1968

Dyrness, W.A., Aesthetics in the Old Testament: Beauty in Context, Journal of the Evangelical Theological Society 28 (1986) 421 – 432

Garelli, P., La conception de la beauté en Assyrie, in: Lingering over Words (FS *W.L. Moran*, hg.v. *T. Abusch*), (Harvard Semitic studies 37), Atlanta 1990, 173-177

Gerstenberger, E.W., Art. חמד, THAT I (1971) 579-881

Gosse, B., La beauté qui egare Israel. L'emploi des racines *yph; ypy; yp'h* dans le livre d'Ezechiel, BN 46 (1989) 13-16

Gunkel, H., Genesis. Mit e. Geleitw. von *W. Baumgartner*, Göttingen ⁹1977 (Neudr. d. 3. Aufl. 1910)

Jacob, Chr., Allegorese: Rhetorik, Ästhetik, Theologie, in: *Th. Sternberg* (Hg.), Neue Formen der Schriftauslegung? (QD 140), Freiburg i. Br. 1992, 131-163

Kronholm, T., Art. נעם u.a., ThWAT V (1986) 500-506

Petuchowski, J.J., „Sein Haupt ist reines Gold". Von der Schönheit Gottes, Entschluss 40 (1985) 12-14

von Rad, G., Theologie des Alten Testaments I. Die Theologie der geschichtlichen Überlieferungen Israels, München ⁸1982

Rand, H., Torah's Incipient Esthetics, Religious Education 86 (1991) 20–29

Ringgren, H., Art. יָפֶה u.a., ThWAT III (1982) 787-790

Vincent, J.M., Das Auge hört. Die Erfahrbarkeit Gottes im Alten Testament, Neukirchen-Vluyn 1998 (BThSt 34)

Wallis, G., Art. חָמַד, ThWAT II (1977) 1020-1031

Westermann, C., Biblische Ästhetik, Zeichen der Zeit 8 (1950) 277-289

ders., Das Schöne im Alten Testament, in: *ders.*, Erträge der Forschung am Alten Testament. Gesammelte Studien III, hg.v. *R. Albertz* (Theologische Bücherei. Altes Testament 73), München 1977/1984, 119-137 [zuerst: Beiträge zur Alttestamentlichen Theologie, FS *W. Zimmerli*, hg.v. *H. Donner* u.a., Göttingen 1977, 479-497]

b) Der ‚schöne Mensch' im Alten Testament

Augustin, M., Der schöne Mensch im Alten Testament und im hellenistischen Judentum (BEATAJ 3), Frankfurt, Bern, N.Y. 1983

–, Schönheit und Liebe im Hohenlied und dessen jüdische Auslegung im 1./2. Jahrhundert, in: *ders.* / *K.-D. Schunck* (Hg.), „Wünschet Jerusalem Frieden" (BEATAJ 13), Frankfurt a.M. u.a. 1988, 395-408

Kaiser, O., Von der Schönheit des Menschen als Gabe Gottes, in: Verbindungslinien, FS *W.H. Schmidt*, hg.v. *A. Graupner* u.a., Neukirchen-Vluyn 2000, 153-163

Schmitz, B. (Hg.), Waren sie nur schön? Frauen im Spiegel der Jahrtausende (Kulturgeschichte der antiken Welt 42), Mainz 1989

c) Rezeptionsästhetik
Dieckmann, D., Segen für Isaak. Eine rezeptionsästhetische Auslegung von Gen 26 und Kotexten (BZAW 329), Berlin u.a. 2003
Erbele-Küster, D., Lesen als Akt des Betens. Eine Rezeptionsästhetik der Psalmen (WMANT 87), Neukirchen-Vluyn 2001
Klein, R.A., Leseprozess als Bedeutungswandel. Eine rezeptionsästhetisch orientierte Analyse der Jakobserzählungen im Buch Genesis, Leipzig 2002
Köhlmoos, M., Das Auge Gottes. Textstrategie im Hiobbuch (FAT 25), Tübingen 1999

Hinweise zu den Autorinnen und Autoren

Detlef Dieckmann-von Bünau, Dr. theol., ist Wissenschaftlicher Assistent am Institut für Evangelische Theologie an der Freien Universität Berlin; Anschrift: Helmut-Gollwitzer-Haus, Ihnestraße 56, D-14195 Berlin; E-Mail: detlef@dieckmannvonbuenau.de

Susanne Gillmayr-Bucher, Dr. theol, ist Heisenbergstipendiatin an der Katholisch-Theologischen Fakultät der Universität Erfurt; Anschrift: Gutenbergstraße 16, 99423 Weimar; E-Mail: susanne.gillmayr-bucher@uni-erfurt.de

Alexandra Grund, Dr. des. theol., ist Wissenschaftliche Assistentin am Lehrstuhl für Altes Testament an der Universität Siegen; Anschrift: Unter dem Klingelschacht 38, 57074 Siegen; E-Mail: grund@theologie.uni-siegen.de

Stefan Heuser, Dr. theol., ist Assistent am Lehrstuhl für Systematische Theologie/Ethik an der Universität Erlangen; Anschrift: Lehrstuhl für Systematische Theologie / Ethik, Kochstr. 6, 91054 Erlangen; E-Mail: Stefan.Heuser@rzmail.uni-erlangen.de

Ulrike Sals, geb. 1971, Dr. des. theol., ist Kollegiatin am DFG-Graduiertenkolleg „Wahrnehmung der Geschlechterdifferenz in religiösen Symbolsystemen" in Würzburg; Anschrift: Karmelitenstr. 9, 97070 Würzburg; E-Mail: ulrike.sals@mail-uni-wuerzburg.de